한국수학교육학회 2015년 연보
Korean Society of Mathematical Education Yearbook 2015

수학교사 지식

김진호 · 권나영 편집

KM 경문사

차례

PART 1 수학교사의 지식

제 1 장 수학교사 지식 연구를 위한 논의 _ 권나영

제 2 장 수학교사의 지식과 수학수업의 질 _ 김성경, 이봉주

제 3 장 수학교사의 학생평가 지식 신장 _ 고상숙

PART 2 수학교사의 MKT를 중심으로

제 4 장

수학교사의 교수를 위한 수학적 지식 _ 한혜숙, 주홍연

제 5 장

내용과 교수에 대한 교사 지식:
예비초등교사들의 소수 곱셈 교수법 논의 사례 _ 이지은

제 6 장

초등학교 교사의 전문화된 수학 내용 지식에 대한 이해 _ 김리나

제 7 장

중등예비교사의 복소수에 대한 전문화된 수학 내용 지식 _ 이동환

제 8 장 교과 내용과 학생에 대한 지식 _ 조성민, 황혜정

PART 3 교사 지식에 대한 다양한 접근

제 9 장 교사 지식 연구의 새로운 관점: 교사 지식의 사중주(Knowledge Quartet) _ 정유경, 방정숙

제10장 통합적·변형적 관점의 교사 지식에 대한 연구 _ 이수진, 신재홍

제11장

학습자 중심 수학수업에 필요한 수학교사의 지식: 교수법적 지식 _ 김진호

제12장

결론: 교사 지식 연구의 의미와 향후 연구의 방향 _ 박만구

PART 1

수학교사의 지식

제 1 장

수학교사 지식 연구를 위한 논의

권나영(인하대학교)

1. 서론

수학교사의 지식과 관련된 연구는 1980년대 Shulman과 스탠포드 대학 동료들로부터 시작되었다. Shulman(1986)은 교사 지식에 관한 범주를 제시하면서 많은 연구자들이 교사에게 필요한 지식에 대해 생각할 기반을 마련하였다. 이후 1990년대 Grossman과 Ball 등의 연구자들이 교사에게 필요한 지식을 좀 더 명확히 규명하려는 노력을 하였다. 2000년대에 들어와서는 이전까지 연구된 교사에게 필요한 지식을 바탕으로 수학교사의 지식 구조를 범주화하여 실제 교사들로부터 그 지식을 측정하려는 시도로 이어졌다. 대표적인 연구들을 보면 수학교사의 지식 측정은 미국의 미시건 대학의 Ball을 중심으로 이루어지고 있고 교사가 수업에서 보여주는 지식에 관한 연구는 영국에서 교사 지식의 사중주 (Knowledge Quartet)라는 이름으로 진행되고 있다.

국외에서는 수학교사 지식 관련 연구가 활발히 진행되었던 반면 국내에서는 교사 지식에 관한 연구도 뒤늦게 시작되었고 실제로 수학교사 지식이라는 단어가 학술지에 등장한 것도 1990년대 후반에 들어서이다. 최근 연구 동향 조사(방정숙, 선우진, 2014)를 보면 교사 지식 연구는 2010년 이후로 많이 진행되어 알려진 것을 알 수 있다. 본 연보에서도 수학교사 지식과 관련하여 국내 연구들을 최대한 소개하려고 노력하였지만 그 양과 질에 있어서 국외 연구와 견주기는 힘들다. 이것은 수학교사 지식 관련 연구가 교사교육에서 중요한 측면으로 여겨지고는 있으나 아직은 우리나라의 수학교사 지식과 관련한 연구가 많지 않다는 것을 보여주는 결과이다.

수학교사에 관한 연구는 실행의 측면에 있어서 많은 어려운 점들이 존재한다. 수학교사는 직접 수업을 진행하는 역할을 하고 있어 수업을 관찰하기 위해 해당 교사뿐만 아니라 학교의 허락도 받아야 하기 때문이다. 이런 이유들을 포함해 학교 현장에서의 연구가 쉽지 않기 때문에 수학교사에 대한 연구는 많이 진행되지 못하였고 대신 수학교사의 신념이나 인식에 관한 연구들이 주로 진행되어 왔다. 수학교사의 지식을 신념이나 사고와 구분하는 것은 연구자들 사이에 이견이 많기 때문에 논쟁거리가 많은 부분이다. 수학교사의 지식 관련 연구에서는 이러한 논쟁거리나 실행적인 측면에서의 어려움들을 포함하여 과학적인 교육 연구가 되기 위한 많은 생각할 거리들이 존재한다. 본 연보에서는 이러한 논의를 제시하고 연구자들에게 생각할 기회를 제공하고자 한다.

우선 수학교사 지식에 관한 연구를 살펴보기 전에 과학적 연구에 대해 살펴보려 한다. 미국 국가 연구 위원회(National Research Council, 2002)에서 제안한 과학적 연구의 원칙들은 실증적으로 연구 가능한 연구 문제, 적절한 연구 선택과 연구 방법, 일관성 있는 논리 제시, 재생산과 일반화, 결과물 공개와 검증 등을 포함하고 있다. 이러한 원칙들은 교육연구를 포함한 모든 연구에 적용될 수 있는 기준으로 수학교사 지식에 관한 연구도 교육연구로서 이러한 원칙들을 갖추어야 과학적 연구로 인정받을 수 있음을 인지하고 이와 관련하여 몇 가지 논의할 사항들을 설명한다. 여기서 논의할 것은 수학교사 지식과 관련된 연구를 과학적 연구로 진행하고 후속 연구를 활발히 하기 위해 고려해야 할 것들을 네 가지 측면, 즉 연구 주제, 용어 정의, 연구 방법, 결과 활용으로 나누어 제시하고자 한다. 각각의 측면에서 생각할 거리들을 열 가지의 논의 사항으로 정리하고 그에 대해 내용을 설명한다.

2. 수학교사 지식 연구에서 고려해야 할 논의들

2.1 연구 주제

논의 1 수학교사에게 필요한 지식을 왜 연구해야 하는가?

수학교사의 지식과 관련된 연구뿐만이 아니라 모든 교육연구의 시작은 왜 이 연구(주제)가 필요한가라는 의문으로부터 시작한다. 교사는 수업의 질을 좌우할 수 있는 중요한 요소라는 의미에서 수학교사에 관한 연구는 수학수업의 질을 좌우할 수 있는 하나의 요소에 대한 연구라고 할 수 있다(2장 김성경, 이봉주 참조). 그렇다면 수업에서 영향력이 있는 수학교사는 무엇이 특별할까? 수학수업에서 학생에 대한 교사의 영향력을 결정짓는 것이 무엇일까를 생각해 보면 여러 가지 가운데 수학교사가 지닌 지식이 떠오를 수 있다. 하지만 수학교실은 복잡한 상호작용이 일어나는 곳이다. 여러 상호작용 가운데 굳이 수학교사에게 관심을 가지는 이유는 무엇인지 그리고 수학교사에게 필요한 지식을 연구하려는 목적이 무엇인지에 대한 명백한 설명이 필요하다. 연구하려는 것이 수학교사 지식 규명에 있는지, 수학교사가 가진 지식 탐구에 있는지, 수학교사의 지식과 학생 또는 수업과의 관련성 분석에 있는지 또는 수학교사교육을 위해 필요한 활동의 틀을 위한 지식 선정을 위한 것인지 등 다양한 목적이 있을 수 있다.

논의 2 수학교사의 지식을 비교하는 연구가 필요한가?

수학교사 지식과 관련하여 현재 국내에서 많이 이루어지고 있는 연구가 Ball과 미시건 연구팀에서 진행하는 Mathematical Knowledge for Teaching(MKT)를 측정하는 것과 관련되어 있다. 본 연보의 Part II에서도 이와 관련된 국내외 연구들이 실려 있다. MKT와 관련된 연구 대부분은 예비교사 혹은 현직교사의 MKT를 측정하고 측정된 결과에 대한 분석과 시사점을 서술하고 있다. 결국은 참여한 교사들의 지식을 측정하여 측정 결과를 비교하고 있는 것이다. 그렇다면 수학교사의 지식을 왜 비교하는 것인가? 수학교사가 가진 지식을 탐구하는 것은 반드시 지식을 비교하는 연구의 형태로만 가능한 것인가? 수학교사의 지식을 비교한다는 것은 어떤 교사들이 지식이 더 많은지 알기 위함인지, 지식의 정도와 수업의 질과 관련이 있는지를 알기 위함인지, 지식의 많고 적음의 여부가 학생들의 학업 성취도와 관련이 있는지를 알아내려는 것인지, 어떤 교육 또는 훈련을 받은 경우에 지식이 더 많은지를 알고 싶은 것인지 등 지식을 비교하려는 목적은 다양할 수 있다. 이는 연구자가 수학교사 지식 연구를 시작하기 전에 반드시 짚어야 할 부분이다.

2.2 용어 정의

논의 3 수학교사의 지식이란 무엇이며 신념과 어떻게 구분할 수 있는가?

교사의 지식과 신념에 관한 논쟁은 1980년대부터 지금까지 계속되고 있다. Ernest (1989)가 수학교사의 교수 행위에 영향을 주는 요인으로 지식, 신념, 태도를 구분하였다. 그는 실제로 수업에서 구현되는 지식과 이론적인 지식을 구분하였는데, 이론적인 지식은 신념과 어떻게 구분할 수 있는지 그 방안에 대한 것은 설명하지 않았다. 단순히 지식은 알고 있는 것이고 신념은 마음속에 있는 것이라는 추상적인 의미로는 두 가지를 구분하기 힘들다. 알고 있는 것은 믿음과 경험이 결합되어 자신의 신념 구조로 확립된 것들이 포함된 것이다. 이것을 어떻게 연구에서 밝히고자 하는 지식과 구분할 수 있는지가 중요한 것이다. 수학교사의 지식에 관한 연구라면 기본적으로 연구에서 다루고자 하는 지식이 무엇을 의미하는지 이것이 신념과는 어떻게 구분되는 것인지에 대한 명확한 설명이 필요할 것이다.

논의 4 우리나라 수학교사에게 필요한 지식이란 무엇인가?

수학교사에게 필요한 지식을 정의하기 위해 Ball과 그녀의 동료들은 수학을 가르치는 일을 할 때 필요한 수학적 지식이라는 Mathematical Knowledge for Teaching(MKT)을 제안하였다. 본 연보에서도 Part II를 포함하여 많은 글들이 이 개념에 따라 교사들의 지식을 측정하는 연구들에 대한 결과를 서술하고 있다. 하지만 이들의 연구는 미국의 학생들에게 필요한 수학교사는 어떤 지식을 갖추어야 하는가에 초점을 두고 있다. 물론 수학교사는 어느 나라에나 존재하는 직업이고 이들이 제안하는 MKT가 특정 나라를 지칭하고 있지 않기 때문에 이들의 개념을 그대로 받아들인다 해도 크게 문제가 없을 수도 있다. 하지만 이들의 연구 배경이 미국의 교사에 대한 연구로부터 시작되었고 더군다나 이들이 개발한 MKT 측정도구는 미국의 교육과정에서 필요한 수학 내용들과 관련되어 있다. 본 연보에서 소개하고 있는 MKT의 검사문항 예시들을 살펴보면 대부분 우리나라의 초등 교육과정에서 다루어지는 내용들이다. 따라서 이것을 우리나라에 직접 적용할 때는 여러 가지 문제점들이 따른다. 연구자 및 중등 교사들은 중등 교육과정의 수학 내용에 대한 검사문항이 아니라는 점을 지적할 수 있다. 이런 점들을 고려할 때, 과연 우리나라 수학교사에게 필요한 지식은 무엇일까를 고민해 볼 필요가 있다. 다른 말로 하자면 나라별로 수학교사에게 필요한 지식이 다를까? 수학을 가르치는 행위에 관련된 수학 내용 지식은 교육과정, 학생들의 수학지식과 모두 관련된다. 그렇다면 Ball과 동료들이 제시한 MKT의 교과 내용 지식이나 교수학적 내용 지식 같은 큰 카테고리들은 비슷할 수 있지만 그 세부적인 지식의 내용이나 범위는 나라별로 다를 수 있는 것이다. 본 연보의 8장을 살펴보면 영국에서 연구된 교사 지식에 관한 다른 관점도 살펴볼 수 있을 것이다. 이러한 교사 지식에 관한 정의나 범위에 대한 논의들은 우리나라의 수학교사 지식을 연구할 때 반드시 고려해야 한다.

논의 5 수학교사의 지식을 평가한다는 것은 어떤 의미인가?

앞에서도 지적하였듯이 교사의 지식을 신념과 구분하는 것이 쉽지 않지만 연구자 나름대로 지식을 정의하였다고 하자. 이제 수학교사의 지식을 어떻게 평가할 것인가? 교사의 지식을 평가한다는 것이 어떤 의미인가? 보통 평가한다는 의미를 사용할 때에는 과정 또는 결과를 평가의 내용으로 삼는다. 그렇다면 수학교사의 지식을 평가한다는 것은 무엇을 의미하는 것인가? 과정의 측면에서 수학교사의 지식을 쌓는 과정을 분석한다는 것인지, 그러면 수학교사가 되는 과정과도 관련이 될 것인데 그러한 과정은 어떻게 볼 수 있을 것인가? 만약 결과적인 의미에서 수학교사의 지식을 평가한다면 이것은 수학교사가 수업에서 보여주는 교수 행위를 평가한다는 것인지 아니면 수학교사가 지닌 이론적인 지식을 시험 등의 검사 도구를 이용해 평가한다는 것인지를 생각해 보아야 한다. 본 연보의 5장과 6장처럼 수학 내용 지식과 관련된 내용이라면 검사지를 이용한 평가를 연결시켜 생각하기가 쉽지만 교사의 지식은 실제 수업에서 실현되는 교수의 질로 평가해야 한다고 생각한다면 10장에서 제시하는 통합적 관점도 고려할 수 있다. 수학교사의 지식은 여러 가지 다른 영역들이 있으므로 지식을 평가한다는 것을 어떤 의미에서 무엇을 평가할 것인지를 평가 방법과 함께 고민해야 할 것이다.

2.3 연구 방법

논의 6 수학교사에게 필요한 지식을 확인할 수 있는 적절한 연구 방법은 무엇인가?

과학적인 연구가 되기 위해서 연구 방법은 연구 문제를 직접 탐구할 수 있는 방안이어야 한다(NRC, 2002). 수학교사에게 필요한 지식이 무엇인지 정의하고 수학교사가 지닌 지식을 직접 탐구하기 위한 연구라면 어떠한 연구 방법이 적절할까? 예를 들어, 수학교사가 갖추어야 할 지식 중 교육학적 지식을 지필 평가를 통해 측정한다고 생각해 보자. 그것이 교사가 믿고 있는 대로 본인이 아는 바를 기술하여 측정 받은 것이라고 할 수 있을까? 만약 교사 스스로 믿지는 않으나 책에서 본 것을 암기하여 기술하여 측정 받은 경우는 이 결과를 가지고 교사의 교육학적 지식을 측정하였다고 할 수 있는가 하는 문제제기이다. 이론적인 지식은 교사가 믿거나 말거나 상관없는 것으로 생각한다면 연구 대상인 수학교사의 지식이 아니라 책에 나온 지식을 얼마나 암기하고 있는가를 측정하는 것이 된다. 이것은 결국 연구 대상과는 상관없는 연구가 되므로 수학교사의 지식을 탐구하는 것이 아니라 학자들이 정립한 이론들을 외우는 정도를 측정하는 것이 된다. 과연 이렇게 측정한 결과가 수학교사의 지식 탐구와 관련이 있는 것인지는 연구자가 우선 판단하여야 할 것이다.

논의 7 우리나라의 수학교사의 지식은 외국 수학교사의 지식과 비교 가능한가?

국제비교연구는 국가 간의 차이점을 확인하고 새로운 관점을 모색함으로서 서로의 교육에 도움이 될 방향을 찾기 위해 종종 진행된다. 최근 학교의 질 향상을 위해 16개국의 수학교사교육을 관찰하고 비교한 TEDS-M 2008(Teacher Education and Development Study-Learning to Teach Mathematics)이라는 국제비교연구가 있다. 이 연구(Blömeke, Hsieh, Kaiser, & Schmidt, 2014)에서는 수학교사에게 중요한 요소로 수학 내용 지식과 수학 교수학적 내용 지식을 들면서 16개국 교사들을 대상으로 설문지 및 지필검사를 실시하여 그 결과를 비교하고 분석하였다. 이들은 연구를 계획하는 단계에서부터 나라별로 차이가 있을 것으로 생각하고 그 차이점을 파악하는 것에 중점을 두었다. 지필검사의 결과 비교도 어느 나라의 교사들이 다른 나라에 비해 지식이 더 많은가라는 식의 비교가 아니라 나라별로 나타나는 점수의 차이는 어떤 문화적 특징을 반영하는지 그리고 그들의 교사교육과정이나 신념과 관련성에 대해 분석하고 있다. 수학교사 국제비교연구라는 것은 모두 다른 교육목표와 교육과정을 지닌 나라를 비교하는 것이라 단순한 지필검사의 결과로 나타난 점수 비교가 아닌 것이다. 이런 점을 고려한다면 우리나라 수학교사의 지식과 외국 수학교사의 지식을 비교하려는 연구를 계획할 때 비교하려는 영역과 범위를 명확히 하고 과연 어떤 방법으로 비교 가능할지에 대해 고민해야 할 것이다.

논의 8 수학교사의 지식을 측정하는 것 외의 다른 연구 방법은 무엇인가?

지금까지 교사 지식을 연구한 방법들은 교사 지식의 카테고리를 나누고 각각의 지식과 관련된 문항을 만들어 직접 교사들에게 지필검사를 보게 하는 식의 양적 연구가 많이 이루어져왔다. 그렇다면 수학교사의 지식에 관한 연구 방법으로 가능한 것은 지필검사를 통한 측정 외에는 없는 것일까? 최근에는 다양한 질적 연구 방법들이 실행되고 있고 양적 연구와 질적 연구를 혼합한 방법들도 사용되고 있는데 수학교사의 지식 연구에서 사용할 수 있는 연구 방법은 무엇이 있을까? 앞의 논의에서도 있었듯이 연구하고자 하는 수학교사의 지식이 무엇인지에 따라 수집할 자료도 달라질 수 있을 것이다. 수학교사가 수업에서 보여주는 지식에 관한 연구라면 지필검사가 아닌 수업 관찰이나 인터뷰 등의 다른 연구 자료를 사용해야 할 것이다. 예를 들어, Hill, Blunk, Charalambous, Lewis, Phelps, Sleep, & Ball(2008)은 수학교사의 내용 지식과 수업에서 보여주는 지도 수준과의 관계를 조사하기 위하여 사례연구를 이용하여 MKT에 대한 관찰검사지와 수업 비디오 녹화, 관찰 노트와 인터뷰 등의 다양한 자료를 사용하였다. 수학교사에 관한 연구라면 연구 주제에 따라 내러티브 탐구방법들도 사용가능할 수 있다. 연구에 수집될 자료는 연구 방법에 따라 다른 종류가 사용될 수 있는데 주의할 것은 연구 자료라기보다는 그 자료 수집을 계획한 연구 방법의 설계 단계이다. 연구 방법은 탐구하고자 하는 내용과 목적에 따라 정해지는 것이므로 수학교사의 지식의 어떤 면을 탐구하고자 하느냐에 따라 달라질 수 있다.

2.4 연구의 활용

논의 9 수학교사의 지식 연구는 학생 또는 학교와 어떻게 연관이 되는가?

수학교사의 지식을 연구하는 가장 최종적인 목적은 수학교사 연구를 통한 수학수업의 질 향상과 이로 인한 학생들의 수학 학습 향상에 있다고 할 수 있다. 수학교사의 지식이 수업에서의 교수 행위에 영향이 있다는 연구(예, Sowder, Phillip, Armstrong, & Sappelle, 1998)나 수학교사의 지식을 측정한 결과가 학생들의 수학 성취도와 관련이 있다는 연구(예, Hill, Rowan, & Ball, 2005) 등을 살펴보면 수학교사의 지식과 수업 및 학생 성취도와의 관련성에 관한 여러 다른 연구들을 찾아볼 수 있다. 수학교사의 내용 지식을 연구하는 것은 단지 교사가 가진 지식에 대한 탐구를 넘어 그 교사의 수업 행위로 인해 학생들이 어떤 영향을 받는지를 알아보는 연구로 연결된다. 학생의 변화는 교실의 변화를 의미하고 이는 곧 학교의 변화로도 연결되는 것이다. 결국 여러 선행 연구들로부터 수학교사의 지식을 탐구하는 과정은 교사가 학생과 수업에 미치는 영향을 알아보는 것과 관련이 있고 이것은 곧 학교의 질과도 관련되는 것이다. 이렇게 때문에 수학교사의 지식 연구는 교사의 지식 탐구로 좁은 범위로만 여길 것이 아니라 넓은 범위에서 학교 교육의 한 측면으로 고려하여 학교 교육 개선을 위해 반드시 필요하다고 할 수 있다.

논의 10 수학교사의 지식 연구는 수학교사교육과 어떤 관련이 있는가?

앞의 논의 9에서 설명한대로 수학교사의 지식 연구가 학생 및 수업과 연관이 있다면 수학교사의 지식에 관한 연구 결과를 어떻게 활용할 수 있는가도 생각해 보아야 한다. 수학교사의 지식 연구는 수학교사와 관련되어 있기 때문에 수학교사교육 부분에서 중요한 역할을 할 수 있다. 우선 예비교사교육과 관련해 생각해 보면 수학교사 지식 연구를 통해 반드시 필요한 지식들을 갖출 수 있도록 예비교사 교육단계에 반영할 수 있다. 우리나라의 예비교사 교육과정은 이후 임용시험과도 관련이 있으므로 임용시험 내용에도 이러한 연구 결과를 반영하는 것이 가능할 것이다. 현직교사의 재교육과 관련해 생각해 본다면 현직수학교사들이 받는 연수 과정에 연구 결과를 반영한 내용 구성을 할 수 있다. 이환철, 장미숙(2012)의 연구에서처럼 수학교육과 관련된 연수는 양적으로 질적으로 매우 부족한 상황이다. 이러한 문제점을 해결하기 위해서는 교사들이 원하는 맞춤형 연수 프로그램을 개설하는 것도 한 가지 방법이지만, 수학교사와 관련된 이러한 지식 연구 결과를 활용하여 현직교사에게 필요한 연수 내용을 선정하고 프로그램을 구성하는 것도 필요하다. 결국 수학교사의 지식과 관련된 연구는 교사교육 프로그램뿐만 아니라 교사교육과 관련된 정책과도 관련이 될 수 있다. 이러한 중요성을 고려한다면 수학교사의 지식과 관련된 연구를 잘 수행하고 연구 결과를 실제 수업 및 교사교육 프로그램이나 교사교육 관련 정책에 활용하는 과정이 반드시 이루어져야 할 것이다.

3. 결론

지금까지 수학교사 지식 연구를 위해서 필요한 논의들을 살펴보았다. 수학교사 관련 연구는 방정숙, 선우진(2014)의 교사교육 관련 연구 동향에서 알 수 있듯이 점점 증가하고 있는 추세이다. 이 중에서 교사 지식 관련 연구가 가장 많은 비중을 차지하고 있었다는 것은 수학교사교육과 관련하여 교사의 지식 연구가 그만큼 중요하다는 의미이기도 하다. 하지만 많은 연구들이 과학적 연구로서 갖추어야 할 조건들을 갖추지 못하고 연구 결과가 교사교육 프로그램이나 정책에 활용되지 못한다면 연구로서의 의미가 퇴색될 수밖에 없다. 그러지 않기 위해 본 고에서는 수학교사 지식 연구를 위해 선행해야 할 열 가지 논의 사항들을 제기하였다. 요약하자면, 연구 주제를 설정하는 단계에서부터 수학교사 지식 연구의 필요성을 명확히 하고 연구하고자 하는 수학교사의 지식의 정의와 범위를 정하는 것이다. 그리고 연구 방법적인 측면에서 단순히 교사의 지식을 측정하는 것 이외에 다른 연구 방법들은 어떠한 것들이 있는지 지식 측정이 목적이 아닌 지식 탐구의 측면에서 적절한 연구 방법이 무엇인지에 대해 고민해야 한다. 마지막으로 연구 결과를 어떻게 활용할 수 있을지를 생각해보고 연구 설계 단계에서도 이를 고려해야 한다.

2015년도 한국수학교육학회의 연보에는 국내외의 수학교사 지식에 관한 선행 연구들과 현재 이루어지고 있는 연구들에 대한 많은 정보들이 수록되어 있다. 앞으로 수학교사 지식을 연구할 연구자들은 이미 진행된 연구들을 보면서 앞에서 제시한 논의 사항들이 얼마나 어떻게 고민되었는지 생각해 볼 수 있다. 연구 과정에서 고민한 내용들이 한정된 페이지의 글에 모두 나타나기 어렵다는 현실을 고려하면서 어떻게 글을 쓰는 것이 독자들에게 연구 과정에 대한 좀 더 많은 정보와 여러 가지 관점을 제시할 수 있는지도 생각해 보는 기회가 되면 좋을 것이다.

참 | 고 | 문 | 헌

Reference

방정숙, 선우진 (2014). 수학교사교육에 관한 국내 연구의 동향 분석. 학교수학, 16(2), 335-353.

이환철, 장미숙 (2012). 수학교육 관련 교사 연수 현황 분석을 통한 정책 방안 모색. 한국학교수학회, 15(1), 171-182.

Blömeke, S., Hsieh, F. Kaiser, G. Schmidt, W. H. (2014). *International perspectives on teacher knowledge, beliefs and opportunities to learn.* London: Springer.

Ernest, P. (1989). The knowledge, beliefs, and attitudes of the mathematics teacher: A model. *Journal of Education for Teaching, 15*, 13-34.

Hill, H. C., Blunk, m. l., Charlambous, C. Y., Lewis, J. M., Phelps, G. C., Sleep, L., Ball, D. L. (2008). Mathematical knowledge for teaching and the mathematical quality of instruction: An exploratory study. *Cognition and Instruction, 26,* 430-511.

Hill, H. C., Rowan, B., & Ball, D. L. (2005). Effects of teachers' mathematical knowledge for teaching on student achievement. *American Educational Research Journal, 42,* 371-406.

National Research Council (2002). *Scientific research in education.* Washington, DC: National Academy Press.

Shulman, L. S. (1986). Those who understand: Knowledge growth in teaching. *Educational Researcher, 15*(2), 4-14.

Sowder, J. T., Phillip, R. A., Armstrong, B. E., & Shappelle, B. P. (1998). *Middle-grade teachers' mathematical knowledge and its relationship to instruction.* Albany, NY: SUNY Press.

제 2 장

수학교사의 지식과 수학수업의 질

김성경(한국교육과정평가원), 이봉주(경북대학교)

1. 시작하는 말

교실 수업은 교육과정에서 의도한 교육목표를 달성하기 위한 교사의 교수 활동과 학습자의 학습 활동이 교육 내용이나 교수 매체를 통해서 상호작용으로 이루어지는 일련의 과정으로(주삼환, 이석열, 김홍운, 이금화, 이명희, 1999), 학교교육의 핵심적 활동이다. 교실 수업의 중요성은 현재와 같은 지식 기반 사회에서 학교교육이 살아남기 위한 하나의 방안으로 점차 더 강조되어지고 있는 실정이다(곽병선, 2001). 이는 교육과정, 교과서, 교육평가 등과 같은 교육 정책이 개선될지라도 교실 수업에 변화가 없거나 학생들이 수업을 외면하면 개선의 실효성이 없기 때문일 것이다(이화진, 오상철, 홍선주, 유정애, 2006).

학교교육에서 수업의 중요성이 부각됨에 따라 교사의 역할도 점점 더 중요하게 인식되고 있다. 좋은 수업 또는 효과적인 수업을 위해서는, 즉 수업의 질을 높이기 위해서는 다른 어떤 요인보다 교사의 실천 의지가 중요하기 때문일 것이다. 또한 '교육의 질은 교사의 질이 좌우한다.'는 전제 하에 교사의 책무성에 대한 기대가 높아지면서 교사의 수업 전문성 계발에 대한 관심도 증가하고 있다(임찬빈, 이화진, 최승현, 오은순, 이경언, 이수정, 노은희, 권순달, 2006). 이러한 관심은 우리나라뿐만 아니라 전 세계적으로 교사의 수업 전문성을 신장시키고자 하는 노력을 기울이게 하고 있다.

이러한 노력의 일환으로 수학교육에서도 수학교사의 교수학적 내용지식(Pedagogical Content Knowledge; PCK)에 대한 연구를 지속적으로 진행하고 있다. 수학교사의 여러 가지 특성 중에서도 교사의 수학교과와 관련된 지식이 수학수업에 직접적인 영향을 미치는 요소이기 때문일 것이다. 최근 14년 동안 발표된 수학교사의 지식과 관련된 국내 연구의 동향을 분석한 송근영과 방정숙(2013)의 연구 결과에서도, 교사의 지식이 수업과 밀접한 관련이 있으므로 질이 높은 수학수업을 위해서는 교사가 지식을 갖추는 것이 무엇보다 중요함을 강조하고 있다. 그러나 효과적인 교수는 교사가 지닌 지식보다 이러한 지식을 수업에서 어떻게 사용하는가에 더 의존한다(Hill, Bowan, & Ball, 2005). 즉, 교사가 지닌 지식이 수업에서 어떻게 발현되는가가 수업의 질을 좌우한다. 이는 수업의 질과 관련된 교사의 지식을 교수 상황에서 지속적으로 논의할 필요가 있음을 의미한다.

그리하여 이 장에서는 수학교사의 지식과 수학수업을 관련 지어 다룬 연구 결과를 국내와 국외로 구분하여 고찰하고자 한다. 수학교사의 지식과 수학수업의 질을 측정하기 위한 도구와 관련된 연구 동향을 먼저 소개하기 위해 미국과 독일에서 수행된 교사 지식과 수업의 관련 연구 내용을 살펴보고, 다음으로 우리나라 초·중등 교사의 지식과 관련시켜 실제 수학수업 분석을 수행한 선행연구 결과를 통하여 수학교사 지식과 수학수업의 질 관련성을 고찰한다. 이러한 선행연구 고찰은 수학수업의 질을 높일 수 있는 수학교사의 지식에 대한 시사점을 찾는 데에 도움이 되는 정보를 제공할 것으로 기대된다.

2. 국외 연구

2.1 교사의 지식과 실제 수업

교사가 지닌 지식은 수업에서 교사가 하는 교수행동에 영향을 미친다. 특히 교수를 위해 필요한 교수학적 내용 지식은 질 높은 수업의 필수조건이다. 이런 관점에서 교사의 지식과 수업의 관련성에 초점을 맞춘 국외의 선행연구를 살펴보면 다음과 같다.

먼저, Leinhardt & Smith(1985)는 경력교사와 초임교사를 대상으로 교사의 지식과 수업의 관련성을 연구하였다. 이들은 10시간의 수업을 관찰하고 면담과 카드 분류 과제에 대한 교사의 반응을 분석하였다. 분석 결과로부터 경력교사는 초임교사보다 정교하면서도 깊이 있는 지식을 보유할 뿐만 아니라, 어떤 교사는 개념적으로 풍부한 지식을 보여주는 반면에, 일부 교사는 알고리즘에 의존한다는 것을 밝혀내었다. 수업 관찰을 통해 교사의 지식을 확인하는 구체적인 방법을 제시하지는 않았으나, 이 연구는 교사의 지식과 수업의 관련성을 살펴보려고 노력한 대표적인 연구 중의 하나다.

Ma(1999)는 실제 수업을 관찰한 것은 아니지만 교수 시나리오를 이용하여 면담을 진행하는 방법으로 중국과 미국의 초등학교 교사의 지식을 비교하였다. 교사의 지식과 교수 실행 계획의 관계를 분석한 결과, 중국의 교사들이 미국의 교사들보다 가르치는 내용을 더 깊이 이해하고 있는 것으로 나타났다. 이 연구는 교사의 지식과 수업의 관련성 측면에서 미국과 중국의 교사 지식을 비교함으로써 많은 연구자들의 주목을 이끌었다.

Steele & Rogers(2012)는 임상평가(clinical assessment)와 수업 관찰을 통하여 MKT(Mathematical Knowledge for Teaching)와 실제 수업의 관계를 연구하였다. 이들은 증명 지도와 관련된 MKT를 MKT-P로 제안하면서 중등 예비교사와 경력교사의 MKT-P를 측정하고 수업을 관찰하였다. 이러한 과정에서 교사의 지식은 수업에서 하는 교사 자신의 행동에 영향을 미칠 뿐만 아니라 학생들의 학습 기회에도 영향을 미침을 확인하였다.

앞에서 살펴본 세 연구에서는 교사가 수업 또는 수업 시나리오에서 교사 자신의 지식을 드러내는 것으로 확인하였으나, 이러한 연구들이 엄밀하게 교사의 지식과 수업의 질을 연결시켰다고 보기는 어렵다. 수업의 질과 관련해서는 이상적인 수업에 대한 정의나 신념의 차이로 효과적인 수업, 좋은 수업, 질 높은 수업 등 연구자에 따라 다양한 관점에서 표현되어야 하지만 이러한 측면을 고려하지 않았기 때문이다. 그럼에도 불구하고 이러한 연구들은 교사의 지식과 수업의 질은 밀접한 관련이 있음을 암묵적으로 드러낸다고 볼 수 있다.

한편, 다양한 연구를 살펴보고 이를 바탕으로 여러 측면에서 질 높은 수학수업을 정의하고자 시도한 연구도 있다. 교사나 관리자들의 질 높은 수학수업에 대한 비전이 어떻게 발달하는지의 발달 궤도를 분석하여 2014년에 발표된 Munter의 연구가 이에 해당한다. 이 연구는 이해를 동반한 수학 학습이 학생들이 성취해야 하는 중요한 목표라는 데에서 출발하였다. Munter(2014)는 수업과 관련된 4가지 차원, 즉 교사의 역할, 교실 담화, 수학 과제, 학생 참여 등의 차원으로 구분하여 질 높은 수학수업의 개념에 접근하였다. 4가지 차원에서 좀 더 자세하게 살펴보면 먼저, 질 높은 수업에서 교사는 의미 있는 방법으로 학생에게 수학을 안내한다. 다음으로 질 높은 수업이 이루어지는 교실에서는 교사가 대화의 핵심적인 역할을 하는 것이 아니라 학생과 학생 간에 그리고 소집단 활동 후에 전체학급에서 담화가 일어나고, 그 담화는 개념적인 내용을 지향한다. 마지막으로 질 높은 수업에서 제시되는 과제는 특정한 절차나 문제해결 방법을 제안하기보다 학생의 학습을 지원하고 학생 스스로 수학을 하도록 돕는 기능을 한다. 이와 같이 수업의 4가지 차원에서 질 높은 수업을 추구하기 위해서는 관련된 교사의 교수학적 지식이 먼저 갖추어져야 할 것이다.

2.2 교사의 지식과 수업의 질의 관련성

2.2.1 LMT(Learning Mathematics for Teaching) 프로젝트

교사가 수학을 가르치는 데 필요한 지식인 MKT와 수학수업의 질을 가장 직접적으로 관련시켜 연구한 프로젝트 중의 하나는 LMT 프로젝트라고 할 수 있다. Ball과 동료들은 LMT 프로젝트에서 수학을 가르치기 위해 필요한 지식인 MKT를 측정할 수 있는 선다형 문항을 개발하고, MKT 측정 결과는 교사가 가르치는 학생의 수학성취도와 관련이 있음을 보여주었다(Hill et al., 2005). 이러한 결과는 수학교사의 지식이 수업에서 어떤 형태로든 발현되고 학생의 수학성취도에도 영향을 미칠 것임을 드러낸다.

더 나아가 LMT 프로젝트에서는 교사의 수학지식, 수학수업의 질, 학생의 수학성취도 등의 관련성을 확인하고자 하였다. 이러한 세 요소의 관련성을 확인하려면 교사의 지식, 수업의 질, 학생 수학성취도를 측정할 수 있는 도구가 필요함을 인식하였다. 교사의 지식은 MKT 선다형 검사 도구를 이용하여 측정할 수 있고, 학생의 수학성취도는 평가 문항으로 측정이 가능하다. 그렇다면 수업의 질을 어떻게 측정할 것인가? 이러한 맥락에서 MKT 선다형 검사 도구를 개발했던 연구자들은 수업 관찰 도구 개발을 시작하였다(LMT, 2006). 이들은 MKT 선다형 검사에서 지식의 수준이 높은 교사의 수업과 지식의 수준이 낮은 교사의 수업이 질적으로 어떤 차이가 있는지 확인하고자 하였다.

이러한 배경에서 Hill과 동료들이 개발한 MQI(Mathematical Quality of Instruction)는 수학수업의 질을 측정하기 위한 도구로 수학수업에서 중요한 요인을 점수화할 수 있는 루브릭을 제공한다. 이 도구의 개발 과정에는 수업 관련 이론이나 효과적인 수학수업에 관한 문헌뿐만 아니라 여러 분야의 전문가들이 수업 비디오를 분석하는 과정이 활용되었다. 특히 MQI는 모든 교과에 보편적으로 사용할 수 있는 수업 관찰 도구가 아닌 수학 교과에만 적용 가능한 도구이다. 또한 수업 분위기나 일반적인 수업 전략을 관찰하는 방법과 다르게 교과 특수적인 요소들로 구성되어 있다.

Hill과 동료들은 교사의 MKT가 학생의 성취에 영향을 미친다는 것을 확인(Hill et al., 2005)한 것에 이어서 교사의 MKT와 수학수업의 질의 관련성에 관한 연구(Hill, Blunk, Charalambous, Lewis, Phelps, Sleep, & Ball, 2008)를 진행하였다. 이러한 연구를 통하여 교사의 MKT가 실제 수업에 어떻게 영향을 미치는지 밝혀내고자 하였다. MKT 지필 시험, MQI를 이용한 수업 관찰, 면담 등을 통하여 다양한 자료를 수집하여 질적인 분석과 양적인 분석을 동시에 수행하였다. 이러한 분석을 통해 가르치기 위해 필요한 지식이 부족한 교사의 경우 교과서나 교수·학습 자료 등에 따라 질 높은 수업에서 나타나는 특징 중 일부만 나타나는 것을 확인하였다. 교사의 수업이 교과서나 교수·학습 자료에 의존하므로 드러나는 특징도 일관적이지 않는 것으로 나타났다. 이러한 결과로부터 이 연구에서는 교사의 MKT가 수업에서 교사가 하는 교수 행동과 강력한 상관이 있다고 주장하였다.

2.2.2 COACTIV(Cognitive Activation in the Classroom) 프로젝트

독일에서는 COACTIV 프로젝트를 통하여 교사의 역량을 개념화하고 평가하고자 하였으며, 교사의 지식이 수업의 질이나 학생의 수학성취도와 어떤 관련이 있는지 조사하고자 하였다. 이 프로젝트는 PISA 2003/2004에 참여한 학급의 학생과 교사를 연구 대상으로 하였다. 교사를 대상으로 지식, 신념, 동기 등을 조사하였고, 학생을 대상으로 배경, 수학수업에 대한 인식, 성취도 등을 조사하였다.

COACTIV 프로젝트에서는 수학교사의 교수학적 내용 지식(PCK)을 수학 과제에 대한 지식, 학생의 오개념 및 어려움에 대한 지식, 교수 전략에 대한 지식으로 개념화하고, 이를 측정하기 위해 개방형 문항을 사용하였다(Krauss, Baumert, & Blum, 2008a; Krauss, Brunner, Kunter, Baumert, Neubrand, Blum, & Jordan, 2008b). 수학교사의 CK(Content Knowledge)를 측정하기 위해 대수, 기하, 함수, 확률 등 수학 내용 영역의 문항을 사용하였다.

수업의 질을 측정하기 위해서 인지적으로 도전하고 잘 구조화된 학습 기회 제공, 학습 과정에 대한 모니터링 및 적합한 수업을 통한 학습 지원, 효과적인 교실 및 시간 관리 등을 수업에서 중요한 세 요소로 보고 측정하는 기준으로 규정하였다(Baumert, Kunter, Blum, Brunner, Voss, Jordan, Klusmann, Krauss, Neubrand, & Tsai,, 2010). 즉, 수업의 질은 인지적 활성화, 학생에 대한 개인적 학습 지원, 학급 관리 등을 통해 확인하였다. 인지적 활성화를 측정하기 위해서 교사들이 수업 및 시험에서 사용한 과제를 수집하여 수학 과제의 유형, 요구되는 수학적 논증의 수준, 수학 내 전이 정도에 따라 점수화하였다. 개인적 학습 지원을 측정하기 위해서는 연구에 참여한 교사의 학급 학생 6명을 대상으로 교사가 적절한 설명을 제공했는지, 학생들의 오류에 대해 지속적으로 반응했는지, 교사의 수업이 적절한 속도였는지, 교사와 학생 간 상호작용이 잘 이루어졌는지 등을 설문 조사하였다. 학급 관리는 교사와 학생을 대상으로 설문을 실시하여 확인하였다.

이러한 측정 결과를 토대로 교사의 PCK는 수업에서 학생들의 인지를 활성화하고 개인적인 학습을 지원함으로써 수업의 질을 향상시키고 학생들의 학습 결과에 긍정적인 영향을 미친다는 것을 보여주었다(Baumert et al., 2010).

이상과 같이 수학을 가르치기 위한 교사의 지식, 학생의 수학성취도, 수학수업의 질 등과 관련된 연구(Hill et al., 2005; Hill et al., 2008; Baumert et al., 2010)를 통해 교사의 지식은 질 높은 수학수업을 위한 중요한 요인이 됨을 알 수 있고, 또한 교사의 지식이 수업에서 잘 발현되어 질 높은 수업을 하게 되면 학생의 수학성취도에 영향을 미친다는 것도 예측할 수 있다.

다음 절에서는 수학수업의 질 관찰 도구인 MQI에 대하여 좀 더 자세하게 소개하고자 한다. MQI에 대한 자세한 내용은 교사가 자신의 수업의 질을 향상시키기 위해서 어떤 부분을 더 보완해야 할지에 대해 스스로 반성해 볼 수 있는 기회를 제공할 것이기 때문이다.

2.3 수학수업의 질 관찰 도구: MQI[1)]

2.3.1 MQI 코드 개발 과정

Hill과 동료들은 수업에서 수학적 질을 측정할 수 있는 수업 관찰 도구를 개발하고자 하였다. 수업 관찰 도구인 MQI를 개발하기 위해 LMT(Learning Mathematics for Teaching) 프로젝트의 전문성 개발 과정에 참여한 교사 중 10명을 다시 선정하였다. 교사들은 초등학교 2학년에서 6학년을 지도하였고, MKT 선다형 검사에서 다양한 점수대에 분포하고 있었다. 연구자들은 수업 자료를 수집하기 위해 교사 개인별로 한 학기에 3번씩, 총 9번 수업을 촬영하였다. 근거이론을 사용하여 연구자들의 교수 경험 및 교사 교육 경험, 녹화한 수업 비디오, 관련된 문헌을 조사하는 과정을 거쳤고, 이런 과정을 거치면서 코드를 만드는 데 2년 정도의 시간이 걸렸으며 90개의 수업을 코딩하는 데 6개월 정도의 시간이 소요되었다(LMT, 2006, 2011).

2006년에 개발된 MQI 코드는 [표 1]과 같이 5개의 영역으로 이루어졌다.

1) MQI는 'Mathematical Quality of Instruction'의 약자로 수학수업의 질을 측정하기 위한 수업관찰 도구를 의미한다. 이 절에서 소개하는 MQI 코드 개발 과정과 MQI의 차원과 하위요인은 Hill과 동료들의 연구를 김성경(2015)의 박사학위논문에서 정리한 것이다(pp. 25-30).

[표 1] 초기 MQI의 영역

구분	영역
영역 Ⅰ	수업 유형과 내용
영역 Ⅱ	수업 실행에서 교사의 수학적 지식
영역 Ⅲ	학생에 대한 처방
영역 Ⅳ	교육과정과 교사 안내의 수학적 특징
영역 Ⅴ	수학적 지식 사용의 적합성

영역 Ⅰ은 수업 유형과 내용 부문이다. 이 영역에서는 수업 유형(전체수업, 모둠 활동, 개별 활동 등)과 수업의 해당 내용 영역(수, 연산, 기하, 측정 등)을 코딩하고, 이는 다른 코드에서 코딩을 위한 기초 자료로 사용된다. 5분 단위로 나눈 단위수업이 전체 수업에서 도입, 전개, 정리 등 어느 과정에 해당되는지도 함께 코딩한다.

영역 Ⅱ는 수업 실행에서 교사의 수학적 지식 부문이다. 여기에서는 교사가 사용하는 수학 용어나 수학적 아이디어를 설명하기 위해 교사가 사용하는 언어를 확인한다. 그리고 수학적 개념을 설명하기 위해 사용하는 모델이나 예도 해당된다. 즉, 수업 내용에 대한 교사의 이해 정도와 수업에서 사용하는 자원을 포착한다.

영역 Ⅲ은 학생에 대한 처방 부문이다. 이 영역에서는 교사가 지닌 수학적 지식과 자원을 학생들에게 어떻게 사용하는지 확인한다. 교사가 학생들에게 수학적인 설명의 기회를 제공하는지, 학생이 설명하려고 할 때 교사가 적절한 비계를 사용하는지, 교사가 학생들의 질문·아이디어·오류에 어떻게 반응하는지 등을 포착한다.

영역 Ⅳ는 교육과정과 교사 안내의 수학적 특징 부문이다. 교사들은 다양한 질의 교수 자료를 다양한 방법으로 사용한다. 이 영역에서는 영역 Ⅱ의 코드에 기초해서 교육과정의 수학적 질과 교사가 사용하는 자원이 수업에서 수학적 핵심을 잘 안내하는지 확인한다.

영역 Ⅴ는 수학적 지식 사용의 적합성 부문이다. 이 영역에서는 교사가 수업에서 수학적 지식을 어떻게 사용하는지를 확인한다. 교사가 제시하는 상황이 현실 세계를 고려할 때 적합한지, 학생의 배경 지식을 고려할 때 적합한지 확인한다. 또한 교사가 수업을 명료하게 진행하고 있는지, 학생들에게 수업에 참여하고 학습할 수 있도록 공평한 기회를 제공하는지 등을 확인한다.

LMT(2010)에서는 처음에 개발된 MQI 코드를 [표 2]와 같이 수정·보완하여 발표

[표 2] 수정된 MQI의 차원과 하위요인

차원	하위요인
수학 내용과의 관련성	하위요인 없음
수학의 풍부함	• 연결짓기 • 설명 • 다양한 풀이 • 일반화 • 수학적 언어 • 전반적인 수학의 풍부함
학생과 상호작용	• 학생의 오류 또는 어려움 보정 • 학생의 수학적 산물에 대한 반응 • 전반적인 학생과 상호작용
오류와 부정확성	• 수학적 오류 • 언어 또는 수학 기호의 부정확성 • 명료성 부족 • 전반적인 오류와 부정확성
학생 참여	• 학생의 설명 • 학생의 질문과 추론 • 인지활성화 • 전반적인 학생 참여
전체수업과 관련하여 MQI와 MKT	• 전체수업의 수학적 질 • 수업에 기반을 둔 MKT 평가에 대한 추측

하였다.

Hill과 동료들은 80여개의 코드를 압축하였고, 코드를 몇 가지 범주로 묶어 영역이라는 이전 용어 대신 차원이라고 명명하였다. 수정된 MQI는 단위수업과 관련된 코드와 전체수업과 관련된 코드로 구분되어 있다. 단위수업과 관련된 코드는 5개의 차원인, 수학 내용과의 관련성(Classroom Work is Connected to Mathematics), 수학의 풍부함(Richness of the Mathematics), 학생과 상호작용(Working with Students and Mathematics), 오류와 부정확성(Errors and Imprecision), 학생 참여(Student Participation in Meaning-Making and Reasoning) 등으로 구성되어 있다. 마지막 차원으로 전체수업을 대상으로 수업의 질과 MKT를 측정하도록 하는 차원을 추가하였다. 더 나아가 각각의 차원에 대하여 하위요인을 명확하게 제시하였다. 수업을 분석하기 위한 단위수업을 나누는 방법도 5분 단위에서 7분 단위로 바꾸었고, 코딩 방법도 수준(상수준, 중수준, 하수준)으로 구분하는 방법으로 바꾸었다.

2.3.2 MQI의 차원과 하위요인

(1) 수학 내용과의 관련성

수학 내용과의 관련성 차원은 단위수업의 활동이 수학 내용에 초점을 맞추고 있는지, 아니면 수학과 관련 없는 활동을 하고 있는지 확인하고자 하는 차원이다. 이 차원에서는 다른 차원과 달리 하위요인이 없고, 단위수업이 전체적으로 수학 내용과 관련이 있는지만 확인한다.

(2) 수학의 풍부함

수학의 풍부함 차원에서는 사실이나 절차의 의미, 핵심적인 수학의 연습에 초점을 둔다. [표 3]은 수학의 풍부함 차원에 속하는 하위요인에 대한 추가 설명이다. 이 차원에서는 교사가 학생들에게 제공하는 수학 내용의 깊이를 포착하고자 한다. 수학의 풍

[표 3] 수학의 풍부함 차원의 하위요인

하위요인	하위요인에 대한 설명
연결짓기	• 다른 표상을 연결하기 • 다른 수학적 아이디어를 연결하기 • 수학적 아이디어/절차와 표상을 연결하기
설명	• '왜'에 초점을 둔 아이디어 또는 절차에 대한 수학적 의미, 단계의 의미, 해결 방법 제공
다양한 풀이	• 하나의 문제에 대한 다양한 풀이 방법 • 주어진 문제 유형에 대한 다양한 절차 • 문제를 해결하기 위해 다른 수학적 접근을 하는 것 • 두 가지 다른 절차를 이용한 문제해결
일반화	• 사례나 예를 조사함으로써 수학적으로 일반화하고 일반적인 명제를 만드는 것
수학적 언어	• 교사(학생)가 수학적 언어를 어떻게 유창하게 사용하는지 지원 • 교사가 학생의 수학적 언어 사용 지원
전반적인 수학의 풍부함	• 학생들에게 제공되는 수학의 깊이 포착 • 하위요인에 대한 평균이 아니라 단위수업에서 전반적인 풍부함 확인

부함 차원의 경우 6개의 하위요인인 연결짓기, 설명, 다양한 풀이, 일반화, 수학적 언어, 전반적인 수학의 풍부함으로 구성되어 있다. 단위수업의 질이 중수준 또는 상수준이 되려면 요인과 관련된 수업의 양상이 정확하게 드러나야만 한다.

(3) 학생과 상호작용

학생과 상호작용 차원에서는 교사가 학생의 수학적인 산물이나 수학적 오류를 이해하고 반응할 수 있는지 포착한다. [표 4]는 학생과 상호작용 차원에 속하는 하위요인에 대한 좀 더 상세한 설명이다. 학생의 수학적인 산물이란 수학 아이디어를 포함한 질문, 주장, 설명, 풀이 방법, 아이디어 등으로 학생이 설명하고 질문하고 추론하는 것이다. 학생과 상호작용 차원의 경우 3개의 하위요인인 학생의 오류 또는 어려움 보정, 학생의 수학적 산물에 대한 반응, 전반적인 학생과 상호작용으로 구성되어 있다.

[표 4] 학생과 상호작용 차원의 하위요인

하위요인	하위요인에 대한 설명
학생의 오류 또는 어려움 보정	학생이 오개념이나 어려움을 보일 때 이를 개선시켜 주는 것
학생의 수학적 산물에 대한 반응	교사는 수학적으로 적합한 방법으로 학생의 수학적 산물을 이해하고 반응하는 것
전반적인 학생과 상호작용	단위수업에서 내용과 관련하여 교사가 학생과 상호작용하는 정도 측정

(4) 오류와 부정확성

오류와 부정확성 차원에서는 교사가 사용하는 언어 및 표기의 부정확성, 학생의 오류 정정이 없는 경우, 교사가 내용을 표현하는 데 명백하지 않거나 정확하지 않은 경우 등을 포착하고자 한다. [표 5]는 오류와 부정확성 차원에 속하는 하위요인에 대한 추가 설명이다. 오류와 부정확성 차원의 경우 4개의 하위요인인 수학적 오류, 언어 또는 수학 기호의 부정확성, 명료성 부족, 전반적인 오류와 부정확성 등으로 구성되어 있다. 단, 교사가 단위수업에서 오류를 알고 옳게 정정한 경우는 제외한다.

[표 5] 오류와 부정확성 차원의 하위요인

하위요인	하위요인에 대한 설명
수학적 오류	• 잘못된 문제해결 • 잘못된 용어 정의 • 정의나 정리에서 핵심 조건 누락 • 동치가 아닌 두 개의 수학 용어를 동일시
언어 또는 수학 기호의 부정확성	• 수학 기호 표기에서 오류 • 수학적 언어 사용에서 오류 • 일반적 언어 사용에서 오류
명료성 부족	• 핵심이 혼란스럽거나 왜곡된 경우 • 언어나 중대한 오류로 인해 핵심을 파악하기 어려운 경우 • 문제를 풀거나 내용을 설명함에 있어서 분명함을 소홀히 한 경우 • 수학 문제, 과제, 활동을 불완전하거나 혼란스러운 방법으로 전달하는 경우
전반적인 오류와 부정확성	• 단위수업에서 전반적인 오류나 부정확함 측정

(5) 학생 참여

학생 참여 차원에서는 수업에서 제공하는 과제에 학생이 참여한다는 증거와 의미형성과 추론에 학생이 참여하고 기여하는 정도를 포착한다. [표 6]은 MQI에서 학생 참여 차원에 속하는 하위요인에 대한 추가 설명이다. 학생 참여는 단위수업에서 추론하기, 설명하기, 질문하기 등과 같은 학생의 수학적 진술을 통해 주로 일어난다. 학생 참여 차원은 4개의 하위요인인 학생의 설명, 학생의 질문과 추론, 인지활성화, 전반적인 학생 참여 등으로 구성된다.

[표 6] 학생 참여 차원의 하위요인

하위요인	하위요인에 대한 설명
학생의 설명	학생이 아이디어, 절차, 답에 대한 수학적 설명을 제공하는 것
학생의 질문과 추론	학생이 수학적인 질문하기와 추론하기에 참여하는 것
인지 활성화	과제를 실행하는 과정에서 학생들이 어떤 수준의 인지적 활동에 참여하는지와 관련되는 것
전반적인 학생 참여	수학을 하도록 요청하는 과제에서 학생이 참여하는 증거와 의미형성과 추론에 학생이 참여하고 기여하는 정도의 전반적인 포착

3. 국내 연구

3.1 초등 수학교사의 지식과 실제 수업

3.1.1 수업에서 교사의 PCK 발현

안선영과 방정숙(2006)은 평면도형의 넓이에 대한 교사의 PCK와 수업 실제와의 관계를 분석하여 발표하였다. 이 연구에서는 PCK가 전반적으로 높은 수준인 교사가 학생들이 개념을 이해하고 원리를 탐구할 수 있도록 수업을 구성하여 효과적인 수업을 실행하는 것으로 나타났다. PCK의 특정한 세부 항목에 대한 교사의 지식의 정도에 따라 수업의 양상도 달라지는 것을 확인하였다. 그러나 교사가 지닌 PCK가 수업에서 적절히 발현되지 않는 경우도 있는 것으로 보고되었다.

김보민과 류성림(2011)의 연구에서는 분수에 대한 교사의 PCK와 실제 수업을 분석하였다. 교수 방법에 대한 지식과 실제 수업이 상관이 있는 것을 확인하였다. PCK가 풍부한 교사는 자신이 지닌 교수 방법에 대한 지식을 실제 수업에서 발현하는 반면, 상대적으로 PCK가 부족한 교사는 그런 지식을 수업에서 발현하지 못하는 것으로 나타났다. 또한 교사의 PCK가 학습자의 수업 태도나 학교 여건과 같은 환경의 영향을 받아 수업에서 발현되는 경우도 있는 것으로 드러났다.

이러한 두 연구의 결과로부터 교사의 지식은 수업에서 적절히 발현되어 학생들의 학습에 효과적으로 기여할 수 있음을 알 수 있다. 상대적으로 교수를 위한 지식이 부족한 교사의 경우 지식이 부족한 부분과 관련하여 학생들에게 혼란을 줄 수 있다고 볼 수 있다. 여기에서 눈여겨 볼만한 결과는 교사가 지식을 가지고 있더라도 수업에서 발현되지 않을 수 있다는 것이다. 이는 교사의 지식이 수업에서 직접 발현되는 것은 지식의 내면화 정도나 외부 환경의 영향을 받음을 시사한다.

한편, 곽주철과 류희수(2008)는 초등학교 교사 4명을 대상으로 평면도형에 대한 PCK와 실제 수업을 비교한 연구 결과를 발표하였다. 이 연구에서는 평면도형에 대한 PCK가 부족한 교사의 경우 수학적 용어를 혼동하여 사용하고, 개념을 부정확하게 설명함으로써 학생들에게 혼란을 주는 것으로 나타났다. 또한 PCK가 부족한 교사의 경우 교과서에 대한 의존도가 더 높은 것으로 입증되었다.

김방진과 류성림(2011)의 연구에서는 소수 나눗셈에 대한 교사의 PCK와 실제 수업을 분석하였다. 소수 나눗셈에 대한 PCK가 부족한 교사는 실제 수업에서 학생들에게 오개념을 지도하여 학생들의 학습을 저해하였다. 또한 학생들의 오류를 예상하는 지식이 부족한 교사의 경우에는 실제 수업에서도 학생의 오류를 정확하게 처방하지 못하고 보류함으로써 혼란을 초래하였다. PCK가 수업의 내용적 측면에서의 질에 미치는 영향을 확인하였다.

위의 두 연구에서는 교사가 지식이 부족하여 수학적 개념에 대해 부정확하게 설명할 경우, 학생들에게 상당한 혼란을 주게 되고 이로 인해 수업의 질은 떨어지게 된다는 것을 보여준다. 교사가 교육과정에 맞는 용어를 사용하지 않는 것도 수업의 질을 떨어뜨리는 요인이 된다. 또한 교사의 지식이 상대적으로 부족한 교사의 경우 교과서에 대한 의존도가 높으므로 교육과정을 재구성하는 능력이 떨어질 수 있다. 교육과정 재구성은 학생들의 인지적 영역과 정의적 영역의 학습에 효과적이고, 특히 초등학교에서 그 효과가 더 크다(2013, 박일수). 그러므로 교사는 학습자들에게 질 높은 수업을 제공하기 위해 교수에 필요한 지식을 충분히 갖출 필요가 있다.

3.1.2 수업에서 교사의 MKT 발현

이현숙(2011)은 수와 연산 영역에서 291명의 교사를 대상으로 MKT를 측정한 후 MKT가 높은 교사 한 명의 수업을 분석하였다. 이 연구에서는 MKT와 실제 수업의 관련성을 확인하였다. MKT를 일반적인 내용 지식, 전문화된 내용 지식, 내용과 학생에 대한 지식, 내용과 교수에 대한 지식 등의 4가지 하위 영역으로 구분하여 전체적인 MKT가 높은 교사의 수업에서 이러한 하위 영역의 지식들이 어떻게 발현되는지를 조사하였다. 연구 결과를 정리하면 다음과 같다. 첫째, MKT가 높은 교사의 수업에서 일반내용지식은 다른 하위 영역과 복합적으로 발현되었다. 둘째, 전문화된 내용 지식은 수업 방법을 결정할 때나 학생들의 이해를 증진시키는 부분에서 발현되었다. 셋째, 내용과 학생에 대한 지식은 학생의 오류나 어려움을 보정할 때 발현되었다. 마지막으로, 내용과 교수에 대한 지식은 다른 영역과 복합적으로 발현되면서 수업의 흐름에 영향을 미쳤다.

초등 교사의 경우 여러 교과를 함께 지도하므로 수업 전문성 향상을 위한 노력을 수학교과에만 치중하기 어렵다. 그러나 학생들이 수학을 체계적으로 처음 배우는 곳이 초등학교이므로 초등 교사들의 수학수업에 대한 전문성은 매우 중요하다(권성룡, 2015). 우리나라에서는 고등학교에서 성취도가 높은 학생들이 교육대학교에 입학하고 다시 임용고사를 통과해야 교사가 될 수 있으므로 교사의 지적인 수준은 아주 높다고 생각할 수 있다. 그러나 교수를 위한 지식의 수준은 낮은 경우도 많다. 교수를 위한 지식은 교수 경험이 쌓이면서 그에 비례하여 자연스럽게 축적되지도 않는다. 교사가 양질의 수업을 학생들에게 제공하려면 토양이 되는 지식을 갖춘 후에 그러한 지식을 수업에서 잘 발현시킬 수 있어야 한다.

3.2 중등 수학교사의 지식과 실제 수업

3.2.1 수업에서 교사의 PCK 발현

김민지(2012)는 도형의 닮음에 대한 교사의 PCK와 실제 수업을 비교한 연구 결과를 발표하였다. 이 연구에서는 중학교 교사 세 명을 대상으로 수업 전 PCK를 측정하고 실제 수업에서 PCK가 발현되는 것을 확인하였다. 세 교사는 실제 수업에서 사전에 지니고 있었던 PCK를 잘 발현시켰으나, 수업에서 발생하는 예측하지 못한 상황에 따라 발현시키지 않는 경우도 있는 것으로 보고하였다.

최윤화, 최상호, 김동중(2014)은 초임교사와 경력교사의 이차함수에 관한 PCK와 실제 수업을 분석하였다. 이들은 수업 계획 단계에서 교사의 이차함수에 관한 PCK를 먼저 분석하였다. 이후에 실제 수업에서 PCK가 발현되는 양상을 관찰하였다. 경력교사는 예비교사와 비교하였을 때, 교육과정에 대한 지식을 바탕으로 학생들이 이전에 배운 개념과 본 수업에서 배우고 있는 개념을 더 유의미하게 연결하였다. 또한 경력교사는 교수 방법에 대한 지식을 실제 수업에서 다양한 수업 방법과 발문으로 발현하였다. 초임교사와 경력교사는 모두 수업 계획 단계에서 수업 재구성을 계획하였으나 경력교사만 실제 수업에서 교실 상황에 적절하게 수업을 재구성하였다. 초임교사의 경우 교수를 위한 지식을 가지고 있지만, 실제 수업에서 발현되지 않는 경우가 많았다. 이런 결과에 대해 연구자들은 초임교사들이 교실의 맥락을 이해하고 학생과 의사소통하는 능력이 부족할 가능성을 제기하였다.

여기에서 살펴본 두 연구는 모두 교사의 PCK가 실제 수업에서 어떻게 발현되는가에 초점을 맞추고 있다. 이러한 연구 결과로부터 교사가 이미 습득하고 있는 PCK를 수업에서 대부분 발현시키지만 경우에 따라서는 발현시키지 못하는 경우는 있음을 알 수 있다. 이는 교사들이 수업을 진행하는 데 있어서 수업의 질을 높이기 위해서는 교수 상황에 적절한 자신의 PCK를 발현시키기 위한 의도적인 노력이 필요함을 시사한다. 그러나 이러한 두 연구에서는 교사의 PCK의 발현과 수업의 질의 연관성을 언급하지는 않았다.

이와는 대조적으로 김성경(2015)은 수학수업의 질에 따라 교사의 PCK가 어떻게 발현되고 있는지를 조사하여 발표하였다. 이 연구에서는 예비교사와 현직교사를 대상으로 MQI를 이용하여 수업의 질을 먼저 분석하고 수업의 질에 따라 교사의 PCK가 어떻게 발현되는지를 조사하였다. 연구 결과, MQI의 하위 차원 중 수학의 풍부함 차원과 학생 참여 차원에서 수학수업의 질은 교육 경력과 관련성이 낮은 것으로 나타났다. 그러나 학생과 상호작용 차원 및 오류와 부정확성 차원에서는 경력이 많은 교사의 수업이 상대적으로 더 질이 높은 것으로 조사되었다. 또한 교사의 PCK 중 수학적 개념·정의·정리에 대한 지식과 특정 내용에 따른 활동과제를 제시할 수 있는 지식은 모든 수업에서 많이 발현되었지만, 수학적으로 정확한 설명이나 학생의 인지수준을 고려하는 과제를 제시하는 지식은 질 높은 수업에서 더 많이 발현되었다.

3.2.2 수업에서 교사의 MKT 발현

고희정(2013)은 초임교사의 수학수업에서 나타나는 MKT를 분석하였다. 두 명의 초임교사는 수학적 개념과 사실은 잘 이해하고 있었다. 그러나 두 교사는 학생들의 수준에 맞게 수학적 지식을 재구성하여 제시하는 부분, 학생의 오류나 어려움을 고려하는 부분이 부족하였고, 교과서 위주로 교사 중심의 일방적인 수업을 주로 진행하였다. 이 연구 결과 초임교사들은 실제 수업에서 MKT의 하위 영역 중 일반적인 내용지식은 충분히 발현하고 있으나, 그 외의 다른 지식은 충분히 발현하지 못함을 보여주었다.

한편, 고경우(2015)는 중등 수학교사를 대상으로 기하 영역에서 교사의 지식을 측정하고 이런 지식이 수업에서 어떻게 발현되는지 분석하여 그 결과를 발표하였다. 이 연구에서는 LMT(2006)에서 제안한 수업 관찰 도구인 MQI를 사용하여 수업을 분석하였다. 그 결과 학생과 내용에 대한 지식 및 내용과 교수에 대한 지식이 상대적으로 높은 교사는 실제 수업에서 학생의 오류를 사용하고 다양한 모델을 활용하는 반면, 이러한 두 지식이 상대적으로 낮은 교사는 실제 수업에서 드러나는 학생들의 오류를 무시하는 경우도 있을 뿐만 아니라 특정한 아이디어를 다양하게 표현하지 못하고 교과서 위주의 수업을 진행하였다.

두 연구는 모두 앞에서 살펴본 수업에서 발현되는 교사의 PCK 연구와 마찬가지로 교사의 MKT가 실제 수업에서 어떻게 발현되는가에 초점을 맞추고 있다. 연구 결과도 앞에서 살펴본 연구와 동일하게 교사가 이미 습득하고 있는 MKT를 수업에서 대부분 발현시키지만 경우에 따라서는 발현시키지 못하는 경우도 있는 것으로 확인되었다.

국내의 연구 결과로부터 교사가 자신의 수업 전문성을 향상시켜 학생들에게 질 높은 수업을 제공하기 위해서는 양질의 수업에 필요한 PCK 또는 MKT를 확인하고, 교사가 그러한 지식을 갖추는 것이 가장 우선되어야 함을 알 수 있다. 그런 다음에 수업의 질을 높이기 위해 소유하고 있는 PCK 또는 MKT를 교수·학습 상황에 부합되게 활용하려는 의지가 뒷받침되어야 할 것이다.

4. 마무리하는 말

최근 학교교육에서 수업의 중요성이 지속적으로 강조되고 있고, 이에 따라 교사의 수업 전문성에 대한 관심도 점점 높아지고 있다. 질 높은 수업과 교사의 수업 전문성 신장을 위한 노력의 일환으로 수학교육에서도 교사의 PCK 또는 MKT, 수업에서 발현되는 교사의 지식 등에 대한 연구가 활발하게 이루어지고 있다. 이는 수학을 가르치는 데 필요한 교사의 지식은 교수행동에 직접적인 영향을 미칠 뿐만 아니라 질 높은 수업의 필수조건이기 때문이다. 이런 관점에서 이 장에서는 수학교사의 지식을 실제 수학수업 상황과 관련 지어 논의한 국내·외 선행연구 결과를 고찰함으로써 수학수업의 질을 높일 수 있는 수학교사의 지식 함양 및 활용에 대한 시사점을 찾아보고자 하였다.

먼저, 교사의 지식과 수업의 관련성을 분석한 여러 국내·외 선행연구에서 교사는 자신의 PCK 또는 MKT를 대체로 잘 발현시키고 있는 것으로 확인되었다. 물론 교수 상황과 교수 경험에 따라 교사의 지식을 잘 발현시키지 못하거나 교사가 지식을 제대로 갖추지 못한 경우도 발견되었다. 교사의 지식과 수업의 질을 직접적으로 연관시켜 다루었다고 보기는 어려운 측면이 있지만, 이러한 연구 결과는 교사가 수업의 질을 높이는 데 필수적인 교사의 PCK 또는 MKT를 갖춘 다음에 그러한 지식을 교수·학습 상황에 부합되게 활용하려는 노력이 필요함을 시사한다.

다음으로, 미국과 독일에서 이루어진 두 프로젝트에서는 모두 교사의 수학지식, 수학수업의 질, 학생의 수학성취도 등의 관련성을 확인하고자 하였다. 교사의 지식은 질 높은 수학수업을 위한 중요한 요인이 됨을 알 수 있었고, 또한 교사의 지식이 수업에서 잘 발현되어 질 높은 수업을 하게 되면 학생의 수학성취도에 영향을 미친다는 것도 예측할 수 있음을 입증하였다. 이를 통해 수업의 질을 높이기 위해서는 수학 교수를 위해 필요한 교사의 지식을 획득하고 발현하는 것의 중요성을 다시 한 번 확인할 수 있다. 특히, 미국의 LMT 프로젝트에서 개발한 수학수업의 질을 측정할 수 있는 도구인 MQI의 차원과 하위요인은 교사가 자신의 수업을 반성할 수 있는 기준으로 활용할 수 있을 것으로 기대된다.

참 고 문 헌

Reference

고경우 (2015). 수학교사들의 내용과 학생 지식(KCS)과 내용과 교수 지식(KCT) 분석. 이화여자대학교 석사학위논문.

고희정 (2013). 고등학교 수학수업에서 나타나는 초임교사의 수학 교수에 대한 지식(MKT)의 분석. 단국대학교 박사학위논문.

곽병선 (2001). 교실교육의 개혁과 교사의 수업 전문성. 한국교원교육연구, 18(1), 3-15.

곽주철, 류희수 (2008). 평면도형에 대한 교사의 PCK와 수업 실제의 비교 분석. 학교수학, 10(3), 423-441.

권성룡 (2015). 초등수학교사의 PCK 향상을 위한 수업연구의 방향 탐색. 교육논총, 52(1), 15-43.

김민지 (2012). 도형의 닮음에 대한 교사의 PCK와 실제수업의 비교 분석. 이화여자대학교 석사학위논문.

김방진, 류성림 (2011). 소수 나눗셈에 대한 교사의 PCK와 실제 수업의 분석. 한국초등수학교육학회지, 15(3), 533-557.

김보민, 류성림 (2011). 분수에 대한 교사의 PCK와 수업 실제의 비교 분석. 학교수학, 13(4), 675-696.

김성경 (2015). 수학수업의 질과 수업에서 발현되는 PCK 요소의 관련성 연구. 경북대학교 박사학위논문.

박일수 (2013). 교육과정 재구성의 학습효과에 관한 메타분석. 교육과정연구, 31(4), 141-164.

송근영, 방정숙 (2013). 수학과 교사 지식에 관한 국내 연구의 동향 분석. 한국학교수학회논문집, 16(1), 265-287.

안선영, 방정숙 (2006). 평면도형의 넓이에 대한 교사의 교수학적 내용 지식과 수업 실제 분석. 수학교육학연구, 16(1), 25-41.

이현숙 (2011). 수와 연산 영역에 대한 초등 교사들의 수학을 가르치는 데 필요한 지식(MKT)과 수업의 실제. 한국교원대학교 석사학위논문.

이화진, 오상철, 홍선주, 유정애 (2006). 교원의 수업 전문성 발달 지원 프로그램 개발 연구(연구보고서 No. CRI 2006-2-6). 서울: 한국교육과정평가원.

임찬빈, 이화진, 최승현, 오은순, 이경언, 이수정, 노은희, 권순달 (2006). 수업평가 기준 개발 연구(Ⅲ) (연구보고서 No. RRI 2006-3). 서울: 한국교육과정평가원.

주삼환, 이석열, 김홍운, 이금화, 이명희 (1999). 수업 관찰과 분석. 서울: 원미사.

최윤화, 최상호, 김동중 (2014). 초임교사와 경력교사의 교수학적 내용지식과 수업실제 분석-중학교 함수단원-. 한국학교수학회논문집, 17(2), 251-274.

Baumert, J., Kunter, M., Blum, W., Brunner, M., Voss, T., Jordan, A., Klusmann, U., Krauss, S., Neubrand, M., & Tsai, Y. (2010). Teachers' mathematical knowledge, cognitive activation in the classroom, and student progress. *American Educational Research Journal, 47*(1), 133-180.

Hill, H. C., Rowan, B., & Ball, D. L. (2005). Effects of teachers' mathematical knowledge for teaching on student achievement. *American Educational Research Journal, 42*(2), 371–406.

Hill, H. C., Blunk, M., Charalambous, Y. C., Lewis, J., Phelps, G. C., Sleep, L., & Ball, D. L. (2008). Mathematical knowledge for teaching and the mathematical quality of instruction: An exploratory study. *Cognition and Instruction, 26*(4), 430-511.

Krauss, S., Baumert, J., & Blum, W. (2008a). Secondary mathematics teachers' pedagogical content knowledge and content knowledge: Validation of the COACTIV constructs. *ZDM, 40*(5), 873–892.

Krauss, S., Brunner, M., Kunter, M., Baumert, J., Neubrand, M., Blum, W., & Jordan, A. (2008b). Pedagogical content knowledge and content knowledge of secondary mathematics teachers. *Journal of Educational Psychology, 100*(3), 716-725.

Learning Mathematics for Teaching. (2006). *A coding rubric for measuring the mathematical quality of instruction*(Technical report LMT1.06). Ann Arbor, MI: University of Michigan, School of Education.

Learning Mathematics for Teaching. (2010). *Mathematical Quality of Instruction (MQI) coding tool.* Harvard Graduate School of Education. Retrieved from http://hub.mspnet.org/media/data/MQI_062410_Summer_Final.pdf?media_000000006941.pdf

Learning Mathematics for Teaching. (2011). Measuring the mathematical quality of instruction. *Journal of Mathematics Teacher Education, 14*(1), 25-47.

Leinhardt, G. & Smith, D. A. (1985). Expertise in mathematics instruction: Subject matter knowledge. *Journal of Educational Psychology, 77*(3), 247-271.

Ma, L. (1999). *Knowing and teaching elementary mathematics: Teachers' understanding of fundamental mathematics in China and the United States.* Mahwah, NJ: Lawrence Erlbaum Associates. 신현용, 승영조 공역(2002). 초등학교 수학 이렇게 가르쳐라. 서울: 승산.

Munter, C. (2014). Developing visions of high-quality mathematics instruction. *Journal for Research in Mathematics Education, 45*(5), 584-635.

Steele, M. D. & Rogers, K. C. (2012). Relationships between mathematical knowledge for teaching and teaching practice: The case of proof. *Journal of Mathematics Teacher Education, 15*(2), 159-180.

제 3 장

수학교사의 학생평가 지식 신장

고상숙(단국대학교)

1. 들어가며

교육부가 학교현장의 과정중심 평가를 선도하고 있는 시점에 사교육비가 과도하게 지출되고 있는 교과 중 하나인 영어교과는 2016년 대학입시에서 준거지향평가제(절대평가제) 도입을 선언하였다. 또한 2015년 2월에 발표된 제2차 수학교육 종합계획에서는 '수학교육 패러다임의 변화 추진'을 첫 번째 추진전략으로 설정하고, 이를 위한 실천과제 중에 '과정중심의 수업 및 평가'에 교사의 평가 자율성과 책임감 강화를 진술하였다(교육부, 2015a). 이는 각 교과가 준거지향평가제를 지향하고자 할 때 수행평가와 같은 과정중심 평가체제의 비중이 커져야함을 시사한 것이라 할 수 있으며 이를 위해 수학교사들의 평가 자율성과 책임감을 어떻게 강화할 수 있는지에 대한 방안이 적극적으로 논의되고 연구되어야 한다는 것을 의미한다.

2015년 현재 학교현장의 수학교사는 서술형 평가와 수행평가를 실시하게 되어있다. 각 지역의 교육청마다 이 두 평가에 대해 구별하는 곳이 있거나 이 두 평가를 하나로

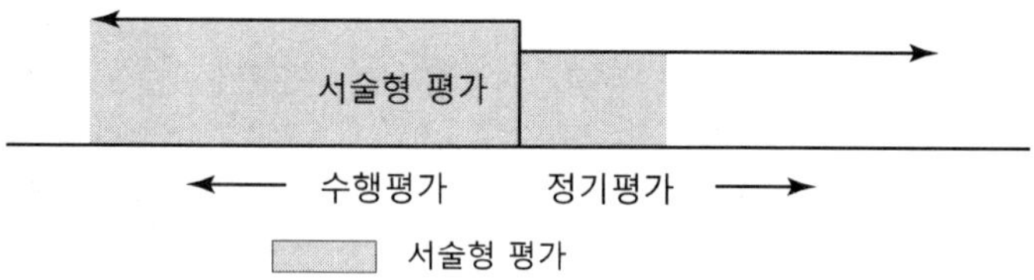

[그림 1] 평가에서 서술형 평가

보고 접근하는 차이점이 나타나고 있다. 이는 수행평가에 대한 범주를 어떻게 보느냐에 따라 서로 다르게 인식하는 데에서 기인한다. 결과뿐만 아니라 과정중심의 수행평가 영역을 대범주로 정한다면 이 범주 안에 프로젝트 평가, 포트폴리오 평가 등으로 유형별 분류를 해나갈 때 서술형이 아닌 평가는 없다. 반면에 수행평가와 달리 정기고사와 같은 평가에서 서술형 평가의 중요성을 강조하는 측면으로 접근하게 되면 이는 과거 주관식 평가를 다르게 표현한 것에 불과하게 된다. 서술형 평가 문항의 특징에는 학생들이 문제를 해결하는 방법에 있어 다양한 접근이 가능하며 수학 학습과정을 평가하고 학습을 촉진할 수 있어서(Hancock, 1995), 교사는 학생들의 학습과 효과적인 교수를 위한 많은 정보를 습득하는 방식을 이해하고 실행할 수 있어야 한다(김래영, 이민희, 2013). 두 평가에 대한 이러한 차이점은 우리 학교현장이 수행평가와 서술형 평가에 대한 충분한 경험과 인식이 부족하기 때문이다. 다음 [그림 1]은 수행평가와 정기고사와 같은 총괄평가에서 서술형평가와의 관계를 도식화한 것이다.

김래영, 이민희(2013) 연구에서 중학교 교사를 대상으로 서술형 평가에 대해 설문조사한 결과, 서술형평가의 정의[1]는 알고리즘적 풀이과정과 답을 강조하는 평가라고 서술한 교사들이 많았고, 이에 의해 실제 학교현장에서도 '답을 구하시오'와 같은 지시문을 사용한 문항을 개발하는 경향이 나타나서 아직 교사들이 서술형 평가 문항 구성에 적절하게 대응하지 못하는 것으로 보인다. 또한 2015년 발표되고 있는 새로운 교육과정 개정(교육부, 2015b)에는 수학과 핵심역량에 대한 요소들을 포함하였는데 앞으로 학교현장에는 성취기준에 따른 핵심역량에 대한 평가가 더욱 강조될 전망이다.

이처럼 평가에 있어 전통적인 평가방식에서 벗어나 다양한 평가방법이 강조되고 있

1) 경기도교육청(2013)은 서술형 평가란 "학생이 지식이나 주장을 직접 서술하도록 하는 평가"(p. 15)라고 하였다.

는 시점에 평가가 그 의미대로 제대로 실행되어 효과를 발휘하려면 교사의 평가 자율성과 책임감이 부여되어야 한다. 이 수학교사의 평가 자율성과 책임감은 수학교육에서 교사의 학생평가 전문성에 의해 발휘된다고 가정하고 수학교사의 학생평가 전문성이란 무엇인지 조사해보아 이를 신장시킬 수 있는 방안을 알아봄으로써 시대적 요구에 적극 대응하고자 한다.

2. 본론

2.1 교사의 학생평가 전문성

교사의 전문성 규준에 대해 NCTM(1991)의 규준집은 필독서라 할 수 있다. NCTM (1991, pp. 4-6)은 전문성(professionalism)에는 각 교사에게 높은 수준의 책무성, 권위성, 자율성이 요구된다는 것을 명시하고 교사전문성 신장에 대한 안내로써 수학교수에 대한 규준, 수학 교수(교사)의 평가에 대한 규준, 수학교사의 전문성 신장에 대한 규준, 수학교사의 지원과 개발에 대한 규준 등으로 구분하여 제시하였다. 이 중 본 장과 연결된 규준으로는 수학교수(교사)의 평가에 대한 규준이 해당된다.

수학교사 평가 규준에 관하여 이 규준집은 다시 여덟 가지 규준의 소단원들을 구성하였는데 제 일곱째 규준인 '수학에 대한 학생의 이해도 평가'(assessing students' understanding of mathematics)가 본 장의 주제와 가장 관련이 깊다. 이 학생평가에 대한 교사역량을 평가하는 분석도구에는 수학교사는 반드시 (1) 학생의 이해도를 평가하기 위해 교사는 다양한 평가방법 사용, (2) 학생의 발달단계, 수학적 성숙도, 나아가 문화적 배경과 관련있는 평가방법 사용, (3) 가르친 내용과 가르친 방법에 따른 일관성있는 평가, (4) 학생들의 수학적 발달에 대한 정보가 학생, 학부모, 그리고 관련된 교사에게 제공되도록 학생의 수학적 이해도와 성향의 적절한 분석, 끝으로 (5) 학생의 수학적 이해도와 성향에 대한 평가로부터 얻어진 정보에 근거한 교수법의 개선을 강조하였다. 즉 수학교사는 위 5가지 사항에 대한 증거를 제공할 수 있어야 한다는 것이다. 위 내용을 다시 요약하여 보면 수학교사는 다양한 평가방법, 학생의 특성을 고려한 평가방법, 수업과 통합된 평가, 평가정보의 공유를 위한 적절한 평가결과해석, 그리고 학생평가에 근거한 차기 수업 개선으로 평가를 수행하고 활용할 수 있어야 한다고 명시하고 있음을 알 수 있다.

교사의 평가전문성은 교사의 평가소양이라고도 달리 표현되기도 하는데 Quilter, & Gallini(2000)은 교사의 평가소양(assessment literacy)을 교사가 교육적 결정을 위하여 평가 결과를 적절히 선택하고 해석할 수 있으며 사용할 수 있는 능력이라고 하였고, Mertler(2004)은 이를 평가 실행에 있어 평가 방법과 평가수행 능력 개발 및 사용 등을 포함하는 기본적인 원리에 대한 교사 지식의 능력이라고 주장하였다. 이렇듯 학생평가에 대한 평가소양은 교사들이 반드시 갖추어야 할 전문성에 포함된다. 즉, 평가소양에 대한 개념은 '학생평가를 위한 교사의 역량 기준(The Standards for Teacher Competence in the Educational Assessment of Students)'의 주요 요소인 것이다.

2.2 교사의 학생평가 전문성 구성요소

한국교육과정평가원(2005)에서는 교사의 학생평가 전문성을 '학생의 학습과 성취에 관한 평가 정보를 수집하고 해석하여 활용할 수 있는 능력'으로 정의하고 이를 구체화하여 교사의 학생평가 전문성 기준을 평가방법의 선정, 평가도구의 개발, 평가실시·채점·성적 부여, 평가 결과의 분석·해석·활용·의사소통, 평가의 윤리성의 다섯 가지 항목으로 분류하여 제시하고 있다. 이에 앞서 한국교육과정평가원은 2004년에도 교사의 학생 평가 전문성 구성요소를 지식, 기능, 태도로 나누어 총 14개 항목으로 분류하였다. 이를 요약하면 [표 1]과 같다.

[표 1] 교사의 학생평가 전문성 구성 요소(KICE, 2004)

<table>
<tr><th colspan="3">구분</th><th>성격</th><th>하위 내용</th></tr>
<tr><td rowspan="6">지식</td><td colspan="2">교육평가 일반</td><td>평가 이론</td><td>검사 이론(고전검사 이론/문항반응이론/측정론), 평가방법(규준지향검사/준거지향검사/점수해석 방법 등), 평가도구(선다형/수행형/자유반응형), 평가 유형(질문/면접/관찰/누가기록 등) 및 제작 원리, 기초 통계, 평가관, 이론의 발달</td></tr>
<tr><td rowspan="5">교과</td><td>과정</td><td>교육 과정</td><td>교육과정 총론 및 각론에 대한 고려</td></tr>
<tr><td>내용</td><td>교과의 배경 학문,
교육과정</td><td>교과의 구조(체계), 기본개념, 이론/교육내용의 위계, 범위</td></tr>
<tr><td>방법</td><td>교수 학습 이론</td><td>교육과정 〈학습지도〉항의 각종 방법에 대한 고려</td></tr>
<tr><td>실험(조사)등
교과별 특색</td><td></td><td>교과별 연구 방법 및 문제 해결 과정의 절차(예: 문제인식 및 가설설정, 실험 설계, 실험 수행, 결론 도출 및 가설의 평가)</td></tr>
<tr><td>평가</td><td>학습평가</td><td>교육평가 이론 일반에 관한 지식, 교육과정 총론에 대한 지식, 교육과정 각론 <평가>항의 각종 방법에 대한 고려
(평가일반+교과 내용 관련성)
(교과 내용 관련성: 교과의 특성에 따른 적절한 평가방법 및 유형의 선정)</td></tr>
<tr><td rowspan="5">기능
(수행
능력/
실무
능력)</td><td colspan="2">계획(설계)</td><td rowspan="5">지식+수행능력</td><td>교과 내용, 이원목적분류표(내용/행동분석), 평가목표·내용 및 방법 선정, 평가 상황 구성, 성취기준, 평가결과의 활용 계획</td></tr>
<tr><td colspan="2">도구제작·실시
(시행)</td><td>절차 및 방법을 고려한 평가도구 제작, 검토, 확정, 채점기준 설정</td></tr>
<tr><td colspan="2">채점</td><td>공정성, 신뢰성 확보 방법</td></tr>
<tr><td colspan="2">결과 처리</td><td>성적 부여(산출), 기록 관리</td></tr>
<tr><td colspan="2">해석 및 결과 활용</td><td>해석방법, 결과활용방법</td></tr>
<tr><td rowspan="3">태도</td><td colspan="2">교육관</td><td rowspan="3">지식</td><td>성장(발달), 지식전수, 창조성 계발, 인지구조 변화</td></tr>
<tr><td colspan="2">평가관</td><td>성장/선발</td></tr>
<tr><td colspan="2">학생관</td><td>구성적 관점, 경험주의적 관점</td></tr>
</table>

2.3 수학교사의 학생평가 전문성

Everybody Counts(National Research Council, 1989)는 능력 있는 수학교사에 대해 다음과 같이 수업활동에서 필요한 역할을 묘사하고 있다. "유능한 교사는 학생들이 수학을 학습하도록 자극해 줄 수 있는 사람이다. 여러 교육관련 연구에서는 학생들이 수학에 대해 스스로 이해를 구성할 때에만 수학을 잘 학습한다는 유력한 증거를 제시하고 있다. 교사가 학생들이 무엇을 학습해야 하는가를 이해하기 위해서는 수학교육과정에 들어있는 여러 동사-'탐구하다', '표현하다', '변환하다', '풀다', '적용하다', '증명하다', '의사소통하다'- 등의 의미를 알아야 한다. 이는 학생들이 모둠별로 학습하고, 토론에 참여하며, 발표하고, 또 다른 방식으로 자신의 학습에 책임을 질 때 가장 쉽게 일어난다는 것을 알아야 한다." 즉 수학교사는 수학교과의 핵심역량을 바탕으로 학생이 어떻게 성장할 수 있는지(교육과정에 기술된 성취기준을 어떻게 달성할 수 있는지)를 이해할 수 있어야 한다는 것이다. 또한 수학과 수행평가는 수업에서 이루어지므로 교수·학습과 일관성있게 이루어져야 한다. 따라서 평가는 교육과정, 학생, 교수학습과 밀접하게 연결되어 있다.

앞에서 언급되었듯이 수학교사의 학생평가 전문성은 바람직한 학생평가를 실천하기 위해 수학교사가 갖추어야 할 지식, 기능, 태도가 습득된 수학교사의 능력이라고 말할 수 있다(고상숙 외, 2005). 여기서 수학교사가 지녀야 할 지식은 교육평가에 관한 일반 지식과 함께 수학 교육과정 및 교수·학습, 학생에 대한 지식을 포함하며, 기능은 수학교육 상황에서 교사가 학습평가를 계획하고 실천하며 결과를 분석하고 해석하여 학생과 자신에게 피드백함으로써 학습자의 학습을 향상시키는데 필요한 실제적인 수행능력을 뜻한다. 여기에 교사의 태도는 교사가 구성하는 모든 구성물과 교수활동과 같은 교사의 행동에 영향을 미치는 관점의 근원이 된다.

2.4 수학교사의 학생평가 전문성의 구성 요소

고상숙 외(2005)에 따르면 수학교사의 학생평가 전문성의 구성요소를 다음 [표 2]와 같이 구성하였다. 선행연구에서 수학교사의 태도에 대한 연구는 거의 이루어지고 있지 않아, 본 장에서 수학교사의 태도에 관한 세부요소를 고상숙 외 (2015)를 참고하여 수정하였다.

[표 2] 수학교사의 학생평가 전문성 구성 요소

<table>
<tr><th>항목</th><th>구분</th><th>하위 내용</th></tr>
<tr><td rowspan="3">지식</td><td>교육과정지식</td><td>학교수학과 그 이상 수준의 수학
수학적 문제 해결력
수학적 창의력 및 다양한 표현
효과적인 의사소통 능력
수학적 추론하는 능력
수학적 개념과 절차
수학의 성격, 수학사, 수학의 역할
수학공학, 타교과와 수학과의 관계</td></tr>
<tr><td>교수·
학습지식</td><td>교수 전략, 교실 조직화 방법
학생 이해력 평가
소그룹과 전체학급의 토론 학습 지도
공학을 포함한 학습자료 활용
문제설정과 다양한 전략사용으로 문제해결 모델링 구성 및 지도
창의적 사고방법 지도
수학적 추론방법 지도
수학적 의사소통법 지도
수학적 개념 및 절차지도</td></tr>
<tr><td>학생에 대한
지식</td><td>학생의 수학을 공부하는 방법에 대한 연구
학생의 수학학습에서 나이, 흥미 등의 효과
수학학습에서 언어적, 윤리적, 사회 경제적 배경의 영향 이해
학생의 수학학습을 지원하는 방법</td></tr>
<tr><td rowspan="5">기능</td><td>계획</td><td>평가목표 진술, 내용 및 방법 결정, 성취기준 마련, 결과 활용 계획</td></tr>
<tr><td>다양한 방법</td><td>지필검사, 관찰, 면담법, 질문지법, 포트폴리오, 학생 자기평가, 소집단 평가 등</td></tr>
<tr><td>문항제작</td><td>진위형, 배합형, 선다형, 단답형, 완성형, 논술형, 폐쇄형, 준개방형, 개방형 제작</td></tr>
<tr><td>채점</td><td>채점 기준표를 작성, 분석적, 총체적 점수화, 표준점수 산출</td></tr>
<tr><td>해석 및 결과
활용</td><td>학생 성장 촉진: 수학과 핵심역량+성취기준
수업의 질 개선: 학생 수준에 따른 수업 및 매체 활용의 효과
학생성취도에 가치 부여: pass or not
프로그램 수정: yes or not</td></tr>
<tr><td rowspan="3">태도</td><td>교육관</td><td>인지적, 정의적 인지구조의 변화</td></tr>
<tr><td>평가관</td><td>학생의 학습과 성장을 위한 평가, 과정중심 평가</td></tr>
<tr><td>학생관</td><td>준 경험주의, 사회적 구성주의</td></tr>
</table>

과정중심 평가를 통한 학생성장은 수학과 핵심역량의 강화를 의미한다. 본 란에서 소개할 수 있는 수학평가시스템은 예를 들어 수학적 개념 및 절차에 치중하여 개념 간에 연결이 이루어지고 있는지, 이 개념들을 사용하여 문제해결은 잘 되고 있는지와 같은 과정에 초점을 둔다. 또한 수학 평가 시스템은 수학을 통해 사고력을 기를 수 있도록 추론능력, 문제해결능력, 의사소통능력에 대한 평가가 지속적으로 이루어져야 할 것이며, 수학과의 다른 핵심역량에서의 성장을 도모할 수도 있어야 할 것이다(고상숙 외, 2015). 고등학교에서 학습성장을 돕는 평가를 어떻게 수행할 수 있는지를 보여주는 평가시스템의 하나로 수업과 통합된 평가과정을 본 고 소단원 4에서 예시로써 잘 나타내주고 있다.

2.5 교사 지식에서 학생평가 전문성

2.5.1 교사 지식

본 단원에서는 교사 지식에 관한 선행연구에서 교사의 학생평가의 의미와 특징을 어떻게 다루고 있는지를 조사하였다. 교사가 갖추어야 할 지식 즉, 교사 지식에 관한 선행연구를 살펴보면 대부분 Shulman의 교수를 위한 교과 내용 지식(Subject-matter knowledge for teaching)을 이론적 토대로 하고 있음을 알 수 있다. Shulman(1986)은 교수를 위한 교과 내용 지식을 내용 지식(content knowledge), 교수학적 내용 지식(pedagogical content knowledge), 교육과정 지식(curriculum knowledge)으로 세분화한 후, 이 중 교수학적 내용 지식의 중요성을 더욱 강조하였다. 이후 일반적인 교수학적 지식(general pedagogical knowledge), 학습자에 관한 지식(knowledge of learners and their characteristics), 교육적 상황에 대한 지식(knowledge of education contexts), 교육적 목적과 가치에 대한 지식(knowledge of educational ends, purposes and values)을 교사 지식에 추가하였다. 이러한 내용을 토대로 하여 Ball, Thames, & Phelps(2008)는 수학을 가르치기 위해 필요한 수학적 지식이 무엇인가에 대해 중점을 두고 기존의 교사 지식 범주를 재 개념화하여 '교수에 필요한 수학적 지식'(Mathematical Knowledge for Teaching, MKT)이라는 개념을 제시하였다. MKT는 공통 내용 지식(Common Content Knowledge, CCK), 전문화된 내용 지식(Specialized

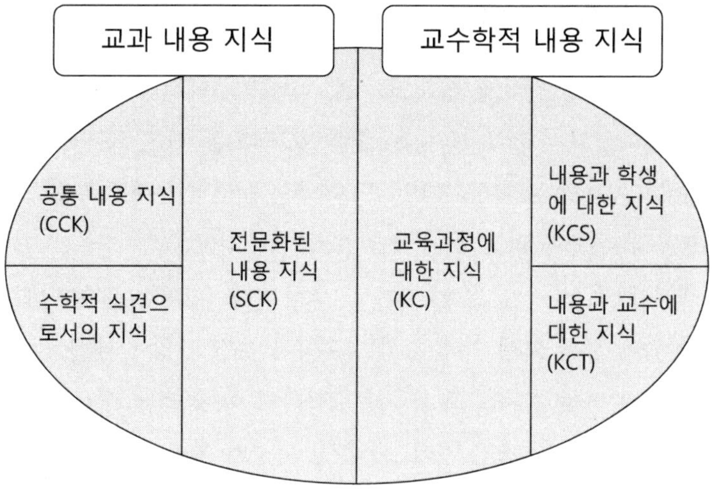

[그림 2] 재구성된 MKT의 영역

Content Knowledge, SCK), 수학적 식견으로서의 지식(knowledge at the mathematical horizon)으로, 교수학적 내용 지식은 내용과 학생에 대한 지식(Knowledge of Content and Student, KCS), 내용과 교수에 대한 지식(Knowledge of Content and Teaching, KCT), 교육과정에 대한 지식(Knowledge of Curriculum)이라는 6개 영역으로 세분화된다.

MKT의 하위 요소를 좀 더 구체적으로 살펴보면, 공통 내용 지식(CCK)은 교사뿐만 아니라 교사가 아닌 다른 성인들도 지니고 있는 수학적 지식을 나타내는 반면, 전문화된 내용 지식(SCK)은 교사만이 지니고 있는 지식으로 일반적으로 교사가 아닌 다른 성인들은 지니지 않은 수학적 지식이라는 측면에서 교사의 전문성을 나타내는 지식으로 해석할 수 있다. 전문화된 내용 지식(SCK)은 수학적 아이디어를 정확하게 표상하기, 수학적 규칙과 절차에 대한 개념적 설명, 대안적인 풀이방법 이해하기 등을 포함한다. 다음은 Ball, et al.(2008)이 제시한 MKT의 영역에서 교사의 교육과정 지식(KC)은 '학생들의 성장을 고려한 학교수학[2])의 위계적 배열'이므로 전문화된 내용 지식(SCK)과 밀접하게 관련이 있다고 사료되어 그들의 위치를 인접하게 둠으로써 관련성을 강조하여 나타낼 수 있을 것이다.

2) 대학수학과 대응되는 초, 중, 고 과정에서 다루는 수학을 뜻한다.

2.5.2 교사 지식에서 학생평가

여기에서 우리는 교사 지식에 대한 또 다른 선행연구에서 학생평가를 어떻게 다루는지에 대하여 알아보고자 한다. 최승현, 황혜정(2008)은 다른 교과와 비슷하게 내용, 학생, 상황 지식의 영향으로 형성되지만, 또 이와는 독립적인 수학과 PCK를 정의하였다. 다음은 그들의 수학과 PCK의 정의를 도식화한 것이다.

이러한 수학과 PCK는 크게 '수업 목표', '수학 내용 지식', '교수 방법 및 평가 지식', '수학과 학습에 대한 학생 이해 지식', '수학과 수업 상황에 대한 지식' 요소로 구성되었으며, 동시에 다섯 가지의 요소들이 결합하여 하나의 큰 지식으로 나타남을 제시하고 있다. '교수 방법 및 평가 지식'은 다시 '특정의 학습 목표 설정', '수학적 문제해결 전략', '수학적 사고력 신장 방법', '평가 목적 및 방법', '가치 판단 및 태도 변화', '교사의 수업 진행 방법', '교사의 교실 행동 변화 진단 지식'의 하위 요소를 갖는다. 이 중, '평가 목적 및 방법'은 말 그대로 교사가 학생들의 학습을 평가하기 위하여 학생 평가 계획을 수립하고 이에 따라 수업을 진행 하는지와 관련된 지식을 말한다. 이러한 평가에 대한 지식이 수학과 PCK에서 큰 축을 차지하는 것은 수학교사가 갖추고 있어야 하는 필수적인 능력으로써 평가에 대한 지식이 그만큼 중요하다는 사실을 의미한다.

Marks(1990)는 면담을 통해 얻어진 8명의 초등학교 5학년 수학교사의 수학수업에

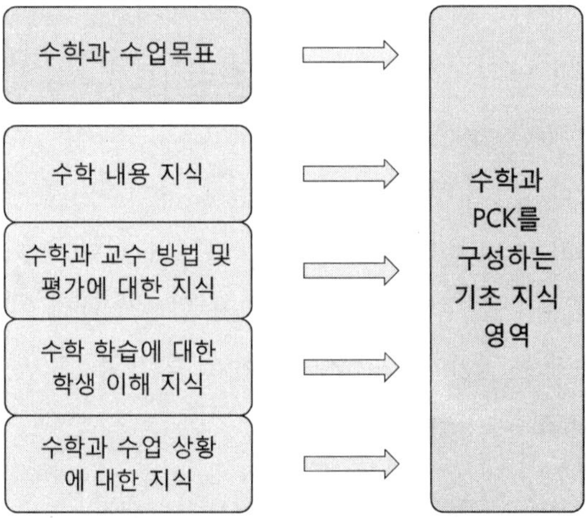

[그림 3] 수학과 PCK의 정의(요소)

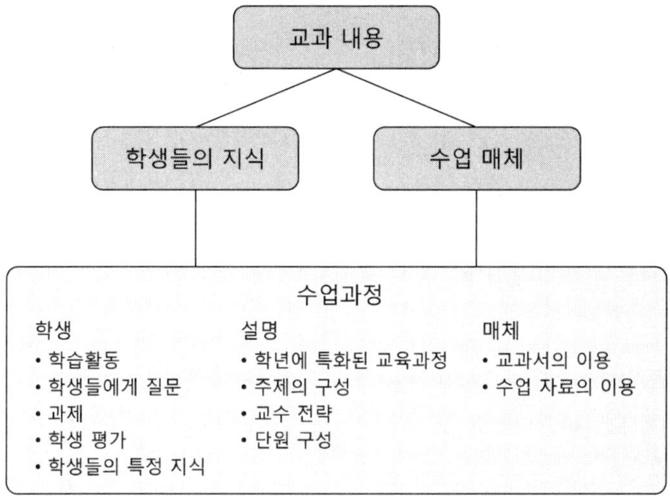

[그림 4] 수학수업에서의 PCK의 구조

대한 PCK를 교수를 위한 교과 내용(Subject matter), 교과 내용에 관련된 학생들의 이해(Students' understanding), 교과 내용 전달을 수업 매체(Media for instruction), 교과 내용의 수업 진행 과정(Instructional processes for the subject matter)의 네 가지로 제시하였다. [그림 4]을 보면, 이 네 가지의 요소들은 독립적으로 존재하는 것이 아니라 밀접한 연관성을 갖고 서로 소통하고 있음을 알 수 있다. 더욱이, 이러한 수학수업에서의 PCK의 구조는 5학년 수학수업에 중점을 두고 있지만 다른 학년이나 다른 과목에도 확장시킬 수 있음을 알 수 있다.

Marks의 PCK 개념 중 '교과 내용의 수업 진행 과정'을 좀 더 자세히 알아보면 수업과정을 각각 학생, 설명, 매체에 대한 초점의 3가지 요소로 분류하였다. 이 중 학생에 대한 초점요소는 학습 활동, 학생들에게 질문, 과제, 학생 평가, 학생들의 특정 지식의 요소로 다시 세분화된다. 최승현, 황혜정(2008)에 의한 수학과 PCK와 더불어 Marks(1990)가 제안한 수학수업에서 PCK의 구조에서도 학생 평가에 대한 지식이 중요한 역할을 하고 있음을 알 수 있다. 최승현, 황혜정(2008)은 교수 방법 속에서 평가를 고려하였고 Marks(1990) 또한 교수 과정에서 평가를 고려한 것은 비슷하나 Marks가 교사의 학생에 대한 이해 영역 안에 평가를 포함하고 있다는 점이 좀 더 구체적임을 알 수 있다.

위에서도 언급했듯이, 한국교육과정평가원(2004)은 바람직한 평가가 실천되기 위해

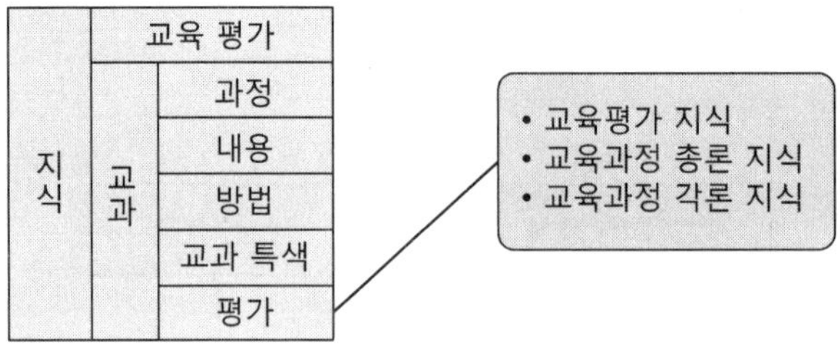

[그림 5] 교사 지식에서 평가 구성 요소

교사가 갖추고 있어야 할 지식을 다음과 같이 제시하였다.

[그림 5]를 살펴보면, 교과지식의 하위요소 중 평가에 관한 지식은 교육평가 이론 일반에 관한 지식, 교육과정 총론에 대한 지식, 교육과정 각론에서는 수학과 평가수행에 따른 구체적인 사안에 대한 것을 고려하고 있는 것으로 보아 교육과정과 연관지어 평가를 포함하고 있음을 알 수 있다. 여기에서는 교사 지식을 총괄적이 아닌 평가의 영역에 한정지어 놓고 있지만 앞서 언급한 두 연구와는 차이가 있다고 할 수 있다.

2.6 교사의 평가전문성 신장 방안

2.6.1 교사교육 프로그램에서 강화

이제 교사의 학생평가 전문성을 어떻게 신장할 수 있을까? 하는 질문에 구체적으로 답을 제시하여야 한다고 생각한다. Dewey(1933)의 인간의 반성적 사고의 중요성을 고려하여 교사의 전문성 신장을 이끌기 위해서는 교사가 자신의 교수활동에 대한 반성적 사고를 지속적으로 행할 때 신장할 것이라 예측한다(예를 들면, Black, 2001; Smyth, 1992; 권나영, 2010). 교사의 인지적 정의적 측면의 지식배양과 나아가 현장 실천력을 배양하는데 교사교육의 목적이 있으므로 이론중심의 지식의 배양도 중요하지만 실천력의 배양까지도 포함하는 것이 중요하다. 그래서 교사를 반성적 전문가(reflective practitioner) (Schon, 1983)라고 칭하고 예비교사교육기간에 수학교육평가론(또는 이와 대체과목)이라는 강좌개설이 필요한 이유이기도 하다.

권나영(2010)의 연구는 수업관찰에 대한 교사의 반응을 평가하기, 묘사하기, 해석하기, 정당화하기, 확대하기로 분류하고 이 중 학생활동 평가하기에 대해 네 교사의 반응을 분석한 결과 "평가하기"의 횟수가 증가하는 교사는 학생의 긍정적 측면에 관심을 둔 평가가 이루어지고 있는 반면에 감소하는 교사는 학생의 활동에 부정적인 측면에 관심을 둔 "평가하기"를 하고 있었고, 교실경험이 풍부한 교사들에게서 평가하기는 활성화되는 반면에 그렇지 못한 교사에게서 평가하기는 작게 나타났다. 이 연구결과에 비추어 교사 전문성을 개발하는 목적을 둔 교사공동체에 반성적 사고에 대한 안내를 실시하고 이를 지속적으로 분석하고 피드백하는 과정을 반복하게 한다면 교사의 학생평가 전문성이 신장될 수 있을 것으로 본다. 더 나아가 옳고 그름을 파악하는 것만을 평가하기에 분류할 것이 아니라 묘사하기, 해석하기, 정당화하기, 확대하기와도 연관하여 교사의 평가하기가 어떻게 구성되어야하는지도 안내하여야 할 것이다. 그러기 위해서는 교사의 수업내용에서 실제 학생평가 전문성의 신장을 보여주는 연구가 더욱 활발히 이루어져야 할 것이다.

다음 단원은 최근 저자가 교육부 과제, 『학생성장을 위한 평가시스템 개선 및 평가모델 개발 연구』을 수행하면서 산출된 자료로써 현장교사가 실제 이 평가를 수업에서 어떻게 실행할 수 있는지를 보여준다. 이 과제에 참여한 현장교사들은 학생평가에 관한 전문성을 신장할 수 있었으며 나아가 현장 응용성을 아울러 키우는 계기가 되었고 현재 교사연수가 이뤄지는 현장에 홍보 강사로 활동하고 있다.

2.6.2 학생 성장을 돕는 평가의 실제의 적용

본 단원에서는 평가의 기능적인 측면을 인지하고 학생성장을 돕는 평가를 수학수업에서 어떻게 수행할 수 있는지에 대한 가이드라인을 제공하고자 한다. 특히 과정중심의 평가가 강조되고 있는 시점에도 수학교실은 여전히 지필평가 위주의 결과중심에서 벗어나지 못하고 있다. 학생 성장을 돕는 평가에서는 먼저 교사가 수업을 설계할 때 평가과제를 준비하고 이를 수업의 진단평가에서부터 평가를 시작한다. 형성평가는 수업의 중간과 정리단계에서 꾸준히 이루어지게 되는데 이런 과정중심의 평가를 실시한다면 수업은 활동중심 또는 탐구중심의 진행을 따르게 되므로 역동적인 수업이 될 수 밖에 없다. 이런 평가를 시도해보아 지속적인 경험을 쌓아나간다면 더욱 더 평가에 대한 자신감이 높아지리라 사료된다.

(1) 초점

수행평가(performance assessment)는 학생의 학습의 성장을 위해 결과만이 아니라 수행하는 과정을 포함한 것으로 학생의 다양한 능력이나 특성을 다루고, 교육과정 및 교수·학습과 병행 또는 통합할 수 있는 평가가 이루어져야 하는 특성을 지닌다. 따라서 수업 중에 이루어지는 형성평가의 주요 목적은 서열화나 선별의 목적이 아니라 학습 상의 지향점이나 문제점을 파악하여 학생의 학습에 대한 방향을 제시해주며, 나아가 교수·학습 전반을 개선하는 데에 유용한 정보를 제공하려는 것이다. 이를 기반으로 학생의 성장을 위한 평가를 수행한다면 아래 [그림 6]에서와 같이 무엇보다도 수업과 통합된 평가로서 수행평가 내실화, 진단 및 형성평가의 활성화, 그리고 교사가 학생에게 제공하여야하는 피드백 과정을 평가의 일부로써 수행하게 되어 이들 요소들은 수행평가의 주요 초점이자 효과라고 할 수 있다.

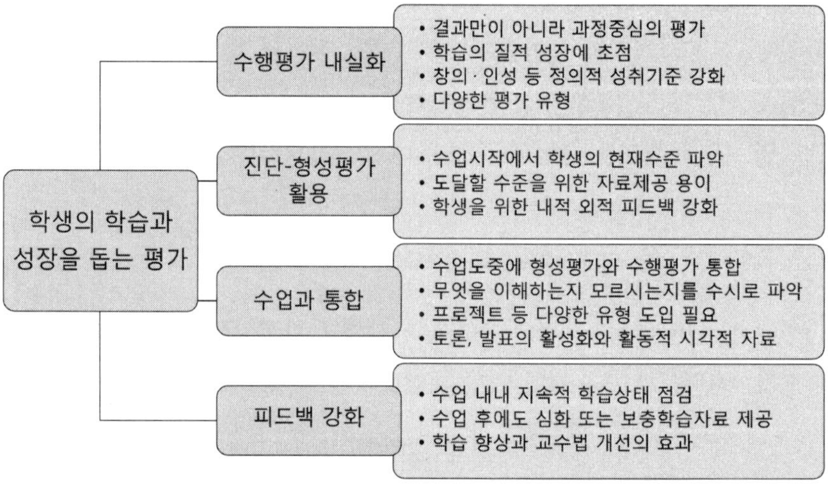

[그림 6] 학생성장을 돕는 평가의 초점(고상숙 외, 2015)

(2) 평가 수행 절차

수학교과에서 다루어야 할 핵심역량과 학습과정 요소가 다양하고, 같은 요소에 대해서도 기준에 따라 다른 해석이 가능하기 때문에 같은 학년을 담당하는 수학교사들끼리 교사협의회를 통해 과정중심의 평가방향을 논의하고 수행에 필요한 성취기준, 평가유형, 평가횟수, 평가문항 및 채점기준 등 세부사항을 결정해야 한다. 협의한 내용에 따라 평가를 수행하게 되며 서로 긴밀한 의사소통을 통해 보완할 것들을 수시로 발견하고 꾸준히 수정해나간다면 다음 학기에 더 나은 평가를 수행하게 될 것이며 학기가 더할수록 평가에 대한 교사의 전문성은 더욱 향상되어갈 것이다.

또한 [그림 6]의 수행절차에 따라 고등학교내용에서 어떻게 평가가 이루어질 수 있는지를 안내하는 평가시스템[3])을 통해 수학교사는 자신의 평가수행의 능력을 키울 필요가 있다.

(a) 1단계: 학생 성장을 위한 수업·평가 교과협의회 실시

- 수학과 교과협의를 통해 학기별 수업 및 평가 실시에 관한 목적을 설정하고 도착점 결과가 무엇이며 어떻게 확인할 수 있는지 협의한다. 본 연구 실험수업에서의 목적은 수행평가를 통해 학생들이 수업에 흥미를 갖게 하며 적극적으로 모둠별 협력학습에 참여할 수 있게 하는 것이다. 이를 바탕으로 궁극적으로 자기주도학습 능력을 신장하는데 목적을 두었다. 또한 수업 및 평가에서 도달해야 할 성취기준과 결과를 다양한 단원의 내용들과 부합할 수 있도록 수학적 문제해결, 의사소통, 창의성, 수학적 추론능력이 향상되도록 하였으며 단원별 핵심역량의 성장을 도모할 수 있도록 하였다.
- 결과를 어떻게 확인할 수 있는지 그 방안을 위한 계획과 지침을 논의한다. 예를 들어, 중단원 시작 전 학생 자신이 알고 있는 수학적 지식을 스스로 점검하고 평가할 수 있는 기회를 제공한다. 이러한 목적의 진단평가는 퀴즈, 테스트, 발문 세 가지 형태를 활용하며 시행한다. 학생들이 이전에 배운 내용은 간단한 퀴즈로 시행하며 그 외에도 향후 도달할 내용에 대한 발문과 나아갈 방향을 대략적으로 청사진을 제시할 수 있는 내용들을 수업시간 발문을 통하여 해당 단원에 대한 학생들의 정의적 영역과 인지적 영역을 측정한다. 이 단계에서 교사는 학생들이 단원에서 제시할 문제를 충분히 해결할 수 있는 능력을 보유하고 있는지, 목표에 도달할 수 있을지를 생각하여 발문한다.
- 수업협의회에서는 위와 같은 진단평가를 통해 얻어진 정보를 활용하여 수업의 기

3) 고상숙 외 (2015)를 참고하였다.

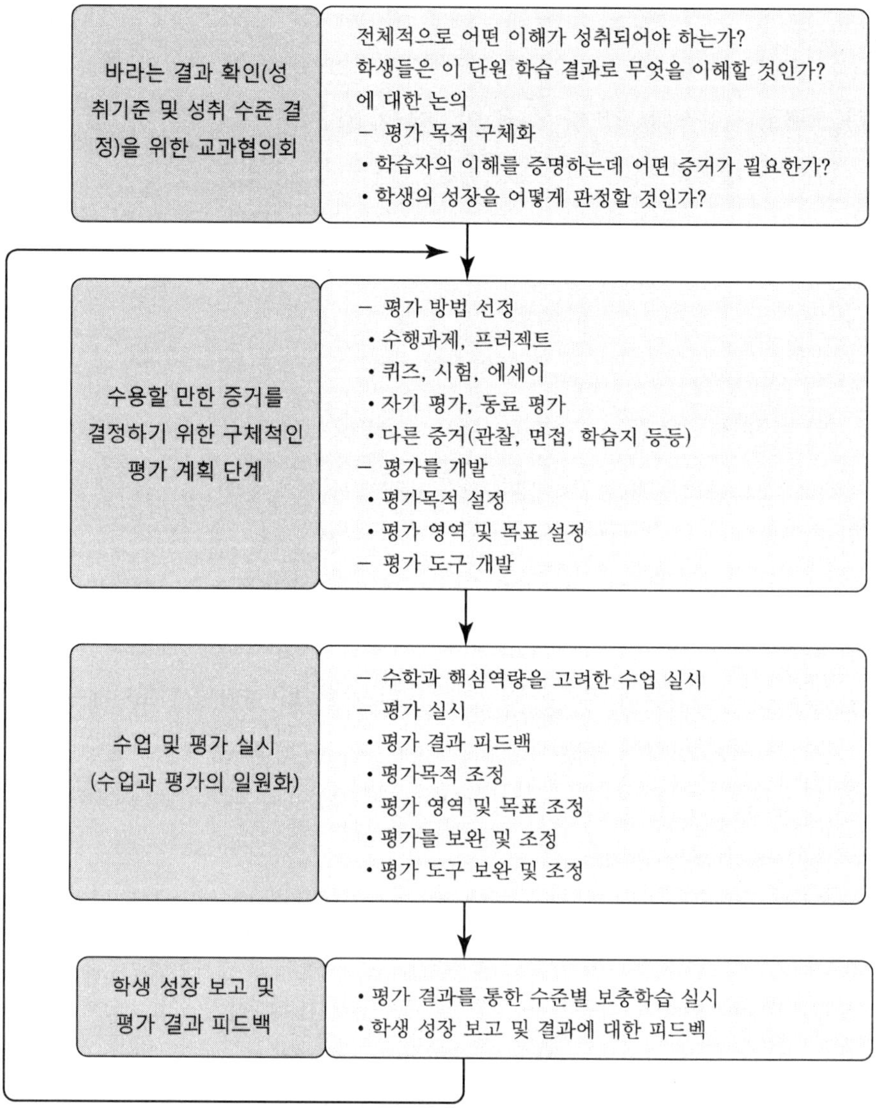

[그림 7] 학생성장을 돕는 평가수행 절차(고상숙 외, 2015)

본 설계안을 조정하여 시행하기로 한다. 이때, 학생성장을 위한 평가는 개인평가, 모둠원에 대한 모둠원 내의 동표평가, 모둠원간 동료평가, 교사평가로 나눠어 실시하고 이에 대한 변화를 성장변화로 책정한다.

- 또한 학생들의 능동적 참여를 유도하고 반성적 피드백 과정을 위하여 학생성장그래프를 평가에 도입한다. 이를 위해 차시 당 획득한 자신의 평가점수를 점으로

나타내어 그래프로 표시하여 학생들이 자신의 발전 과정을 능동적으로 점검해 나가도록 하며 교사는 이에 대한 피드백을 제시한다. 교사는 누가기록을 통해 객관적인 평가가 될 수 있도록 한다.

- 평가와 수업을 일원화하는 평가·수업 내에서는 학생들은 상호간의 평가와 활동 중심의 수업이 이루어지게 된다. 이를 보다 효율적으로 진행하기 위한 방안 중 하나로서 학습과 개념공부를 집에서 해 올 수 있도록 지도하는 방법에 관하여 논의하였으나, 이러한 플립드러닝(flipped learning) 형태와 관련 수업 모델은 필요시 적절하게 사용하기로 한다.

(b) 2단계: 수용할 만한 증거를 결정하기 위한 구체적인 평가 계획 단계

- 수업과 평가를 계획하는 단계에서 무엇보다 중요한 것은 적절한 수학적 평가과제(mathematical tasks)를 구성하는 것이다. 이때, 평가과제가 수업과 연계되기 위해서는 수업내용 및 학생의 인지적 수준과 정의적 특성에 부합된 적절한 과제를 설정하는 것이다. 다시 말하면, 수업 과정에서 중요한 수학적 개념을 바탕으로 하면서 다양한 수학적 아이디어를 추구할 수 있는 과제를 선정해야 하며 또한 수학에 대한 흥미 및 호기심을 바탕으로 수업에 적극적으로 참여하고 학습할 수 있어야 한다.
- 평가내용을 수학과 핵심역량 중 '개념·원리·법칙 이해', '수학적 문제해결력', '수학적 추론', '수학적 의사소통', '수학적 성향' 등으로 나누었으며 이에 따른 평가방법과 수업내용을 구상한다. 이는 수업을 진행하면서 수정, 재수정 될 것이지만 수업과 평가의 실행에 주요한 토대로서의 역할을 할 것이다.
- 고등학교 수행평가 개발은 대학입시와 직결되어 성적산출에 민감한 고등학교의 특성을 반영하여 과목별 대단원별로 영역을 나눠 대표적인 수행평가 도구를 개발할 수 있다. [표 3]에서 확인할 수 있듯이 수학Ⅱ, 미적분Ⅰ, Ⅱ, 확률과 통계, 고급수학, 기하와 벡터 등 다양한 과목에서 총 14차시 분량으로 만들어졌다.

차시	제목	영역	주제	핵심역량	평가유형
1	나라면 어떤 선택을 할까?	확률과 통계 (확률)	몬티홀 딜레마 상황에서 수학적 사고를 바탕으로 합리적 선택을 하는 활동	문제해결력 의사소통	관찰, 동료, 서술 발표

(c) 3단계: 수업 및 평가 실시

- 수업은 높은 인지적 수준의 과제 유지가 가능하고 이러한 높은 인지적 수준의 과제가 수업에서 유지되는 동안 학생의 실행과정과 결과가 함께 평가될 수 있도록 한다. 또한 진단평가와 형성평가, 그리고 수업과제의 일부를 수행평가로 구성하여 지속적이며 과정중심적 평가를 진행하면서 이에 대한 결과가 수업에 순환적으로 적용될 수 있도록 한다.
- 뿐만 아니라 평가가 본연의 목적에 부합된 평가가 되기 위하여 가장 중요한 것이 평가의 기본원리를 충실히 따르는 것이다. 즉, 수업의 과정에서 적시에 다양한 유형의 직·간접적인 평가로서 활용될 수 있어야 하고 이에 대한 피드백이 제공될 수 있어야 한다. 수행평가가 학생을 점수로 환원하고 관리하는 수단이거나 학습활동에 점수를 부여하는 활동이 될 수도 있으나, 근본적으로 평가는 학생이 특정한 내용을 학습한 후에 치르는 시험 이상의 것이어야 한다. 고등학교에서 수업 중 한 예시 내용을 제시하면 다음과 같다.

• 단원의 흐름도(나라면 어떤 선택을 할까?)

차 시	주요 학습 내용 및 활동
1-3차시	• 확률의 덧셈정리
↓	↓
3-6차시	• 확률의 곱셈정리(조건부확률)
↓	↓
7차시	• 조건부 확률 복습 • 나라면 어떤 선택을 할까? (7차시-문항)

• 교수·학습 활동 및 평가 계획

학습 단계	교수·학습 활동	평가 계획
도입	전시복습	
⇩	⇩	⇩
1차시 [문항1]	몬티홀 딜레마 상황을 설명하는 동영상을 보고, 학생들 스스로 선택할 수 있도록 한다. 본인의 선택에 대해 수학적으로 설명할 수 있다.	문제해결력 의사소통
⇩	⇩	⇩
정리	수업정리 수업 중 학생들이 힘들었던 부분에 대한 정리 및 발표	의사소통

• 평가 의도

생활 속의 딜레마 상황에서 확률을 이용하여 판단한 결과를 확인하며 수학적 사고의 중요성을 인식하도록 한다.

• 과제 수행 목표

딜레마 상황에서 확률적 근거를 바탕으로 판단할 수 있다. 조건부 확률 등 다양한 방법으로 문제를 해결하고 의사소통할 수 있다.

• 평가과제 내용 및 방법

딜레마 상황을 수학적 근거를 갖고 판단하는지 평가한다. 다양한 방법으로 문제를 해결하고 모둠원들과 수학적으로 유의미한 아이디어로 소통하는지 평가한다.

• 핵심역량

문제해결력 / 의사소통능력

• 과제 수행 시 유의점

(가) 동영상은 호기심을 유발하는 정도로 가능한 짧게 시청한다.

(나) 딜레마 상황에서 본인이 어떤 선택을 할 것인지 느낌으로 정하기보다는 수학적 아이디어를 갖고 선택한 후 확인하는 과정을 거치도록 한다.

(다) 통계적 확률을 이용하는 경우도 시간을 갖고 지켜볼 수 있도록 한다.

• 교수·학습 내용

<table>
<tr><td>학습 목표</td><td colspan="4">1. 실생활의 여러 가지 상황을 수학적 사고로 판단할 수 있다.
2. 실생활의 여러 가지 상황을 수학적 언어로 표현할 수 있다.</td></tr>
<tr><td>학습 내용</td><td colspan="4">• 몬티홀 딜레마 내용을 이용하여 합리적 선택에서 수학적 사고의 필요성을 인식한다.
• 여러 가지 상황을 수학적 언어로 표현한다.</td></tr>
<tr><th>학습 단계</th><th>교수·학습 활동</th><th>평가 활동</th><th>시간</th><th>자료 및 유의점</th></tr>
<tr><td>도입</td><td>• 인사
• 확률과 조건부확률에 대한 전시학습 복습 및 정리
• 진단평가 실시 후 결과에 따라 모둠 재배치</td><td></td><td>15′</td><td>진단평가</td></tr>
<tr><td>전개</td><td>• 몬티홀 딜레마 동영상을 시청한다.
■ 몬티홀 딜레마 설명 영상
http://momoetc.tistory.com/331
• '나'라면 어떤 선택을 할까? 라는 주제를 갖고 해결책을 찾도록 함.
다른 학생들의 발표에 집중할 수 있도록 함.
다른 풀이방법이 없는지 찾아보도록 함.
■ 몬티홀 딜레마 수업 활용 영상
http://www.grand-illusions.com/simulator/montysim.htm</td><td>[수행평가]
• 문제해결력 평가
딜레마 상황에서 확률적 근거를 갖고 판단할 수 있는지 평가함
다양한 방법으로 해결할 수 있는지 평가함
• 의사소통 평가
판단근거를 설명하며 수학적 언어로 전달할 수 있는지 평가함
모둠 내의 토의에 적극적으로 참여하는지 평가함</td><td>25′</td><td>몬티홀 딜레마 영상 제공

모둠 내 토의</td></tr>
<tr><td>정리</td><td>• 수업정리
• 모둠별로 어떤 부분에서 힘들었는지 정리해서 발표하도록 함</td><td>• 의사소통 평가
문제해결 중 힘들었던 부분을 설명하며 수학적 언어로 전달할 수 있는지 평가함
• 모둠 내의 토의에 적극적으로 참여하는지 평가함</td><td>10′</td><td>힘들었던 부분에 대해 모둠별로 정리된 내용을 제출하도록 함</td></tr>
</table>

• 수행평가 문항카드 예시

파일명	고등수학_2학년		
학교급	고등학교	학년/학년군	2학년
과목	확률과 통계	영역(내용)	조건부 확률
평가유형(산출물)	프로젝트형 평가 (발표 및 제출 보고서)		
수행과제명	나라면 어떤 선택을 할까?		
성취기준	확통1221. 조건부 확률을 구하고 그 과정을 설명할 수 있다.		
핵심역량	문제해결력 / 의사소통력		
출제 의도	몬티홀 딜레마 이야기를 통해 실생활의 여러 가지 상황을 수학적으로 사고하고 수학적 언어로 표현할 수 있다. 확률적 사고를 바탕으로 합리적 선택을 할 수 있다.		

• 수업 평가 예시

〈동료평가지〉

평가자	번호(　　) 이름(　　　　)	평가대상자				
평가 영역	평가기준	평가척도				
		매우 잘함	잘함	보통	미흡	매우 미흡
		5	4	3	2	1
문제해결	확률적 근거를 갖고 합리적 선택을 하였다.					
의사소통	상대방에게 아이디어를 이해할 수 있도록 설명한다.					
창의성	수학적으로 유의미하며 다양한 아이디어를 제시하였다.					
수학적 성향	모둠 활동에 적극적으로 참여하였다.					

● 본 예시는 기본적으로 수업과 수행평가가 통합된 활동을 시도한 것이다. 이에 따라 수행평가는 채점 기준안을 바탕으로 채점하고 이를 바탕으로 피드백을 하는 과정을 거쳤다.

채점기준

평가요소		배점*	4	3	2	1
문제해결	[문제] 몬티홀 딜레마 문제에서 본인의 선택에 대한 설명하기		본인의 선택에 대한 설명을 수학적 언어로 표현할 수 있으며 2가지 이상의 방법으로 몬티홀 딜레마 문제를 해결함.	2가지 이상의 방법으로 해결할 수 있으나 본인의 선택에 대한 설명을 수학적 언어로 전달하지 못함.	1가지의 방법으로 해결할 수 있음.	본인의 선택에 대한 설명을 수학적 언어로 표현하는데 어려움을 겪으며 몬티홀 딜레마 문제를 해결하지 못함.
의사소통	자신의 수학적 사고에 대한 의사소통하기 (말하기)		자신의 수학적 사고를 수학적 언어를 통해 다른 학생과 의사소통할 수 있다.	자신의 수학적 사고를 다른 학생과 의사소통하고 있으나 수학적 언어를 사용하는데 어려움이 있다.	자신의 수학적 사고를 다른 학생과 의사소통하는데 다소 어려움이 있다.	수학적으로 사고하는데 어려움을 겪으며 다른 학생과 의사소통이 없다.
	다른 사람의 수학적 사고를 분석하고 평가하기(듣기)		다른 사람의 수학적 사고를 수학적 언어를 통해 분석하고 평가한다.	다른 사람의 수학적 사고를 분석하고 평가하나 수학적 언어를 사용하는데 어려움이 있다.	분석과 평가가 어렵고 수학적 언어를 사용하는데 정의에 맞지 않는 용어를 많이 사용한다.	다른 사람의 분석이나 평가에 관심이 없으며 경청하지 않는다.

(d) 4단계: 학생 성장 보고 및 평가 결과 피드백

- 평가를 통하여 학생들의 성장 정도를 파악하고 지속적으로 부족한 부분에 대한 피드백을 줄 수 있도록 한다.
- 교사는 학생 개개인이 부족한 부분을 파악하고 수업 중에 이루어지는 평가를 통하여 학생들의 이해 정도 및 학습목표 달성 정도를 확인하여 수준별 피드백을 구성한다. 상, 중, 하 또는 수, 우, 미, 양, 가에 따른 피드백을 통해 심화, 보충학습에 대한 안내를 제공하여야 한다.
- 수행평가 분석을 통해 학생 개별 피드백, 교수 활동에 대한 피드백, 학생성장에 따른 피드백 등 평가결과에 따른 유용한 정보를 제공할 수 있다.

〈수행평가 활동지 관련 피드백 예시〉

수행평가 활동지 예시	수행평가 관련 학생 활동지 피드백 예시
몬티홀 딜레마 영상제공 몬티는 친구들에게 선의의 장난을 즐기는 마음씨 좋은 부자이다. 어느 날 몬티가 친구들을 만나 이렇게 말한다. 선물을 하나 주고 싶은데 게임을 해! 게임에 성공하면 멋진 자동차를 선물로 주지... 저기 문 세 개가 있어! 그 중 하나의 문 뒤에는 고급 승용차가 있고 나머지 문 뒤에는 염소가 있어. 문 하나를 선택하면 그 뒤에 있는 것을 선물로 줄거야. 그런데 한 가지 규칙이 더 있어... 네가 하나의 문을 고르면 내가 남은 문들 중에 하나의 문을 열어 보여줄 거야! 그 후에 원래의 선택을 지속하던 아니든 너의 선택이야! [문제] 몬티홀 딜레마의 내용을 보고 '나'라면 어떤 선택을 할까? 1) 본인의 선택에 대한 설명을 해보자. 2) 본인의 선택한 방법 외에도 경우의 수, 조건부 확률 등 다른 방법으로 해결해 보자. 3) 모둠별로 문제를 해결한 방법을 비교하여 보자.	• 본인의 선택에 합리성을 부여하기 위해 학생들은 다양한 방법을 생각하였다. 선택을 유지하는 학생도 선택을 바꾸는 학생도 나름의 논리를 갖고 이야기 하려고 노력하였다. 교사는 조건부 확률을 이용한 풀이 등 수학적 지식을 바탕으로 수식을 이용한 합리성을 부여할 것이라 여겼지만 학생들은 먼저 본인의 선택을 정한 후 합리성을 부여하려고 노력하였다. 또한 수식을 이용하기 보다는 통계적 확률을 이용하여 본인의 선택에 합리성을 부여하려고 하였다. 학생들에게 본인의 선택에 대한 합리성을 수학적 지식을 바탕으로 알려주는 과정만으로도 충분한 피드백이 될 수 있었다. • 수학이 경직되어 있다는 인식을 가진 학생들에게 수학적 지식을 바탕으로 실생활의 여러 가지 문제를 해결할 수 있다는 사실과 스쳐지나가는 일상의 사실들이 수학과 관련되어 있음을 알고 수학에 흥미를 가질 수 있는 기회를 제공하였다.

<관찰 평가 결과에 따른 교수활동 관련 피드백 예시>

교사 관찰 체크리스트 예시

교사 관찰 체크리스트

단원명	확률통계	학급	2학년

평가영역		정의적 측면			인지적 측면		교사의견/면담내용
세부영역		과제 집착력	창의성	공유심	문제 해결	의사 소통	
내용		문제를 끝까지 해결한다.	다양한 방법으로 문제를 해결하려고 노력한다.	수업에 적극적으로 참여한다.	합리적 선택을 했으며 선택에 대한 근거를 수학적으로 설명할 수 있다.	수학적으로 유의미한 소통을 한다.	
1	홍길동						
2							
3							
4							
5							
⋮							

각 범주의 세부사항 도달 여부를 확인하여 부족한 학생은 X, 중간 정도의 학생은 △, 잘된 학생은 ○로 표시.

수업에 대한 교수활동 관련 피드백 예시

- 인력의 부족
  6개 정도의 모둠 모둥당 6~7명을 한 명의 교사가 감당하기에는 무리였다. 수행평가가 활성화되기 위해서는 학급당 학생수의 감소 또는 교원 확충을 통해 협력학습이 필요함을 절실하게 느꼈다.
- 시간의 부족
  한 시간으로 계획하고 수업을 진행했으나 실제 실험수업에서는 동료평가 자기평가의 경우 수업시간 내에 이뤄지지 못했다. 시간에 쫓겨 수업이 진행되다보니 충분한 설명이 이뤄지지 못했다. 제일 아쉬웠던 부분은 학생들이 성취할 수 있을 때 까지 기다려주지 못한 아쉬움이 크다.
- 성과
  한 시간의 수업이었지만 학생들에게 수학에 대한 흥미를 자극할 수 있었다. 쉽게 생각하면 쉽고 간단한 방법으로 해결 가능하며 수학적으로 수준이 높은 학생의 경우 다양한 방법으로 해결할 수 있는 문제이므로 다양한 수준의 학생들을 동시에 만족시킬 수 있었다.

3. 나오며

교육은 그것이 준거지향평가이건 규준지향평가이건, 또는 형성평가나 총괄평가이건 간에 평가의 연속이고 평가를 대비하는 학생들은 자신의 장, 단점을 평가를 통해 확인하며 앞으로의 진로를 선택하여 나아간다. 따라서 평가는 학생의 미래 필요한 역량을 잘 준비시키고 이를 뒷받침해주는 이정표로서의 역할을 수행하여야 하므로 평가가 학교 현장에서 차지하는 비중은 높을 수밖에 없다. 학생의 진로에 영향을 미치기 때문에 미래 수학교육의 방향은 역시 평가와 밀접할 수밖에 없다. 이처럼 학교 현장에서 학생평가의 중요성은 날로 커져가고 있는 가운데 우리는 교사의 평가 전문성의 중요성을 인식하여 그 평가 전문성을 신장할 수 있는 방안을 모색하기 위해서 교과교육에서 정의하는 학생평가 전문성의 의미, 교사 지식 내에 평가의 위치, 교사 지식과 학생평가 전문성에 대한 관계를 살펴보았다. 여기에서 더 나아가, 교사 지식 중 수학교사 교수지식(MKT)과 평가에 대한 지식의 관계를 알아보고 이를 도식화하여 평가에 대한 지식의 비중과 그 역할을 알아보았다.

한국교육과정평가원(2005)은 교사의 학생평가 전문성을 '학생의 학습과 성취에 관한 평가 정보를 수집하고 해석하여 활용할 수 있는 능력'으로 정의하였고, 고상숙 외(2005) 역시 현장에서 바람직한 학생평가가 실천되기 위한 수학교사의 학생평가 전문성의 중요성을 강조하고 그에 따른 구성요소를 제시하였다. 고상숙 외(2005)와 한국교육과정평가원(2005)에서 교사의 평가를 교사가 수행하는 기능영역으로 분류하고 기술적인 측면을 강조한 반면 그 외의 여러 선행연구에서는 교사의 전문성을 지식, 기능, 태도로 구분하지 않고 포괄적으로 접근하고 있음을 알 수 있었다.

교사의 학생평가에 대한 전문성과 관련한 여러 가지 연구를 살펴보며 학생평가에 대한 중요성을 다시금 상기할 필요성을 느꼈고, 또한 교사 지식에서 학생평가에 대한 연구를 살펴보면서 평가는 교사 지식에서 독립적 영역이 아닌 모든 영역과 매우 밀접하게 관련이 있음을 살펴볼 수 있었다. 이러한 우리의 관점을 Ball의 MKT 모형을 활용해 평가의 위치를 [그림 8]과 같이 도식화하여 나타내보면서 본 장의 주제에 대한 진술을 마무리하고자 한다. 물론 Ball의 모형에서 기인한 것이기 때문에 이들 연구진들과 서로 소통하여 우리의 관점을 제시하고 미래 수학교사지식에 대한 더욱 의미있는 연구들로 나아갈 필요가 있다.[4] 따라서 이와 관련하여 실제적인 사례를 제시하는 구체적인 연구가 앞으로 더 많이 이루어져야 할 것이다.

그러나 이러한 평가의 중요성에도 불구하고 학교현장에서 교사들은 자신이 개발한 문항의 무오류성에 최우선의 초점을 두는 반면에 평가의 중요한 마무리 단계인

4) 국제학회에서 학술발표와 같은 채널을 통해 Ball의 연구진과 연구내용을 긴밀히 나눌 기회를 가질 필요가 있다.

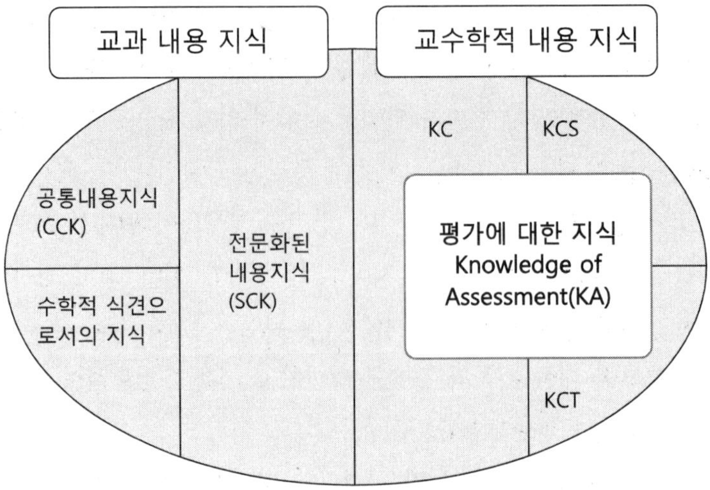

[그림 8] MKT의 영역[5)]

'결과를 해석하기'라고 할 수 있는 '학생 성장 보고 및 평가 결과 피드백'에서 결과에 대한 피드백을 주고 학생의 성장을 안내하는 후속조치를 등한시하는 경향을 지닌다. 달리 표현하면 평가는 이 마지막 단계를 위해 존재한다고 해도 과언이 아니다라고 할 수 있는데도 말이다. 이러한 학교현장의 분위기는 반드시 개선되어야 한다. 처음 의도한 평가의 목적이 잘 이루어졌는지 꼭 점검해보고 다음 교수할 내용을 수립하는 상호보완적 관계를 잘 활용하여 교사와 학생이 함께 성장하는 학교생활이 되길 기대한다.

---

5) 일반적으로 평가에 대한 지식(Knowledge of Assessment, KA)으로 제시하였지만 구체적으로 학생평가에 대한 지식(Knowledge of Student Assessment, KSA)을 의미한다.

참고문헌

Reference

고상숙, 김인수, 신인선, 신현용, 이강섭, 이병수, 이중권, 한인기 (2005). 수학교사의 학생 평가 전문성 범주 및 기준 개발. 수학교육, 44(2), 281-295.

고상숙, 고호경, 박만구, 임현정, 강경은, 김혜영, 김정완, 김정현, 한세호, 정홍명 (2015). 학생성장을 위한 평가시스템 개선 및 평가모델 개발 연구. 연구보고서 SBJ000012387. 서울: 한국과학창의재단.

교육부 (2015a). 제 2차 수학교육 종합계획(2015~2019). 세종: 교육부융합교육지원팀.

교육부 (2015b). 2015 개정 수학과 교육과정 시안개발 정책연구 공개토론회. 서울: 한국과학창의재단.

권나영 (2010). 수학교사의 반성적 사고에 관한 고찰: 평가하기 경우. 수학교육, 49(4), 411-421.

김래영, 이민희 (2013). 수학과 서술형평가에 대한 중학교 교사들의 인식연구. 수학교육학연구, 23(4), 533-551.

최승현, 황혜정 (2008). 수학과 내용 교수 지식(PCK)의 의미 및 분석틀 개발에 관한 연구. 한국학교수학회논문집, 11(4), 569-593.

한국교육과정평가원 (KICE, 2004). 제 1차 및 제 2차 5개 교과교육학회 공동연구원 워크샵 자료. 서울: 한국교육과정평가원.

한국교육과정평가원 (2005). 교사의 학생평가 전문성 기준. 연구보고서 (ORM 2005-51-1). 서울: 한국교육과정평가원

Ball, D. L., Thames, M. H., & Phelps, G. (2008). Content Knowledge for Teaching. *Journal of Teacher Education, 59*(5), 389-407.

Black, S. (2001). Thinking about teaching: How teachers can put reflection at the heart of their teaching. *The American School Board Journal, 188*(11), 42-44.

Dewey, J. (1933). *How we think*. Mineola, NY: Dover Publications, Inc.

Hancock, C. L. (1995). Enhancing mathematics learning with open-ended questions. *Mathematics Teacher, 88*(6), 496-499.

Marks, R. (1990). Pedagogical content knowledge: From a mathematical case to a modified conception. *Journal of Teacher Education, 41*(3), 3-11.

Mertler, C. A. (2004). Secondary teachers' assessment literacy: Does classroom experience make a difference? *American Secondary Education, 33*(1), 49-64.

National Research Council. (1989). Everybody counts: A report on the future of mathematics education. Washington, D.C.: National Academy Press.

National Council of Teachers of Mathematics. (1991). *Professional standards for teaching mathematics*. Reston, VA: The Author.

Quilter, S. N., & Gallini, J. K. (2000). Teachers' assessment literacy and attitudes. *Teacher Educator, 36*(2), 115-131.

Schilling, S. G. (2007). The role of psychometric modeling in test validation: An application of multidimensional items response theory. *Measurement, 5*(2-3), 93-106.

Schon, D. (1983). *The reflective practitioner: How professionals think in action.* London: Temple Smith.

Shulman, L. S. (1986). Those who understand: knowledge growth in teaching. *Educational Researcher, 15*(2), 4-14.

Smyth, J. (1992). Teachers' work and politics of reflection. *American Educational Research Journal, 29*(2), 267-300.

PART 2

수학교사의 MKT를 중심으로

제 4 장

수학교사의 교수를 위한 수학적 지식[1]

한혜숙(단국대학교), 주홍연(용동중학교)

1. MKT 개념의 발생 배경

여러 학자들은 지속적으로 교육에 있어서 교사의 역할을 강조해왔다. 특히, 학생들을 가르치기 위한 교사의 내용 지식(content knowledge)이 학생들의 학습에 매우 큰 영향을 미치며, 교사의 내용 지식은 교직의 전문성을 논하는 중요한 요소로 간주되고 있다. 그렇다면, 교사의 내용 지식이란 어떻게 구성되며 정의내릴 수 있을까? 국외에서는 1980년대 중반부터 교사의 내용 지식에 대한 관심이 증가하기 시작하였는데 대표적으로 Shulman (1986)과 그의 동료들은 기존의 교수 및 교사 지식에 대한 연구 분야에서 '잃어버린 패러다임'(missing paradigm)으로 불리었던 내용 및 내용 지식과 관련된 교사 지식의 연구 분야를 재구성하였다(Ball, Thames, & Phelps, 2008).

Shulman(1987)은 내용 지식의 중요한 역할을 강조하기 위하여 교사 지식을 [표 1]과 같이 범주화하였다.

[표 1] Shulman(1987)의 교사 지식에 관한 주요 범주

일반 영역	1. 일반 교육학적 지식: 학급경영(관리)과 조직에 관한 원리와 전략/교과 내용과는 관련이 없음 2. 학습자에 관한 지식: 학습자의 특징 3. 교육 상황에 관한 지식: 모둠, 학급, 교육청 운영/ 학군에 대한 재정지원/지역사회와 문화의 특징 등 4. 역사적(철학적) 배경에 관한 지식: 교육 목표, 목적, 가치
교과 내용의 고유 영역2)	5. (교과) 내용 지식 6. 교육과정 지식: 교사의 직무에 도움을 줄 수 있는 자료와 프로그램을 자세히 파악함 7. PCK: 교사들만의 고유 영역인 교과 내용과 교수의 특별한 혼합물로써 전문적 이해에 관한 교사 자신만의 특수한 지식 형태

Shulman(1986)이 PCK(Pedagogical Content Knowledge, 교수학적 내용 지식)로 명명하는 내용 지식의 특별한 영역을 제안한 이후로 연구자들은 PCK 개념을 한층 더 발전시키고, 정교화시키려고 노력하였다. 예를 들면, Grossman(1990)은 PCK를 학생의 이해에 관한 지식(knowledge of students' understanding), 적절한 교육과정에 관한 지식(knowldege of the appropriate curriculum), 적절한 교수 전략에 관한 지식(knowledge of appropriate instructional strategies)의 3가지 하위 범주를 갖는 개념으로 설명하여, PCK의 구성 요소를 더욱 명확히 구분하려고 하였다.

비록 Shulman의 연구들은 PCK의 개념을 포함하여 교사의 내용 지식에 대한 연구 분야를 확장하는데 큰 기여를 하였지만, PCK의 개념과 관련해서 모호한 부분이 여전히 존재하였다. Hill, Rowan & Ball(2005)은 Shulman이 주장했던 PCK의 개념이 이론적으로 합의가 되지 않은 불분명한 정의들이 존재한다고 지적하였다. 그들은 이런 원인에 대해서 대다수 PCK 기반의 연구들이 유사하게 진행되고는 있지만, 한 가지 교과 영역 안에서 특수화되고 독립적으로 산재되어 있기 때문에 다른 교과의 연구들과의 이론적 연관성 또는 차이점을 명확히 논하지 않고 있다고 언급하였다. 더구나 상당히 많은 PCK에 관한 문헌들이 구체적인 내용 영역에 관한 언급 없이 교사 지식, 교사 교육에서의 매우 일반적인 주장만을 하고 있고, 이런 연구에서 제시된 용어의 정의

1) Mathematical Knowledge for Teaching, 이하 MKT.

2) Shulman(1986)은 이 영역을 '잃어버린 패러다임(missing paradigm)'이라 언급하고, 자신의 연구의 초점으로써 특히 PCK를 강조하였음.

에도 문제점이 있음을 지적하기도 하였다(Ball 외, 2008). 예를 들어, PCK를 '교과 지식과 교수 학습의 지식의 교차부분'(Niess, 2005), 또는 '교과 내용 지식과 교육학 지식이 결합된 교사 지식의 영역'(Lowery, 2002)이라고 정의하거나, 심지어는 단순히 '학생들의 학습이 일어나게끔 교과 내용을 변형시킨 결과물'(de Berg & Greive, 1999)이라고 정의하는 것은 '교과와 교수의 결합'이라는 PCK의 일반적인 아이디어를 내포하고는 있지만, '교사 지식과 신념의 패키지(package)'라고 이해될 만큼 포괄적인 의미만을 나타내고 있다(Ball 외, 2008).

수학교육 분야에서는 수학교사에게 필요한 내용 지식이 무엇인가에 대한 논의가 이루어지며 대표적으로 Shulman의 PCK와 견줄 수 있는 PUFM(Profound Understanding of Fundamental Mathematics, 기초 수학에 대한 깊은 이해)이라는 개념이 Ma(1999)에 의해서 발표되었다. Ma(1999)는 PUFM을 기본적인 수학적 아이디어(basic mathematical ideas), 다양한 관점(multiple perspectives), 연결성(connectedness), 교수 과정에서 발생하는 종적 일관성(longitudinal coherence)에 근거한 지식의 유형으로 설명하였다. 즉, 교사의 내용 지식이 개념과 절차 간의 연결성과 다양한 접근을 통한 융통성을 지니고, 교육과정에 맞게 구조화되어 있으며, 종적 일관성을 지니고 있어, 그 바탕에 수학적 핵심 아이디어에 대한 깊은 이해가 있어야 함을 강조하였다.

PUFM을 지닌 교사의 가르침은 연관성을 지니고 있으며 주어진 하나의 문제를 다양한 관점에서 접근하고, 기본적인 수학적 아이디어를 강화시키며 종적 일관성을 지니고 있다(Ma, 1999).

1990년대 후반부터는 Ball과 그의 동료들에 의해서 교사들이 수학을 효과적으로 가르치기 위해 필요한 수학지식, 즉 실제 교수 활동에서 사용되고 필요한 수학지식이 무엇인가에 대한 연구가 보다 체계적으로 이루어지기 시작하였다. Ball과 동료들은 Shulman의 내용 지식 및 교수학적 내용 지식을 기반으로 하여 MKT(mathematical knowledge for teaching, 교수를 위한 수학적 지식)라는 개념을 제안하며 다음과 같이 정의하였다.

> MKT는 수학을 가르치는 일을 수행할 때 필요한 수학적 지식을 의미한다. 여기서 중요한 점은, 이 정의의 시작점이 교사가 아닌 가르치는 것이라는 점이다. MKT

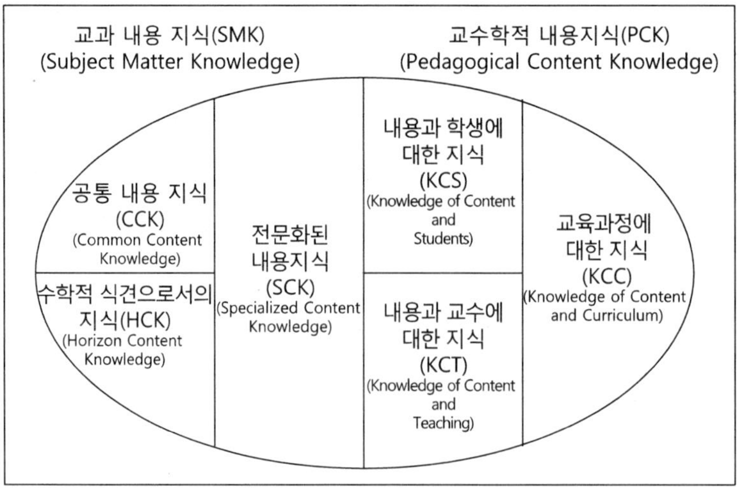

[그림 1] MKT의 구조(Ball 외, 2008, p. 403)

는 가르치는 활동에 포함된 업무 및 그 업무의 수행에 필요한 수학적 요구와 관련되어 있다(Ball 외, 2008, p. 395).

Ball과 그의 동료들은 MKT 개념의 구조 및 하위 요소들을 확인하기 위하여 현장 교사들의 교수 활동에 대한 질적 분석을 실시하고, 이를 바탕으로 MKT를 측정하기 위한 검사 도구를 개발하였다. 그들은 개발한 검사 도구를 활용하여 대규모 설문 조사를 실시한 후 결과 분석을 통하여 MKT 개념의 구조를 [그림 1]과 같이 도식화 하였다. MKT 구조는 Shulman의 교사 지식 범주를 보다 개선시킨 교사 지식 범주로 볼 수 있다(Ball 외, 2008). 특히, Shulman의 교사 지식 범주 중 교과 내용 지식(content knowledge) 범주를 보다 발전시켜 구체화하여 제시했다는 점에서 매우 큰 의의가 있다고 볼 수 있다. Shulman의 교사 지식 범주 중 교과 내용의 고유 영역을 교과 내용 지식, 교육과정 지식, 교수학적 내용 지식(PCK)의 3가지로 제시하였으나, MKT에서는 교육과정 지식을 PCK의 하위 범주로 구성하여 크게 교과 내용 지식과 교수학적 내용 지식의 2가지로 구분하였다.

Ball 외(2008)는 MKT 개념의 유용성을 몇 가지 이유를 들어 설명하였다. 우선, MKT가 교사들의 내용 지식과 학생들의 성취 사이의 관계성을 연구하는데 유용하고, 또한 교사의 전문성 발달의 관점에서 PCK의 특정한 측면이 얼마나 또는 어떻게 영향을 미치는지를 확인하는데 훨씬 용이하다고 언급하였다. 그리고 이 개념은 내용 지식의 범주에 대한 명확한 이해를 바탕으로 교사의 전문성 발달과 교사 교육 분야의 교사 지원 자료 개발에 도움을 줄 수 있다고 제안하였다.

2. MKT의 구성요소

MKT는 크게 교과 내용 지식(Subject Matter Knowledg, 이하 SMK)과 교수학적 내용 지식(PCK)의 2가지 영역으로 구분되며, 각 영역은 3개의 하위 범주를 갖는다. 먼저, SMK의 하위 범주로는 교과 공통 내용 지식(Common Content Knowledge, 이하 CCK), 전문화된 내용 지식(Specialized Content Knowledge, 이하 SCK), 수학적 식견으로서의 내용 지식(Horizen Content Knowledge, 이하 HCK)이 있고, PCK의 하위 범주로는 교과 내용과 학생에 대한 지식(Knowledge of Content and Student, 이하 KCS), 교과 내용과 교수에 대한 지식(Knowledge of Content and Teaching, 이하 KCT), 교과 내용과 교육과정에 대한 지식(Knowledge of Content and Curriculum, 이하 KCC)이 있다(Ball 외, 2008).

다음 절에서는 각각의 MKT 하위 범주에 관한 개념, 선행연구, 평가 문항 등을 구체적으로 살펴보겠다.

2.1 교과 내용 지식(Subject Matter Knowledge, 이하 SMK)

SMK는 수학 교과의 본질적인 부분, 즉 수학에 대한 지식으로써 수학의 필수적인 개념, 정의, 원리, 절차, 표상, 연결성, 아이디어 등을 다양한 수준에서 여러 형태로 표현할 수 있는 지식을 의미한다(박경미, 2009; 황혜정, 2010).

과거에는 SMK가 수학교사가 대학에서 학습했던 내용학 수업의 평가 결과나 표준적인 수학 능력 시험의 결과를 통해 그들이 받은 점수로 대부분 평가되었다(Ball, 1991). 이런 SMK에 관한 정의와 평가(측정) 방법은 교사의 실질적인 지식(substantive knowledge)의 정확성(correctness), 즉 정확한 사실, 아이디어, 정리, 설명, 개념, 절차에만 오로지 초점을 두고 있다(Baturo & Nason, 1996). 그러나 효과적인 교수에 관한 여러 연구를 통해 본질에 대한 이해, 원리에 대한 인식(또는 내용)이 학생들의 학습을 돕고자하는 것에 영향을 주고 있고(Ball, 1991; Ball & McDiarmid, 1990), 이런 발견은 교사들의 SMK를 정의하는데 있어서 중요한 단면들을 포함시키게 하였고 과거의 정의를 더 확장시키는 결과를 낳게 했다. 이에 따라, SMK는 '수학에 대한 원리와 본질에 관한 지식의 이해', '사회 문화적인 수학에 대한 지식', '수학 교과에 대한 기질(disposition)'을 포함시킬 수 있다(Ball, 1991; Ball & Mcdiarmid, 1990).

2.1.1 교과공통 내용 지식(Common Content Knowledge, 이하 CCK)

CCK는 교육 전문가로서 교사들에게만 있는 특별한 지식이 아닌, 즉 가르치는 활동 이외의 다양한 상황에서도 필요한 수학적 지식과 기술을 의미한다(Ball, Hill, & Bass, 2005). 즉, 간단한 계산 또는 수학 문제를 정확하게 해결하는데 필요한 지식이라고 볼 수 있다(Ball 외, 2008). 예를 들면, "1.1과 1.11사이에 존재하는 수를 구하여라.", "정사각형은 사각형인가?", "0/7은 0인가?"와 같은 질문에 답하기 위해 필요한 지식을 의미한다. 위와 같은 질문들은 교사뿐 아니라 수학을 아는 사람들이면 누구나 대답할 수 있을 것이다. 교사의 CCK에 대한 점검을 위해서 다음과 같은 질문을 활용할 수 있다.

- 정확하게 답을 계산할 수 있는가?
- 수학 문제를 정확하게 해결할 수 있는가?
- 당신이 가르치는 수학 내용을 이해할 수 있는가?
- 학생의 오답을 확인할 수 있는가?
- 교과서에서 부정확한 정의(definition)가 제시되어 있는 것을 확인할 수 있는가?
- 수학적 용어와 기호를 정확하게 사용할 수 있는가?

Ball 외(2008)는 교사들의 수업 분석을 통해 교사가 수학적 용어를 잘못 사용했거나, 계산 실수 또는 칠판에서 문제를 푸는 것이 막혔을 때 교수에 어려움을 겪게 되고, 가치 있는 시간을 낭비하게 된다고 지적하며 CCK의 중요성에 대해서 강조하였다.

다음의 [그림 2]는 Ball과 그의 동료들이 개발한 CCK를 측정하기 위한 문항의 예시이다.

A교사는 새로운 교과서로 수업을 하는데 이전 교과서 보다 0에 대해 더 주의를 기울여 가르쳐야 한다는 사실을 알게 되었다. A교사는 학생들에게 0에 대한 몇 가지 보기가 맞는지 틀리는 지를 선택하도록 물어보았다. 아래 보기 중 A교사가 '참'이라고 알고 있어야만 하는 것은 무엇일까? ① 0은 짝수이다. ② 0은 수가 아니다. 이 수는 큰 수를 쓸 때 자리지기(place holder)를 나타낸다. ③ 8은 008로 쓸 수 있다.

[그림 2] CCK 평가 문항의 예(Hill & Ball, 2004)

2.1.2 전문화된 내용 지식(Specialized Content Knowledge, 이하 SCK)

SCK는 교사가 학생들에게 수학을 가르치기 위해서 필요로 하는 '전문화된 고유의 수학적 지식과 기술'을 의미하며, SCK는 MKT의 하위 범주 중에서 Ball과 그의 동료들이 가장 관심을 기울인 범주이기도 하다(Ball 외, 2008). 이는 CCK와 상반된 영역으로 교수 상황 이외에 다른 상황에서 일반적으로 요구되는 수학적 지식이 아니며, 단순히 전문적인 수학적 지식 그 자체를 의미하는 것도 아니다. 예를 들어, 학생들의 오류 패턴을 찾거나 문제 풀이에 대한 비표준적인 접근 방법이 일반적으로 적용 가능한지를 조사해 볼 수 있는 능력이 SCK와 관련되어 있다고 볼 수 있다.

다음은 SCK와 관련된 수학 교수 업무의 예를 나타낸 것이다(Ball 외, 2008).

- 수학적 아이디어를 표상하기
- 학생들이 제기하는 '왜' 라는 질문에 대답하기
- 특정한 수학적 주장을 입증하기 위한 예시 찾기

- 특별한 표상을 사용함에 있어서 무엇과 관련되어 있는지 인식하기
- 근본적인 아이디어와 표상을 연결시키거나 표상과 표상을 연결시키기
- 가르치고 있는 학습 주제와 전시 학습 또는 후속 학습의 주제와 연결시키기
- 학부모에게 수학적 목표와 목적을 설명하기
- 수학 교과서의 내용을 평가하고 적용하기
- 과제를 더 쉽거나 더 어렵게 수정하기
- 학생들의 주장의 타당성을 빠르게 평가하기
- 수학적인 설명을 하거나 그 설명을 평가하기
- 유용한 정의를 선택하고 만들어내기
- 수학적 기호와 언어를 사용하고 그것의 사용을 비평하기
- 생산적인 수학적 질문하기
- 특정 목적을 위해 표상 선택하기
- 동치관계를 면밀히 점검하기

위와 같은 업무는 매우 일상적인 수학교사의 업무이지만 고유의 수학적 이해와 추론 능력을 필요로 한다. 예를 들어, 학생들을 가르치기 위해서는 단순히 나눗셈을 하는 알고리즘을 아는 것에서 그치는 것이 아니라, 그 의미에 대한 '포함제', '등분제', '곱셈의 역', '카테시안 곱의 역' 등을 이해하고 있어야 하며 이와 같은 지식을 SCK라 할 수 있다(Ball 외, 2008).

다음의 [그림 3]은 Ball과 그의 동료들이 개발한 SCK를 측정하기 위한 문항의 예시이다.

곱셈에 관한 수업을 하고 있다고 가정해보자. 학생들이 다음과 같이 풀이를 제시하였을 때, 어떤 두 자연수(0을 포함하는)의 곱셈을 하더라도 사용이 가능한 풀이 방법을 제시한 학생은 누구인지 고르시오.

학생 A	학생 B	학생 C
35 × 25 ——— 125 + 75 ——— 875	35 × 25 ——— 175 + 700 ——— 875	35 × 25 ——— 25 150 100 + 600 ——— 875

[그림 3] SCK를 측정하기 위한 문항의 예(Hill & Ball, 2004)

2.1.3 수학적 식견으로서의 지식(Horizon Content Knowledge, 이하 HCK)

HCK는 현재의 교수 상황에 놓여 있는 것보다 더 큰 수학적 관점을 인식하는 것으로 정의될 수 있다. 즉, HCK는 교육과정에 포함되어 있는 수학적 주제들이 어떻게 서로 관련되어 있는지를 아는 지식이라고 볼 수 있다. 예를 들면, 초등학교 1학년 수학을 가르치는 교사는 학생들이 미래에 학습하게 될 내용에 대한 수학적 기초를 탄탄하게 세울 수 있도록 하기 위하여 그들이 현재 가르치는 수학 내용이 학생들이 3학년에서 학습하게 될 수학과 어떻게 관련되어 있는지를 알 필요가 있다(Ball 외, 2008). 이러한 지식이 일종의 HCK라 볼 수 있다. 교사들이 자연수만 알고 있는 학생에게 정수 존재를 추측하거나 실수(Real number)를 이해할 수 있도록 하는 방법에 대해 고민을 할 때도 HCK가 요구될 것이다(Ball & Bass, 2009). 그러므로 HCK는 교사의 교육학적 예상과 수학의 통합성(integrity)이 내포되어 있는 교수 방향을 결정하는데 중요한 역할을 한다고 볼 수 있다(Ball & Bass, 2009).

Ball과 Bass(2009)는 HCK는 다음과 같은 교수 활동을 수행하는데 필요한 지식으로 볼 수 있다.

- 수학적으로 중요한 것을 판단하기
- 학생들이 말한 것 중에서 수학적으로 의미 있는 것을 경청하기
- 핵심요소를 강조하고 밑줄을 긋기
- 수학적 아이디어를 연결하고 예상하기
- 수학적 기회에 주의를 기울이고 평가하기
- 이후에(후속 학습 시) 수학적 혼동을 불러올 수 있는 수학적 왜곡이나 가능한 전조(precursor)를 알아차리는 것

더불어, Ball과 Bass(2009)는 HCK의 개념을 다음과 같은 4가지 구성 요소로 설명하였다.

1) 교수 과정에서 현재의 위치(교수 내용)를 둘러싸고 있는 수학적 상황에 대한 감각
2) 주요 (수학 내용) 영역의 아이디어와 구조
3) 중요한 수학적 교수 활동
4) 핵심적인 수학적 가치와 민감성

비록 Ball과 그의 동료들은 HCK의 개념을 다른 범주의 개념과 구분하고, 차별화하기 위하여 노력하였지만 앞서 살펴본 것처럼 HCK는 MKT를 구성하는 다른 범주, 특히, SCK나 KCC등과 겹치는 부분이 있어 그 영역의 구분이 불명확하여 측정 방법 또한 모호할 수 있어 교사 지식을 구성하는 독립된 범주로써는 한계를 갖는다고도 볼 수 있다. 이에 대해서 Ball과 Bass(2009) 또한 교사들이 HCK를 어떻게 습득하고, 계발시키며, 더 나아가 이 지식을 어떻게 평가해야 할지를 알 수 없었다고 하였다. Ball 외(2008)도 HCK를 임시적으로 SMK의 하위 범주에 포함시켰지만 이 지식이 SMK의 하위 범주인지 아니면 다른 영역에 속하는 범주인지에 대해서는 확신하지 못하겠다고 언급하였다. 따라서 HCK를 교사 지식의 독립된 범주로 간주하기 위해서는 앞으로 HCK에 대한 보다 더 심도 있는 연구가 이루어져야 할 필요가 있다.

2.2 교수학적 내용 지식(Pedagogical Content Knowledge, 이하 PCK)

PCK는 교사의 내용 지식의 한 유형으로써 Shulman(1986, 1987)에 의해 처음 소개되었고, 국내외적으로 다양한 측면에서 PCK에 관한 연구가 활발히 수행되고 있다. Shulman(1986)은 PCK를 다음과 같이 정의하였다.

> …아이디어에 대한 표상의 가장 유용한 형태, 가장 강력한 유추, 그림, 예, 설명, 논증- 즉, 학생들을 이해시키고자 특정 교과를 형식화하고 표현하는 가장 유용한 방식 … PCK는 특정 주제의 학습을 쉽게 또는 어렵게 만드는 것이 무엇인지에 대한 이해를 포함한다. (p. 9)

즉, PCK는 표상, 개념/오개념에 초점을 두는 동시에 지식을 어떻게 가르쳐야 하는가에 대한 폭넓은 아이디어들을 포함하는 지식이라 할 수 있다. 결국 이 개념은 내용 지식과 교육학 지식의 혼합물로써 가르치기 위해서 필요한 가장 중요한 지식이라고 할 수 있다(Ball 외, 2008).

국내에서는 연구자에 따라 PCK를 정의하는 관점에는 다소 차이가 있는 경우도 있었으나 Shulman의 정의를 토대로 대체로 유사하게 정의하고 있는 것으로 나타났다. 예를 들면, 최승현과 황혜정(2008a, 2008b)은 수학과 PCK를 '수업 목표', '수학 내용 지식', '교수 방법 및 평가 지식', '수학과 학습에 대한 학생 이해 지식', '수학과 수업 상황에 대한 지식' 요소로 구성되어 있으며, 동시에 이러한 요소들이 서로 결합된 지식으로 나타나는 것으로 정의하였고, 권성룡(2012)은 PCK가 내용 지식(content knowledge)과 교육적 지식(pedagogical knowledge)의 혼합물로서 학습자의 학습을 촉진하기 위해 다양한 맥락에서 교사가 가지는 교과 지식에 대한 해석과 변형을 의미한다고 하였고, 조누리와 백석윤(2013)은 PCK를 교사가 구현 가능한 교수 방법 관련 지식과 교사가 이해한 교과 내용 지식이 결합되어 수업으로 발현되는 총체적인 교사의 지식이라고 설명하였다.

이와 같이 각 연구마다 PCK를 정의하는 관점에 다소 차이가 있으므로 각 연구자마다 PCK의 구성 요소를 보는 시각 또한 다양하게 나타났다. 예를 들면, 김구연

(2007)은 PCK를 '수학 내용에 대한 지식', '학습자의 이해에 대한 지식', '교수에 대한 지식'으로 구분하였고, 방정숙과 김상화(2007)는 PCK의 하위 요소를 '수학 내용에 대한 지식', '교수법에 대한 지식', '학생들의 수학적 이해 및 학습에 대한 지식', '교육과정 및 교과용 도서 분석', '교과서 재구성 및 적용'의 5가지 요소, 박선영과 강완(2012)은 '수학 내용 지식', '교수 방법 및 평가에 대한 지식', '학생 이해 지식', '수업 상황에 대한 지식'의 4가지 요소로 제시하였다. 국내에서 수행된 PCK 관련 연구에서 PCK 구성 요소를 분석한 결과 다음의 [표 2]와 같이 구성 요소는 크게 8가지로 나타났다.

[표 2] 국내의 선행연구에서 사용된 PCK의 구성 요소

구성 요소
(수학 교과)내용 지식
학습자에 대한 지식
교수법에 대한 지식
평가에 대한 지식
수업 상황에 대한 지식
교육과정에 대한 지식
수업 목표에 대한 지식
교과서 구성 및 재구성에 대한 지식

Ball 외(2008)는 MKT의 관점에서 PCK의 하위 범주를 '교과 내용과 학생에 대한 지식', '교과 내용과 교수에 대한 지식', '교과 내용과 교육과정에 대한 지식'의 3가지 범주로 구분하였으므로, 이후에는 Ball 외(2008)가 제안한 PCK의 3가지 하위 영역에 대해 살펴보겠다.

2.2.1 교과 내용과 학생에 대한 지식(Knowledge of Content and Student, 이하 KCS)

Hill, Ball, & Schilling(2008)은 KCS를 학생들이 특정 수학적 내용에 대해 사고하고, 이해하고, 배우는 방법에 대한 지식이 결부된 교사들의 내용 지식으로 정의하였다.

즉, KCS는 학생 관한 지식과 수학에 관한 지식이 결합된 형태의 지식으로 특정 수학적 개념을 학습할 때 학생들이 전형적으로 이해하는 방식이나 그러한 개념을 학습할 때 자주 발견되는 오류나 오개념을 파악하는 교사의 지식으로 볼 수 있다(Hill 외, 2008). 예를 들면, 교사가 학생들에게 '307-168' 문제를 해결하도록 요청했을 때, 교사는 다수의 학생들의 답안을 검토하지 않고서도 학생들이 그 문제를 어떤 다양한 방식으로 접근하며, 주로 어떻게 해결하고, 문제 해결 과정에서 자주 발생하는 오류 또는 실수는 무엇인지를 예측할 수 있는데 이것이 교사의 KCS라 할 수 있다(Ball 외 2008). 교사는 학생들에게 학습 과제를 부여할 때에도 학생들이 어떻게 그 과제를 수행할지, 과제를 쉬워할지 아니면 어려워할지에 대해서도 예측해야 하는데 이 과정에서 교사의 KCS가 요구된다.

KCS는 MKT의 다른 범주와 비교해볼 때 그 특성이 더욱 명확해진다. 예를 들면, 위의 문제에서 교사가 학생들의 답안을 보고 정답 유무를 판단하는 것은 CCK를 요구하고, 흔히 접하지 못했던 학생의 오류에 대해 그 특성을 자세히 파악해 보는 것은 SCK를 요구하고, 이와는 상반되게, 학생들이 나타내는 오류들 중 가장 빈번하게 발생하는 오류가 무엇인지를 판단하는 것은 KCS를 요구한다고 볼 수 있다(Ball 외, 2008).

Hill 외(2008)는 KCS를 좀 더 구체적으로 개념화하고, 이를 측정할 수 있는 문항을 개발하였는데, 그들은 개발한 문항을 다음과 같은 4가지 범주로 분류하였다.

- 범주 1: 학생들의 공통적인 오류(common student errors)를 다룬 문항
- 범주 2: 수학적 내용에 대한 학생들의 이해(students' understanding of content)를 다룬 문항
- 범주 3: 학생들의 발달 순서(student developmental sequence)를 다룬 문항
- 범주 4: 학생들의 공통적인 계산 전략(common student computational strategies)을 다룬 문항

비록 Hill 외(2008)는 KCS를 측정하기 위한 평가 문항을 4가지 범주로 구분하여 KCS에 대한 이해를 돕고자 시도하였으나, 그들이 개발한 문항은 두 개 또는 두 개 이상의 범주에 포함되는 문항도 있어 보였다. 예를 들면, [그림 4]의 문항의 경우 관점에

A학생이 다음과 같이 뺄셈 문제를 해결하였다. 이와 같은 답을 어떻게 구했을까?

$$\begin{array}{r} 51 \\ +18 \\ \hline 47 \end{array}$$

[그림 4] KCS를 측정하기 위한 문항의 예(Hill 외, 2008)

따라서 범주1 또는 범주4에 해당되는 문항으로 볼 수도 있다. Hill 외(2008) 또한 그들이 개발한 문항의 한계점 또는 타당성/적절성 측면에 대해서도 논하고 있다. 따라서 평가 구인을 통한 문항 개발 시에는 문항의 타당성 측면을 보다 신중하게 고려할 필요가 있다.

2.2.2 교과 내용과 교수에 대한 지식(Knowledge of Content and Teaching, 이하 KCT)

KCT는 가르치는 것을 아는 것과 수학에 대해 아는 것을 결합한 지식이다(Ball 외, 2008). 교사들은 가르치기 위해 내용의 순서를 배열해야 하는데, 이때 교사는 어떤 예제로 시작하고, 학생들의 더욱 깊이 있는 이해를 돕기 위해서 어떤 예제를 사용해야 할지를 결정하게 된다. 또한 교사들은 특정 수학적 개념을 가르치기 위해서 사용되는 표상(representations)의 교 수학적 장단점을 평가하고, 어떤 방법들과 절차가 교육적으로 가능한지를 알아야 한다(Ball 외, 2008).

KCT에 대한 더 구체적인 예를 들자면, 토론 수업 중에 학생들의 논의를 언제 멈춰야하는지, 수학적인 정당성을 밝히고자 할 때 언제 학생들에게 발언을 시킬지, 질문은 언제 할지, 심화 학습을 위한 문제는 언제 제시할지 등을 아는 것이 교사의 KCT라고 할 수 있다(Ball 외, 2008). [그림 5]는 KCT를 측정하기 위한 문항의 예이다(Ball, 2014).

다음 중 $2 \div \frac{2}{3}$을 나타낸 것을 고르시오.

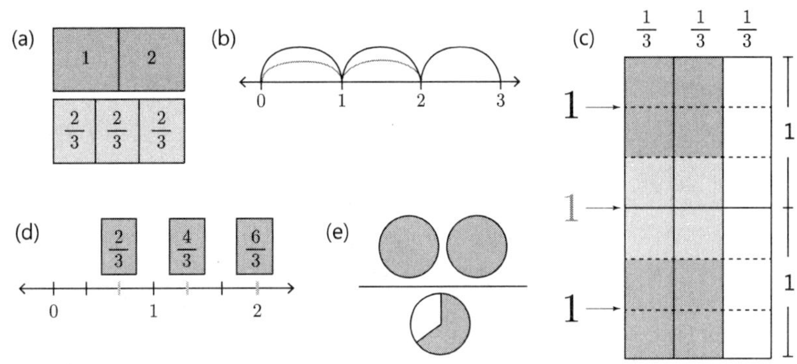

[그림 5] KCT를 측정하기 위한 문항의 예(Ball, 2014)

2.2.3 교과 내용과 교육과정에 대한 지식(Knowledge of Content and Curriculum, 이하 KCC)

KCC는 교과 내용과 교육과정에 대한 지식으로 Shulman(1986)이 제시했던 교사 지식의 한 범주인 교육과정 지식과 동일시 될 수 있다(Ball 외, 2008). 그러나 KCC는 SMK의 하위 범주였던 HCK와 마찬가지로 다른 영역들과 겹치는 부분이 있어 아직까지 이 영역에 대한 개념이 확실하게 규정되어지지 않고 있다. Ball 외(2008)도 KCC는 KCT의 일부분이 될 수도 있고, 또는 몇 개의 영역에 포함되는 지식이 될 수도 있으며 독립된 범주로 간주될 수도 있다고 제안하였다. 게다가 KCC는 HCK의 개념과도 유사한 측면이 있어 보인다. 내용과 교육과정에 대한 지식이라 함은 특정 수학적 개념이 교육과정에서는 어떻게 기술되어 있고, 그러한 개념이 교육과정 전반에 걸쳐 어떻게 확장되어 가는지를 아는 것을 포함한다고 볼 수 있는데 이러한 측면은 HCK와도 관련되어 있다고 볼 수 있다. 따라서 KCC의 개념을 보다 명확히 하기 위해서는 우선, KCC가 독립된 교사 지식의 범주로써 적절한지에 대한 논의가 보다 심도 깊게 이루어질 필요가 있으며, 또한 KCC가 SMK와 PCK 중 어떤 영역의 하위 범주에 포함되어야 할지에 대해서도 추가적인 연구가 필요해 보인다.

3. 국내에서의 MKT 연구 동향

MKT에 관한 국내 연구는 국외 연구의 흐름과 유사한 방향으로 이루어져 왔다. 특히 교사 지식에 관한 국내 연구가 Shulman(1986)이 제시했던 이론에서 출발하여 PCK 연구로 확장이 되고, 수학 교과에 대한 MKT 개념에 주목하기 시작했다는 맥락에서 볼 때 더욱 그러하다. 따라서 MKT에 관한 국내 연구를 살펴보기 위해서는 PCK에 관한 국내 연구부터 살펴볼 필요가 있다.

PCK에 관한 국내 연구는 2000년대 중반부터 활발히 이루어졌으며, Hill 외(2005)에서 언급했던 것처럼 PCK에 관한 명확한 정의와 포괄적인 합의 없이 용어, 개념, 구성 요소들을 달리하며 연구가 이루어졌다. PCK에 관한 국내 연구를 살펴보면, 중등교사보다 초등교사를 대상으로 이루어진 연구가 더 많았으며, 교사의 PCK 조사 및 수업 분석에 관한 연구가 주를 이루고 있다(예. 곽주철, 류희수, 2008; 권성룡, 2012; 김구연, 2007; 김방진, 류성림, 2011; 김보민, 류성림, 2011; 김유경, 방정숙, 2012; 김해규, 2012; 문진수, 김구연, 2015; 박선영, 강완, 2012; 서관석, 전경순, 2000; 송근영, 방정숙, 2008; 최윤화, 최상호, 김동중, 2014). 이외에도 교사의 PCK 강화(정립)를 위한 연구(예. 강정기, 김민정, 정상태, 노은환, 2014; 방정숙,김상화, 2007), PCK 요소의 범주화 및 분석틀 개발 연구(예. 최승현, 황혜정, 2008a, 2008b), PCK에 관한 선행연구 분석에 관한 연구(예. 박경미, 2009, 송근영, 방정숙, 2013; 이유리, 곽승철, 2011) 등이 이루어졌다.

국내에서 수행된 MKT에 관한 연구는 주로 특정 수학적 개념(예를 들어, 함수, 벡터, 분수 나눗셈, 연꼴 등)에 관한 교사들의 MKT를 분석한 연구이고(예. 강영란, 조정수, 김진환, 2012; 권민성, 남승인, 김상룡, 2009; 권성룡, 2012; 문진수, 김구연, 2015; 윤현경, 권오남, 2011), 그러한 연구의 대부분은 MKT의 하위 요소(CCK, SCK, HCK, KCS, KCT, KCC) 중 일부만을 분석의 요소로 삼아 연구가 수행되었다.

4. 결론 및 제언

이 장에서는 Ball과 그의 동료들에 의해서 정립된 MKT의 개념 및 그 발생 배경에 대해서 알아보았는데, 특히 MKT 구성 요소 각각에 대한 개념, 선행 연구, 평가 문항의 예시를 구체적으로 살펴보았다. 비록 MKT라는 개념은 수학교사 또는 수학 교과를 가르치는 교사만을 대상으로 연구되어 정립된 개념이니 만큼 보다 정교화된 수학교사 지식의 틀을 제공한다는 측면에서 매우 큰 의의를 갖는다고 볼 수 있으나, Ball 외(2008)가 제안한 것처럼 MKT를 이루는 하위 요소의 개념, 특히, KCC나 HCK의 개념이 명확하게 구분되고 정의되기 위해서는 추가적인 연구 또한 이루어질 필요가 있어 보인다.

국내에서는 수학교사 지식과 관련해서는 PCK에 관한 연구들이 활발하게 수행되어 왔는데 Ball과 그의 동료들이 MKT에 대한 다수의 연구 결과를 발표함에 따라 국내에서도 MKT에 대한 관심이 증가하고 있는 추세이며 PCK뿐 아니라 MKT의 각 하위 요소에 대한 다양한 연구들이 수행되고 있다. MKT에 관한 연구는 주로 특정 수학적 개념에 대한 교사들의 MKT를 분석한 연구인데, 그러한 연구들의 대부분이 MKT 전반에 대한 분석 보다는 MKT 하위 요소 중 일부만을 분석한 수준에서 머물렀다. 이는 MKT 평가 도구 개발의 어려움과도 밀접한 관련이 있어 보인다. 국내에서는 MKT를 측정하기 위한 표준화된 검사 도구가 없는 실정이므로, 연구자들은 미국의 미시건 대학교(University of michigan)에서 수행된 LMT(Learning mathematics for teaching) 프로젝트를 통해 개발된 문항을 사용하거나(예. 권민성, 남승인, 김상룡, 2009; 김해규, 2012), 개인 연구자 수준에서 평가 도구를 자체적으로 개발하여 사용하고 있는 실정이다. 이렇다 보니 교사의 MKT를 종합적으로 파악하기는 쉽지 않았을 것으로 추측된다. 이에 우리나라에서도 수학교사들의 MKT를 하위 요소별로 보다 정확하고 종합적으로 측정할 수 있는 표준화된 MKT 검사 도구의 개발이 필요하며, MKT 검사 도구가 수학 교과의 각 영역별로 보다 세분화되어 개발된다면 평가 도구의 가치와 활용 가능성은 더 커질 것이다.

현재까지 이루어진 대부분의 선행 연구들은 교사의 MKT를 분석하는 수준에 머무르고 있지만, Ball 외(2008)에서 언급했던 MKT 개념의 유용성을 근거로 볼 때 향후 MKT에 관한 연구는 교사 지식에 대한 정확한 측정을 바탕으로 교사의 교수 역량을 신장시키기 위한 방안을 모색하는 방향으로 확장되어야 할 것이다. 또한 교사가 학생들의 학업 성취에 중요한 변인임을 고려할 때, 교사들의 MKT와 학생들의 성취 사이의 관계성에 관한 연구 또한 심도 있게 이루어져야 할 필요가 있다. 단순히 교사 지식과 학생들의 성취도와의 관련성을 보여주는 것을 넘어서서 MKT의 각 하위 요소들이 학생들의 성취에 얼마나 또는 어떻게 영향을 주는지를 정량적 또는 정성적으로 탐구해 보는 것은 매우 의미가 있을 것이다.

참 고 문 헌

Reference

강영란, 조정수, 김진환 (2012). 분수 나눗셈의 문장제에 대한 초등 교사들의 전문화된 내용지식(SCK) 분석. 수학교육논문집, 26(3), 301-316.

강정기, 김민정, 정상태, 노은환 (2014). 예비 초등교사들의 도형 문제에 대한 SMK와 PCK강화를 위한 DGE 활용. 한국학교수학회논문집, 17(2), 139-166.

곽주철, 류희수 (2008). 평면도형에 대한 교사의 PCK와 수업 실제의 비교 분석. 학교수학, 10(3), 423-441.

권민성, 남승인, 김상룡 (2009). 미국의 선다형 문항 적용을 통한 우리나라 초등 교사의 수학을 가르치는데 필요한 지식 분석. 수학교육, 48(4), 399-417.

권성룡 (2012). MKT 적용과제에 나타난 초등예비교사의 반응 고찰-연꼴을 중심으로. 학교수학, 14(2), 255-274.

김구연 (2007). Pedagogical content knowledge: A case study of a middle school mathematics teacher. 수학교육학연구, 17(3), 295-308.

김방진, 류성림 (2011). 소수 나눗셈에 대한 교사의 PCK와 실제 수업의 분석. 한국초등수학학회지, 15(3), 533-557.

김보민, 류성림 (2011). 분수에 대한 교사의 PCK와 수업 실제의 비교 분석. 학교수학, 13(4), 675-696.

김유경, 방정숙 (2012). 초등학교 수학수업에 나타난 초임교사의 교수학적 내용 지식 분석. 한국학교수학회논문집, 15(1), 27-51.

김해규 (2012). J 대학교 교육대학 3학년 학생들의 수와 연산 영역을 가르치는데 필요한 수학적 지식에 대한 사례 연구 1. 한국초등수학교육학회지, 16(3), 491-509.

문진수, 김구연 (2015). 중등 수학교사의 함수에 대한 지식(MKT) 측정 및 분석. 학교수학, 17(3), 469-492.

박경미 (2009). 수학의 교수학적 내용 지식(PCK)에 대한 연구의 메타적 검토. 수학교육, 48(1), 93-105.

박선영, 강완 (2012). 평면도형 넓이 지도에 대한 교사의 PCK 분석. 수학교육학연구, 22(4), 495-515.

방정숙, 김상화 (2007). 초등 교사의 수학과 교수법적 내용 지식 정립을 위한 교수·학습 자료 개발. 한국학교수학회논문집, 10(1), 129-148.

서관석, 전경순 (2000). 예비 초등 교사들의 분수 연산에 관한 내용적 지식과 교수학적 지식 수준에 대한 연구. 수학교육학연구, 10(1), 103-113.

송근영, 방정숙 (2008). 소수연산에 관한 예비초등교사의 교수내용지식 분석. 한국초등수학교육학회지, 12(1), 1-25.

송근영, 방정숙 (2013). 수학과 교사 지식에 관한 국내 연구의 동향 분석. 한구학교수학회논문집, 16(1), 265-287.

윤현경, 권오남 (2011). 예비교사와 현직교사의 벡터 개념에 대한 이해-MKT 중심으로. 학교수학, 13(4), 615-632.

이유리, 곽승철 (2011). 교수내용지식(PCK)의 연구 동향에 대한 분석. 교육종합연구, 9(3), 115-134.

조누리, 백석윤 (2013). 수학적 발문에 대한 초등학교 예비교사와 현직교사의 PCK 비교. 한국초등수학교육학회지, 17(1), 39-65.

최승현, 황혜정 (2008a). 수학과 내용 교수 지식(PCK)의 범주화-세 명 교사의 사례를 중심으로-. 학교수학, 10(4), 489-514.

최승현, 황혜정 (2008b). 수학과 내용 교수 지식(PCK)의 의미 및 분석틀 개발에 관한 연구. 학국학교수학회논문집, 11(4), 569-593.

최윤화, 최상호, 김동중 (2014). 초임교사와 경력교사의 교수학적 내용지식과 수업실제 분석-중학교 함수단원-. 한국학교수학회논문집, 17(2), 251-274.

황혜정 (2010). 교과 내용 지식(SMK)에 초점을 둔 수학수업평가 기준 고찰. 한국학교수학회논문집, 13(1), 45-67.

Ball, D. L., & McDiarmid, G. W. (1990). The subject matter preparation of teachers. In W. R. Houston (Ed.), *Handbook of research on teacher education* (pp. 437-449). New York: Macmillan Publishing.

Ball, D. L. (1991). Research on teaching mathematics: Making subject matter part of the equation. In J. Brophy (Ed.), *Advances in research on teaching: Vol. 2. Teacher's knowledge of subject matter as it relates to their teaching practices*(pp. 1-48). Greenwich, CT: JAI Press.

Ball, D. L., Hill, H. C., & Bass, H. (2005). Knowing mathematics for teaching: Who knows mathematics well enough to teach third grade, and how can we decide?. *American Educator, 29*(1), 43-46.

Ball, D. L., Thames, M. H., & Phelps, G. (2008). Content knowledge for teaching: What makes it special?. *Journal of Teacher Education, 59*(5), 389-407.

Ball, D. L., & Bass, H. (2009). With an eye on the mathematical horizon: Knowing mathematics for teaching to learners' mathematical futures. Paper presented at The 2009 Curtis Center Mathematics and Teaching Conference. Retrieved from http://www.mathematik.tu-dortmund.de/ieem/cms/media/BzMU/BzMU2009/Beitraege/Hauptvortraege/BALL_Deborah_BASS_Hyman_2009_Horizon.pdf

Ball, D. L. (2014, June). Developing teachers' mathematical knowledge for teaching. *Paper presented at the University of South Australia (via web conference), Adelaide, South Australia.* Retrieved from http://www-personal.umich.edu/ ~dball/presentations/061614_UniSA.pdf

Baturo, A., & Nason, R. (1996). Student teachers' subject matter knowledge within the domain of area measurement. *Educational Studies in Mathematics, 31*(3), 235-268.

de Berg, K. C., & Greive, C. (1999). Understanding the siphon: An example of the development of pedagogical content knowledge using textbooks and the writing of early scientists. *Australian Science Teachers' Journal, 45*(4), 19-26.

Grossman, P. L. (1990). *The making of a teacher: Teacher knowledge and teacher education.* New York: Teachers College Press.

Hill H. C., & Ball, D. L. (2004). Learning mathematics for teaching: Results from California's mathematics professional development institutes. *Journal for*

Research in Mathematics Education, 35(5), 330-351.

Hill, H. C., Rowan, B., & Ball, D. L. (2005). Effects of teachers' mathematical knowledge for teaching on student achievement. *American Education Research Journal, 42*(2), 371-406.

Hill, H. C., Ball, D. L., & Schilling, S. G. (2008). Unpacking pedagogical content knowledge: Conceptualizing and measuring teachers' topic-specific knowledge of students. *Journal for Research in Mathematics Education, 39*(4), 372-400.

Lowery, N. V. (2002). Construction of teacher knowledge in context: Preparing elementary teachers to teach mathematics and science. *School Science and Mathematics, 102*(2), 68-83.

Ma, L. (1999). *Knowing and teaching elementary mathematics: Teachers' understanding of fundamental mathematics in China and the United States.* Mahwah, NJ: Lawrence Erlbaum Associates.

Niess, M. L. (2005). Preparing teachers to teach science and mathematics with technology: Developing a technology pedagogical content knowledge. *Teaching and Teacher Education, 21*(5), 509-523.

Shulman, L. S. (1986). Those who understand: Knowledge growth in teaching. *Educational Researcher, 15*(2), 4-14.

Shulman, L. S. (1987). Knowledge and teaching: Foundations of the new reform. *Harvard Educational Review, 57*(1), 1-22.

제 5 장

내용과 교수에 대한 교사 지식: 예비초등교사들의 소수 곱셈 교수법 논의 사례

이지은(Oakland University)

1. 들어가는 말

학교 수학이 어떠한 수학 내용을 포함해야 하고 학생들의 학습 성취도가 어떠한 방식으로 평가되어야 하는지에 대한 논의는 끊임 없이 계속되어 왔고, 이에 대해 시대와 국가를 아우르는 절대적인 합의는 없다. 그러나, 학교 수학교육의 궁극적인 목적은 학생들의 사고를 증진시키는 것, 특히 학생들로 하여금 추론, 정당화, 수학적 논의에 참여할 수 있는 학습의 기회를 제공하는 것이라는 사실에는 많은 이견이 없을 것이다(Zacharos, 2014). 이를 위해 효과적인 수학수업을 설계하고 실행할 수 있는 전문적 지식을 갖춘 교사의 역할이 중요함은 자명하다. 교사 지식은 단지 교사가 수학문제를 정확히 해결할 수 있는 능력만을 의미하는 것이 아니라, 문제해결 방법의 다양성, 학생들에 대한 이해, 교육과정에 대한 이해, 지도 방법의 다양성에 대한 이해 등을 망라하는 복합적인 지식이다(Ball, Hill, & Bass, 2005; Ball, Thames, & Phelps, 2008). 단순히 많은 수학적 지식을 가졌다는 사실이 훌륭한 수학교사가 되기 위한 필요충분

조건은 아닌 것이다. 가령, 실제 교사연수과정에서 있었던 다음과 같은 교사들의 대화를 살펴보자.

> [나눗셈 계산 방식 지도에 대한 교사들의 논의]
>
> 교사 1: 나눗셈 계산 과정을 어떻게 잘 가르칠 수 있을까요?(예를 들어, $6\overline{)12}$)
>
> 교사 2: 나는 학생들이 계산 과정을 잘 암기할 수 있도록 "Does McDonald's Serve Cheese Burgers?" 라는 문장을 외우게 해요.(D: Division, M: Multiplication, S: Subtraction, C: Check, B: Bring down)
>
> 교사 3: 내게 재미있고 더 나은 방법이 있어요. 나는 "Dirty Monkeys Smell Bad!"를 이용해요.(D: Division, M: Multiplication, S: Subtraction, C: Check, B: Bring down)

위의 교사 2나 교사 3이 제시한 방법은 계산 절차를 단계별로 외우고 적용하기 쉽도록 도와준다. 그러나 '맥도날드의 치즈버거'나 '더러운 원숭이들'이 이 계산과정의 이해에 근간이 되는 수학개념들을 설명하고 있는지, 나눗셈의 계산과정의 각 단계가 주는 의미는 무엇인지에 대한 설명을 해줄 수 있는지는 의문이다. 궁극적으로 과연 이 교사들이 학생들의 수학학습을 도모하는 충분한 교사 지식을 가지고 있는지에 대한 의문이 생길 수 밖에 없는 것이다.

본 연보는 바로 수학을 가르치는 데 있어 필요한 교사 지식에 대한 주제를 다루고 있다. 최근 수 십년 간에 걸쳐서, 수학교육 연구 분야의 한 장르로서 교사 지식의 중요성을 강조하는 연구가 꾸준히 이어져 왔으며, 이 연보의 여러 장들에서 논의된 바와 같이 교사 지식에 대한 이해와, 교사 지식이 궁극적으로 교수학습과정에 미치는 영향에 대한 다각적인 접근이 이루어졌다. 본 장에서는 가장 보편적으로 사용되고 있는 체계인 교수를 위한 수학지식(Mathematical Knowledge for Teaching [MKT])의 한 하위영역인 내용과 교수에 대한 지식(Knowledge of Content and Teaching [KCT])에 초점을 맞추어 초등예비교사들이 수행한 과제를 조명해보고자 한다. MKT 또는 기존의 KCT에 대한 연구의 대다수가 교사 지식의 결여된 부분들 찾아내고 개선방안을 제시하는 결손모델(deficit model)에 입각한 접근을 하였다면, 본 장에서는 한 소그룹의 예비교사들이 소수의 곱셈이라는 수학 내용의 교수에 대한 지식을 어떻게 생성하고 발전시켜 나갔는지에 대한 예시를 통해서, 스스로의 사전지식을 탐색하고, 의문을 제기하고, 교수방법을 함께 모색해보는 과정이 그들의 KCT 증진에 긍정적인 영향을 미칠 수 있음을 제시하고자 한다.

2. 내용과 교수에 대한 지식(KCT)

Ball 외(2008)는 KCT를 수학 내용에 대해 아는 것과 교수법에 대해 아는 것이 결합된 지식, 즉 교사의 수학 내용에 대한 지식과 수업설계에 대한 지식이 상호작용을 하는 지식영역이라고 정의하고 있다. 여기서 교수(teaching)는 상당히 광범위한 교사의 행동 및 결정양식을 포괄하고 있다. 차시계획, 단원계획, 지도 내용의 순서 정하기, 적절한 예와 과제를 선택하기, 적절한 표상의 방법 준비하기, 질문 준비하기, 학생들의 오류 수정하기 등의 문제를 망라한 교수의 영역이 포함된 것이다(e.g., Hill, Schilling, & Ball, 2004; Hill, Sleep, Lewis, & Ball, 2007). 교사가 교과 내용을 잘 알고 그 내용을 타인에게 논리적으로 표현할 수 있는 능력이 있을 때, 자신의 교과지식을 학생들의 학습을 위한 많은 교수학적 결정을 내리는 과정에서 접목시킬 수 있다는 점은 KCT의 중요성을 다시 한 번 강조하고 있다(Amador & Lamberg, 2013). 이 절에서는 교사 지식에 대한 선행연구, 특히 KCT와 관련된 제언들과 아울러 KCT 증진을 위한 다양한 시도들을 고찰해보도록 하겠다.

2.1 선행연구의 고찰: KCT의 현주소 및 관련된 제언들

교사 지식과 효과적인 교수학습에 대한 탐색은 많은 수학교육 연구들의 주제가 되어왔다. 특히 교사 지식과 교사가 학생들에게 제공하는 수학수업의 질 사이에 정적상관관계가 있음은 많은 연구들에서 일맥상통하게 나타나는 결론이다(e.g., Hill, Ball, & Schilling, 2008; Hill & Charalambous, 2012; Holzberger, Phillipp, & Kunter, 2013). 예를 들어, Hill과 Charalambous(2012)의 사례연구 분석은 교사들이 수업에서 사용하는 수학적 용어, 설명의 명확성, 수학적 개념과 표상 간의 연계, 학생들의 수행한 과제를 이용하여 학생들의 생각을 유추하는 것 등과 같은 요소들을 고려해 보았을 때, 상위 수준의 MKT를 가진 교사들이 하위 수준의 MKT를 가진 교사보다 우수한 수업을 하고 있음을 보여주었다. Ball 외(2005) 역시 수학수업의 질은 교사의 수학 내용 지식에 크게 영향을 받고 있음을 제시하고 있다. 이처럼 교사 지식의 중요성이 자명한 가운데, 예비교사들의 수학 내용 지식의 결핍을 지적하고 이의 개선을 제안하는 연구들도 상당수이다(e.g., Ball, 1990; Borko & Eisenhart, 1992; Ma, 1999; Van Dooren, Verschffel, & Onghena, 2002). 따라서 이는 교사교육 프로그램들이 당면하고 있는 큰 과제 중의 하나이다(Tatto & Senk, 2011).

MKT 전반에 관한 연구는 대체로 미국의 미시간 대학교의 연구자들이 주축이 된 Learning Mathematics for Teaching(LMT) 프로젝트에서 개발된 검사문항들을 이용하여 현직 교사 혹은 예비교사들의 MKT 정도를 파악하고 이를 바탕으로 교사교육의 방향성을 제시하는 것에 중점을 두고 있다. 이 검사문항들은 미국 뿐만이 아니라 다른 국가들에서도 이용이 되어왔는데, 다양한 국가의 연구자들이 서로 다른 교육 상황에서 기인한 차이(예: 용어의 차이, 교육과정의 차이, 수업방법의 차이 등)로 인한 적용의 문제점을 진단하고 상황에 맞는 적용방안을 제시하는 연구들도 진행되어 왔다(e.g., Cole, 2012; Delaney, Ball, Hill, Schilling, & Zopf, 2008; Kwon, 2009; Mosvold & Fauskanger, 2009; Ng, 2009).

KCT 영역에 대한 연구는 대체로 단독적으로 이루어진 연구보다는 MKT 관련 연구의 일부로서 이루어진 예가 대부분이다. MKT 관련 연구 중 KCT 영역을 좀 더 구체적으로 언급한 연구들을 살펴보면 다음과 같다. 이현숙(2011)의 초등학교 교사를 대상으로 MKT 검사지를 이용한 연구는 참여교사들이 상대적으로 내용과 학생에 대한 지식(KCS)이 높은 반면 KCT가 낮음을 보고 하고 있다. 윤현경과 권오남(2011)은 중등 현직교사와 예비교사들의 벡터 개념에 대한 이해를 MKT를 중심으로 연구하였다. 설문지를 통한 MKT의 하위영역에 대한 조사 결과, 예비교사의 경우 내용지식은 풍부하나 가르치는 상황에서 사용되는 지식인 KCT 정도는 상대적으로 낮아, 예비교사교육 프로그램에서 KCT가 형성될 기회가 적었음을 시사하고 있다. 초등 예비교사들을 대상으로 한 김해규(2012a, 2012b)의 연구들도 비슷한 결과를 제시하고 있다. 수와 연산에 관한 MKT 설문지를 이용한 연구들에서, 예비초등교사들의 내용지식은 긍정적으로 나타났으나, 내용과 학생에 대한 지식(KCS)이나 내용과 교수에 대한 지식(KCT)과 관련된 문항에서는 전반적으로 저조한 평가 결과를 보였다. 특히 KCT와 관련된 내용 중 난이도를 고려한 과제 제시 순서에 대한 지식을 예비교사교육 프로그램에서 좀 더 강조해야 할 필요가 있음을 제언하고 있다. 윤진영(2014) 역시 초등교사와 예비교사의 수와 연산을 가르치는데 필요한 지식에 대한 연구를 통해 현직교사, 예비교사 모두 공통적으로 내용과 교수에 대한 지식(KCT) 영역의 정답률이 가장 낮음을 보고하고 있다. 이를 바탕으로 교육대학교의 수학과 교육과정에서 KCT를 신장하기 위한 노력이 필요함을 제언하였다. 외국 사례에서도 이와 비슷한 경향이 나타나고 있다. Butterfield와 Chinnappan(2010)은 예비교사들이 교육실습 이전과 이후의 조사에 있어서 MKT의 하위영역간에 어떠한 관계들을 보이는지에 대한 연구를 하였다. 이 결과에 의하면, 예비교사들은 실제 교수와 관련된 지식들보다는 수학 내용 지식을 더 많이 활용하고 있는 것으로 나타났다.

특이할 만한 점은 위에서 서술한 연구들이 공통적으로 제시하고 있는 사항 중의 하나는 교사, 특히 예비교사들의 내용과 교수에 대한 지식이(KCT) 다른 MKT 하위영역에 비하여 취약하다는 것이며, 연구자들은 이러한 결과를 바탕으로 교사의 KCT를 신장하기 위한 방안이 필요함을 제언하고 있다. 내용과 교수에 대한 지식(KCT) 영역에서 부족함을 보이는 것은 학교 현장을 접할 기회가 적은 예비교사들로서는 어쩌면 당연한 결과일 수도 있다. 그러나 그들이 교사가 되어 현장을 접하게 되었을 때를 기다리는 것은 너무 늦다. 이런 점을 보완하기 위하여 최근 다양한 방법으로 예비교사들의 KCT 증진을 도모하는 시도들이 이루어지고 있다. 이러한 시도는 MKT 혹은 KCT에 한정되어 이루어지고 있는 연구는 아니지만 예비교사교육에 광범위하게 시사점을 줄 수 있으리라 생각되어 다음 절에서 간략히 논의하겠다.

2.2 예비교사들의 수학 내용과 교수에 대한 지식 향상을 위한 다양한 시도

교사교육 프로그램에서 논의되는 내용과 실제 학교 현장간의 괴리, 특히 예비교사들이 한정적인 현장경험이 갖는 제약을 극복하기 위한 노력이 이루어지고 있다. 일례로 최근 미시간 대학에 거점을 둔 TeachingWorks(teachingworks.org) 프로그램은 교수활동에 있어 핵심적인 19개 항목의 high-leverage practices 를 교사교육을 위한 핵심 교육과정의 틀로 제시하고 있다(Ball & Forzani, 2011; Grossman et al., 2009). 몇 가지 항목의 예를 들면 다음과 같다.

(1) 설명, 모델링, 표상, 예시 등을 통하여 학습 내용을 명확하게 하기, (2) 전체 학급 토론 이끌어 나가기, (3) 학생들의 사고를 도출하고 분석하기, (4) 교과에 적합한 학급 토론의 규범과 절차 수립하기, (5) 학생들의 사고의 유형 인지하기. 이 프로그램은 복잡한 교수학습 과정을 작은 단위의 중요한 수업관행으로 나누어 예비교사들이 이를 인지하고, 실행해보고, 자연스럽게 일상화해 나갈 수 있도록 도움을 주어, 그들이 구체적인 수업상황에 대비하여 연습을 하고 반성 및 성찰을 하는 기회를 갖고, 좀 더 준비된 초임교사가 되도록 도움을 주고자 하는 노력의 일환이다.

교실 현장에 대한 감각을 높이고 다양한 수업상황에 대처하는 교사의 교수에 대한 지식 향상을 위해 각종 시뮬레이션도 이용되고 있다. 예를 들어 Lesson*Sketch* (lessonsketch.org)는 미국의 미시간 대학과 메릴랜드 대학의 수학교육자들과 교육공학자들이 함께 운영하고 있는 온라인 도구이다. 이 프로그램을 이용해 가상의 교실환경을 구성하고, 이 가상의 교실에서 벌어지는 다양한 상황을 시각적으로 표현할 수 있다. 특히 만화형식으로 교사-학생간의 상호작용 시나리오를 구성, 검토, 논의할 수 있는 장을 제공함으로써 예비교사들이 다양한 수업의 환경과 이에 따른 다양한 교수법을 생각해 볼 수 있도록 하고 있다(e.g., Herbst, Aaron, Chie, 2013; Herbst, Chazan, Chen, Chieu, & Weiss, 2011). 이 역시 수업현장 경험이 제한적인 예비교사들의 내용과 교수에 대한 교사 지식 향상을 도모하고자 하는 시도로 볼 수 있다.

또 다른 시도는 실제 수업 상황에서 일어날 수 있는 여러가지 상황들을 제시하고 이에 대해 예비교사들이 교사와 학생간의 가상의 대화를 마치 극본을 써내려 가듯이 작성하도록 하는 Lesson Play이다. 교사들의 내용과 교수에 대한 지식에 따라 Lesson Play는 다양한 방향으로 전개될 수 있으며, 이는 교사 지식의 정도를 알아볼 수 있는 척도가 되기도 한다. 이 과정에 참여함으로써 교사들, 특히 예비교사들의 수학 내용과 교수에 대한 지식 향상이 기대된다(권오남 등, 2013; Zazkis, Sinclair, & Liljedahl, 2013).

실제 수업상황을 관찰하고 분석하는 기술을 향상시킴으로써, 수업과 관련된 의사결정 능력의 계발을 도모하는 것도 많은 교사교육 프로그램에서 시도하고 있는 방법이다. 이러한 접근 방식을 취하는 교사교육자들은 KCT의 근간을 이루고 있는 교사의 행동 및 결정양식이 실제 수업 상황을 보고 학생들의 사고를 세밀하게 분석할 수 있는 능력을 함양하는 것을 통해 개선될 수 있다고 보고 있다. 현재 많은 교사교육 프로그램에서 수업 비디오 분석을 많이 이용하고 있는데, 이는 바로 예비교사들의 KCT 개발을 염두에 둔 시도이다(e.g., Givvin, Kersting, Sotelo, & Stigler, 2010; Hiebert, Morris, Berk, & Jansen, 2007; McDuffie et al., 2014; Santagata &Guarino, 2011; Sherin & van Es, 2005).

예비교사들의 과거 학창시절의 학습 경험을 적극적으로 이용하는 시도도 이루어지고 있다. 많은 예비교사들에게 있어 학창시절의 수학학습 경험은 기계적인 공식의 암기와 계산 절차에 치중되어 있고, 이들이 학교 현장에 직면했을 때 교사교육을 통해 배운 것 보다는 자신들이 학생이었을 때 배웠던 방식에 의존한다는 비판이 많이 존재한다(e.g., Brown & Borko, 1992; Goos, 1999; Janvier, 1996). 또한, 교사교육 기간 동안 주어지는 수업관찰 기회도 교사가 해야하는 전반적인 일에 완전히 집중하지 못하고 학생의 시각으로만 수업을 관찰하는 경향이 있다는 점도 지적되고 있다(Kosnik & Beck, 2011). 그러나 또 다른 시각에서 예비교사들도 자신의 학습경험에 비추어 교수학습의 목표에 대해 비판적으로 생각할 능력이 있으며, 그들의 과거 학습경험을 부정적인 요소만으로 생각할 것이 아니라, 예비교사들에게 자신들의 학창시절 수학학습 경험을 되돌아 보고 분석하는 기회를 줌으로써 그들의 경험이 좀 더 생산적으로 이용될 수 있음을 지적하는 연구자들도 있다(Feimen-Nemser, 2001; Mewborn & Tyminski, 2006; Zeichner & Gore, 1990). 본 장에서는 이러한 시각에 입각하여 예비교사들이 학창시절의 학습 경험을 되돌아 보고, 당연하게만 생각되었던 수학 내용과 교수에 대해 비판적으로 생각해보며, 이에 비추어 새로운 내용과 교수에 대한 지식을 계발해 가는 경험에 참여했던 예를 간략하게 제공하고자 한다.

3. 예비초등교사들의 소수 곱셈 교수법에 대한 토의 예시

보다 생산적인 교사 지식 계발과 관련한 다수의 제안들이 있었다. 예를 들어 Heaton(2000)은 더 많은 수학 내용을 습득하는데 중점을 두기보다는 이미 잘 알고 있다고 생각되는 내용을 다른 시각으로 깊이 있게 고찰해보는데 중점을 두라고 제안하고 있다. McDiarmid(1990)는 목적이 분명한 과제와 함께 적극적인 반성 및 성찰의 기회를 제공함으로써 예비교사들이 수학 내용에 대한 지식을 강화하고, 수업의 의도를 명확히 하는데 도움을 줄 수 있다고 하였다. 본 절은 이러한 제안들을 바탕으로, 미국 한 교사교육 프로그램의 초등수학교육 방법론 강좌에 등록한 초등예비교사들이 소수의 연산 지도에 대한 소그룹 논의를 하는 과정을 간략히 서술하고 있다. 예비교사들이 이미 잘 알고 있다고 생각되는 '소수의 곱셈'이라는 수학 내용에 대한 지도방법을 동료 예비교사들과 함께 논의하고 성찰해보도록 하는 과제를 제시하였다. 시간의 추이에 따라 논의 및 성찰의 전환점이 되었던 계기들을 중심으로 KCT를 활성화하는 과정을 고찰해보기로 하겠다.

3.1 배경

학기 초반에 예비교사들에게 자신들의 과거 학창시절 수학 학습 경험을 돌이켜 보고 궁금하기는 했지만 실제로 다른 사람들에게 묻거나 스스로 조사를 해 본 적이 없는 질문들의 목록을 적도록 하였다. 4-5명의 예비교사들이 한 조를 이루어 목록에 있는 질문들 중 하나를 선택하여 한 학기 동안 온라인 소그룹 토론을 진행하였다. 일 주일에 한 번 이상 본인의 의견을 제시하고 다른 그룹 멤버가 낸 의견을 정교화하거나, 반론을 제시하거나 질문을 하도록 하였다. 모든 의견 교환은 온라인 토론 공간에 글이나 그림을 제시함으로써 이루어졌다. 이 절에서는 4명의 예비교사(앨리, 모간, 카이, 새미)[1]로 이루어진 한 그룹의 토론 내용을 보고한다. 이 그룹은 다음과 같은 소수의 곱셈과 관련된 질문을 선택하였다:

> 소수의 덧셈과 뺄셈을 할 때는 먼저 소수점의 위치를 맞추고 더하거나 빼기를 시작하는데, 왜 소수의 곱셈을 할 때는 소수점의 위치를 먼저 정렬시키지 않고 곱셈을 시작하는가?

소수의 연산은 기본적으로 자연수의 연산 방법을 따르고 있으나, 위의 질문에서 제기하고 있듯이 소수점의 위치가 연산에 따라 달라지므로 많은 오류가 발생되는 영역이다(김방진, 류성림, 2011; 송근영, 방정숙, 2008). Kieren(1988)은 이처럼 자연수 연산의 연장선상에서 분수나 소수의 연산을 논하게 됨으로써, 교육과정이나 실제 교수학습 과정이 너무 조급하게 단순히 계산 절차에 따른 기호조작을 강조하는 경향이 있음을 지적했다. 또한 이러한 지도 방식은 단기적인 학업성취에는 도움이 될지 모르나 장기적인 안목으로 보았을 때는 피상적인 이해만을 조장할 수 있다는 우려도 하였다. 그러나 학생들의 소수의 연산의 본질에 대한 이해를 돕기위한 지도 방법에 대한 논의는 드물다. 교사용 지도서도 '소수의 곱셈은 자연수의 곱셈과 같이 계산하고 난 후, 곱의 소수점은 승수와 피승수의 소수점 아래자릿수의 합과 같게 찍으면 된다' 는 것을 알게 함으로써 소수의 곱셈을 능숙하게 할 수 있음을 목표로 한다고 밝히고 있어 자칫 계산 방식만을 강조한 것으로 인식될 수도 있다(박철성, 2010). 위에 제시된 예비교사들의 질문도 과거 학창시절 소수의 연산에 대한 학습 경험이 상당이 피상적인 계산방식의 적용에 집중되어 있었음을 보여주고 있다. 다음 절에서는 이러한 과거 학습경험을 가진 예비교사들이 이 수학 내용의 지도방법에 대한 토론을 하는 과정에서 나타난 장애요소 및 긍정적 요소들을 시간적 추이에 따라 제시하고 논의해 보겠다.

---

1) 본 장에서는 예비교사들을 지칭하는 가명을 사용하였다.

3.2 토론의 진행: 장애요소 및 긍정적 요소

3.2.1 초기 단계: 과거 학습 경험의 재확인, 기존 자료에 의존하는 경향

학기 초반 약 2주 정도의 시간 동안은 온라인 포스팅의 횟수나 양으로 보았을 때는 상당한 분량의 논의가 이루어진 듯 보였다. 그러나 다음의 예에서 보듯이 실제 내용적인 측면에서는 '소수의 곱셈은 자연수의 곱셈처럼 계산하고 난 후, 곱의 소수점은 승수와 피승수의 소수점 아래자릿수의 합과 같게 찍으면 된다'는 절차를 재확인하는 것 이상의 논의는 아니었다.

앨리: 곱셈과 나눗셈에는 덧셈이나 뺄셈에 적용되는 것과 다른 방식이 적용된다. 즉, 소수점을 일렬로 정렬하지 않아도 된다는 것이다. 그냥 먼저 곱하고 총 몇 개의 숫자가 소수점 아래 있는지 센다. 바로 그 수가 소수점의 자리를 결정해 준다. 예를 들어 3.77×2.8을 할 때 377×28을 먼저 하면 10556이 나오는데, 소수점 아래 총 세 숫자가 있으니, 10.556이 답이다.

모간: 덧셈과 뺄셈을 할 때는 소수점을 정렬하고, 곱셈을 할 때는 맨 오른쪽에 있는 수들을 일렬로 정렬한 후 계산한다.

$$\begin{array}{r} 3.77 \\ +\ 2.8 \\ \hline \end{array} \qquad \begin{array}{r} 3.77 \\ \times\ \ 2.8 \\ \hline \end{array}$$

카이: 우리 학교 지도교사 선생님은 '소수 댄스(Dancing the decimal)'이라는 방법을 쓴다. 소수점을 옮길 때 마다 학생들이 "Dancing the decimal!"이라고 외치는데, 이것은 학생들이 소수점의 위치에 언제 변화가 생기는지, 그리고 어떻게 소수점을 이동시켜야 하는지 학생들이 이해하도록 돕는다.

새미: 소수의 덧셈과 뺄셈에서 소수점을 정렬하지 않으면 오답이 생긴다. 곱셈의 경우는 모간의 설명대로 소수점이 아니라 최우측에 있는 숫자들을 정렬시킨 후 곱하고 오답이 생기지 않게 하기 위해 정확히 소수점 우편에

있는 자리수를 세어야 한다(밑의 예시 참조). 교사는 소수점 자리를 세기에 대한 개념을 가르쳐야 한다.

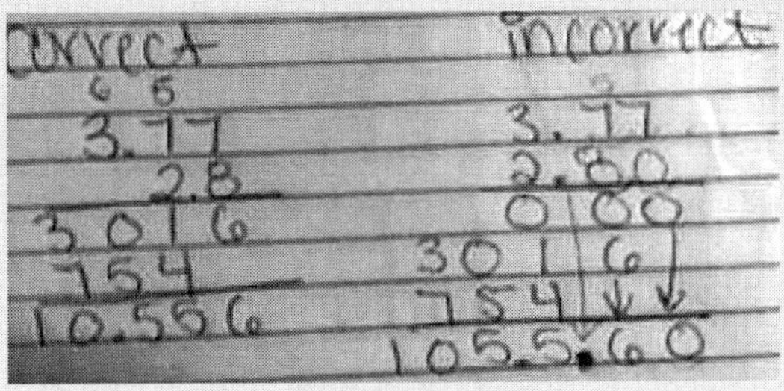

앨리와 모간의 예처럼 계산 절차에 대한 설명이 주류를 이루었고, 이는 이 계산 절차를 자명한 수학적 사실로 보는 시각을 보여주었다. 카이의 설명 역시 이 계산 절차를 자명한 수학적 사실이라 보고, 이를 혼동 없이 외우기 위해 어떤 흥미로운 테크닉이나 트릭을 제공할 수 있는지에 집중하였다. 이 과정에서 상당한 분량의 테크닉이나 트릭 중심의 교사 블로그들 또는 유튜브 비디오 등에 대한 정보들이 나누어졌고, 이에 대한 예비교사들의 반응은 상당히 긍정적이었다. 새미 역시 오답을 피하기 위해서는 이러한 절차를 따라야 한다는 설명을 하고 있다. 역시 이 절차를 당연한 사실로 받아들이고 있는 것이다. 이러한 계산 절차 중심의 설명을 하면서도 "이해", 또는 "개념"과 같은 용어들은 꾸준히 사용하고 있는 점을 미루어 볼 때, 예비교사들이 수학학습에서 개념에 대한 이해의 중요성은 알고 있으나 실제로 이 용어들이 무엇을 의미하는지에 대해서는 모호함을 볼 수 있다.

3.2.2 전환점 1: 반례의 제기 및 호기심의 발동

초기단계에서 나타났던 토론의 경향은 몇 예비교사들이 상대방 의견에 대한 반례를 제시하고 불확실성에 대한 의문을 제기하기 시작하면서 전환점을 맞기 시작했다. 아래 소개된 카이의 질문은 앞서 소개된 모간과 새미가 제시한 곱셈을 할 때는 최우측 자리에 맞추어 정렬을 해야만 한다는 설명에 대한 반례를 제시하고 있다.

카이: 난 소수의 덧셈을 가르칠때, 학생들의 자리값에 대한 이해를 돕기 위해, 생략된 0들을 모두 표기하게 한다. 예를 들어 42.9+1027.004를 할 때 다음과 같이 정렬하게 한다.

```
  0042.900
 +1027.004
 ---------
  1069.904
```

이것이 불필요한 과정일지도 모르겠지만, 난 이런 식으로 자리값의 개념을 좀 더 명확히 할 수 있다고 생각한다. 마치 자전거를 처음 배울때 보조바퀴를 이용하는 것과 같다고나 할까…

앞서 모간과 새미가 곱셈을 할 때는 최우측 수에 맞추어 정렬을 해야한다고 했는데, 왜 꼭 그렇게 해야하는지 모르겠다. 곱셈도 소수점을 기준으로 정렬해도 똑같은 규칙이 적용된다. 가령, 3.77×2.8을 할 때, 난 문제를 다음과 같이 적겠다.

```
      3. 7 7
     ×2. 8 0   (2.8=2.80)
  -----------
      0 0 0 0
  3 0 1 6 6 0
 +7 5 4 0 4 0
  -----------
 10. 5 5 6 6 0   (위의 두 수의 소수점 아래로 4개의 수가 있으니,
                 우측에서 네번째 자리에 소수점을 찍는다.
                 10.5560=10.556)
```

카이의 설명에 대해 모간은 “이렇게 해도 되는 줄 몰랐었다”라는 반응을 보였고, 새미는 카이의 설명이 틀린 것은 아니지만 소수점을 정렬하기 위해 0을 붙이는 것은 불필요한 과정이라는 입장을 보였다. 앨리는 답에 있는 소수점의 위치는 원래의 소수점들의 위치와 다르다며, 이는 오히려 학생들에게 혼란을 줄 수도 있다는 입장을 보였다. 카이의 설명은 불완전하고 여전히 기존의 계산절차를 반복 설명하고 있지만, 토론의 쟁점을 전환시키는 역할을 하였다.

3.2.3 전환점 2: 관련 수학 개념 및 계산 절차를 이용한 발견과 설명

카이의 설명은 소수의 곱셈과정을 설명해 줄 수 있는 관련된 개념이나 계산 절차를 되짚어 보게 하는 촉진제 역할을 하였다. 다음은 예비교사들이 어떤 개념 및 절차에 주목하였는지 그 과정에서 어떤 논의가 오갔는지를 보여주고 있다.

(1) 동수누가(repeated addition)

자연수의 곱셈모델을 설명하는 방법 중의 하나인 동수누가법의 사용이 처음으로 제안되었다.

카이: 다음은 동수누가법(repeated addition)으로 소수의 곱셈을 설명한 예이다.

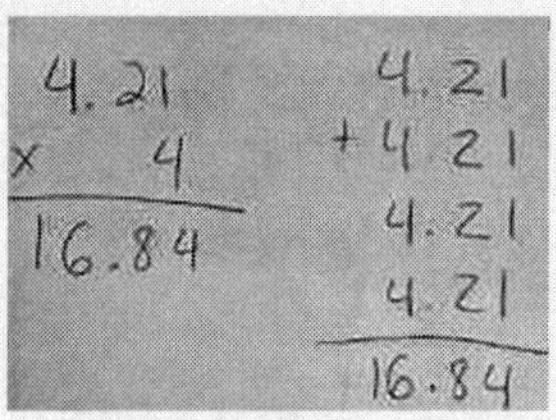

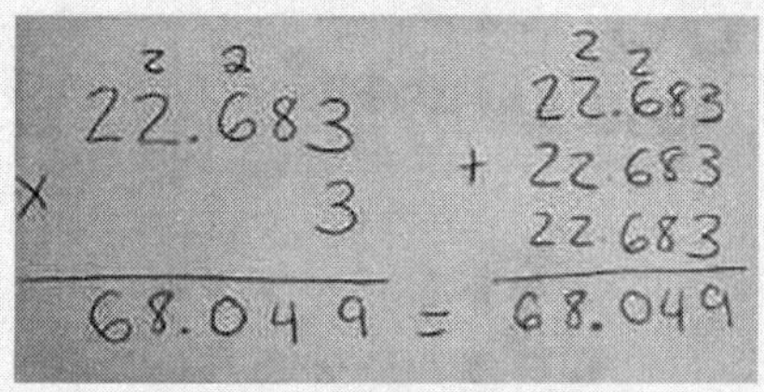

앨리: 좋은 설명이기한데, 두 예 모두 (소수)×(자연수)의 경우이다. 즉, 몇 번을 반복해 더하는지가 분명한 경우이다. (소수)×(소수)의 경우도 같은 방법으로 설명할 수 있을까?

카이: 1.13×1.5는 1.13을 1.5번 더하는 경우이다. 1.13을 한 번 더하면 1.13이고 1.13의 반은 0.565이니 1.13과 0.565를 더한다.

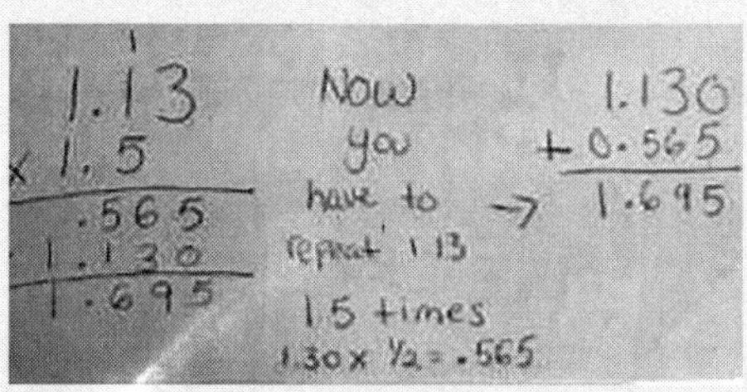

앨리: 0.5는 반이니 계산하기 쉽겠지만, 다른 경우들도 쉽게 설명될 수 있을까? 예를 들어 3.2×4.7 같은 경우 3.2×0.7을 어떻게 설명할까?

카이의 제안과 앨리의 문제점 제기를 통해 동수누가법이 소수의 곱셈을 제한적으로만 설명할 수 있다는 평가를 하게 되었다.

(2) 배분법칙의 활용

동수누가법이 (소수)×(자연수)의 경우는 쉽게 설명해 줄 수 있다는 점에 착안하여 승수와 피승수를 자연수와 소수의 합으로 표현해 배분법칙을 사용하는 방안이 제안되었다.

앨리: (배분법칙을 이용한 설명을 다음과 같이 수식과 그림으로 제시하였다.)

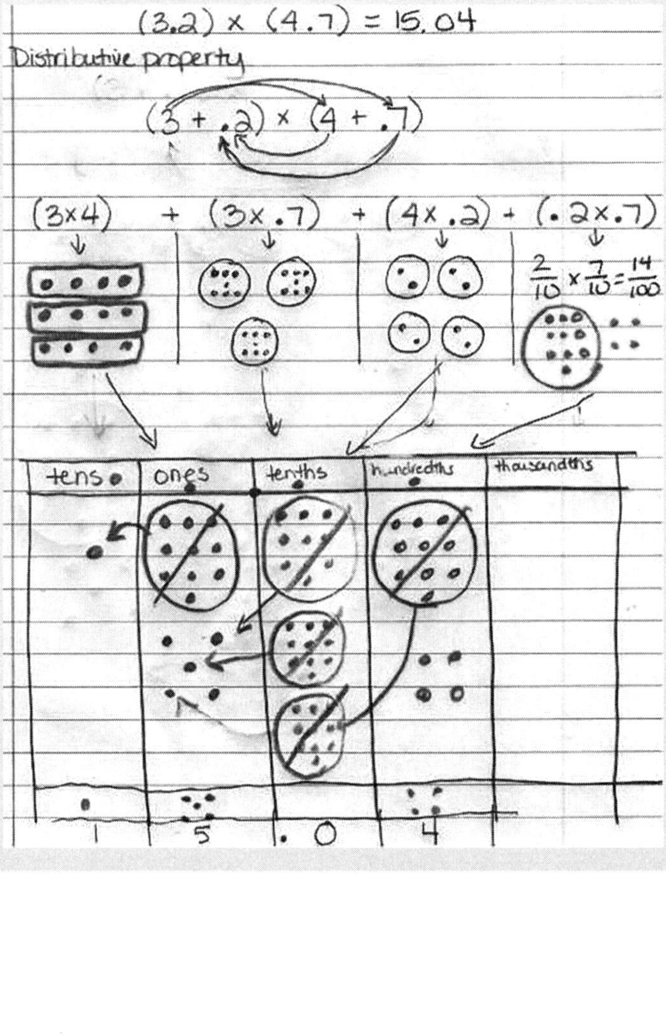

앨리의 배분 법칙을 이용한 설명은 두 가지 다른 형식의 설명을 도출하게 되었다. 하나는 앨리가 모든 부분곱을 (자연수)×(자연수) 또는 (자연수)×(소수)로 표현하여 동수누가법을 이용하여 하였지만, 마지막 부분곱인 0.2×0.7의 경우는 동수누가법으로 설명하지 못하고 소수를 분수로 바꾸어 계산한 후, 그 결과를 다시 소수로 바꾸는 방법을 택한 것에 주목하였다. 이에 착안하여 계산과정 전체를 분수로 전환해 보자는 의견으로 이어졌다. 또 다른 하나는 배분법칙을 자연수의 곱셈에서 이용했던 넓이모델(area model)로 설명하는 것이었다.

(3) 십진 분수로 변환하여 설명

앨리는 승수와 피승수를 모두 분수로 바꾸어 계산한 후, 그 결과를 다시 소수로 바꾸는 방법을 다음과 같이 제시하였다.

앨리: 3.2×4.7=32/10×47/10=1504/100=15.04

앨리의 십진 분수를 이용한 설명은 소그룹 멤버 모두에게 긍정적인 반응을 얻었다.

(4) 넓이 모델의 이용

모간은 넓이 모델을 이용하여 0.3×0.9의 결과를 3×9의 경우와 비교하여 설명하려고 시도하였다. 넓이모델을 이용한 자연수 곱셈의 계산과정 설명은 십진블록(base 10 blocks)을 이용하여 수업시간에 논의한 바가 있었다. 그런데 이 과정에서 길이와 넓이의 단위를 해석하는데 있어 오류가 있었고, 다른 그룹멤버들이 이에 대한 수정을 하는 가운데 모델의 효용성, 학생들에게 필요한 사전지식 등에 대한 의문이 제기되었다.

모간: 우리가 자연수의 곱셈에 이용했던 것과 같이 넓이 모델을 이용하면 0.3×0.9과 3×9 모두 27개의 단위정사각형을 얻게 되는데, 자연수의 경우 그 정사각형의 값이 1이라면, 소수의 경우는 0.1이다. 따라서 3×9=21, 0.3×0.9=2.7이다.

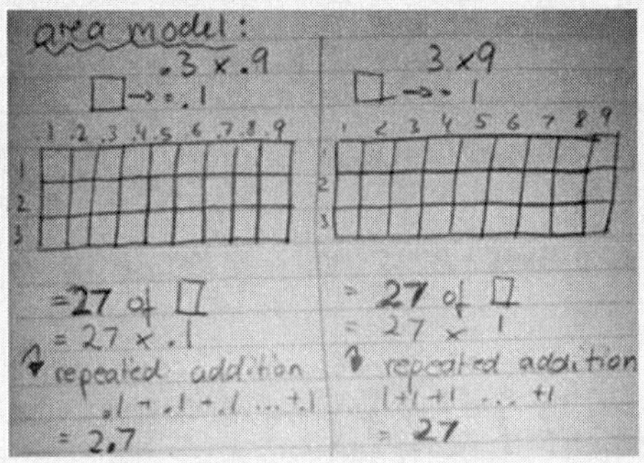

앨리: 왼쪽 그림에서 27개의 정사각형 값이 2.7이라면, 0.1×0.1이 0.1이라는 소리가 되는데…

모간: 오, 0.01이어야지. 0.01이 27개, 즉 0.27이지.

새미: 그런데, 학생들이 0.1×0.1=0.01이라는 것을 이 모델을 통해서 쉽게 알 수 있을까? 아니면, 소수의 곱셈에 대한 사전 지식이 있어야만 이 모델을 이해할 수 있는 것일까? 나도 넓이모델로 더 큰 소수의 곱을 표현해 보았는데, 여전히 마지막 부분 [0.5×0.7=0.35]은 학생들에게 추상적이지 않을까 생각된다. 학생들이 이 모델을 이해하기에 충분한 사전지식을 가지고 있는지 의문이다.

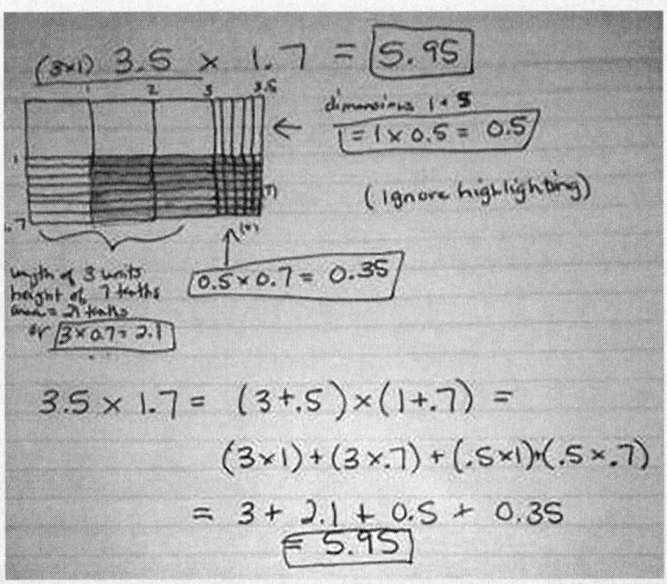

넓이모델의 논의에 있어서 예비교사들은 특정 표상을 이해하는데 필요한 학생들의 사전지식이 무엇인가에 대한 논의와 아울러 스스로가 가진 혼동스러움에 대해서도 논의를 하였다. 예비교사들의 넓이에 대한 학창시절의 학습 경험은 주로 직사각형의 '넓이'는 '가로 곱하기 세로'라는 공식에 의한 계산의 결과였다(Izsak, 2004; Kamii & Kysh, 2006; Simon & Blume, 1994). 길이의 단위와 넓이의 단위에 대한 해석, 그들의 상호관계에 대한 해석에 있어 큰 혼동을 보여주었고, 서로 다른 차원의 단위를 모호하게 혼용하기도 하였다. 모간의 예에서 보여준 것과 같이 자연수 곱셈의 경우는 '1 단위'가 작은 정사각형의 한 변의 길이로 해석되건 또는 작은 정사각형의 넓이로 해석되건 큰 문제가 없었다. 그러나, 소수의 곱셈의 경우는 작은 정사각형의 한 변의 길이는 길이 단위의 1/10 이지만 작은 정사각형의 넓이는 1 넓이 단위의 1/100이다. 이와 같은 혼동은 선행 연구들을 통해서도 지적된 바 있다(Ball, Lubienski, & Mewborn, 2001; Izsak, 2005; Lehrer, 2003; Menon, 1998; Rathouz. 2010).

(5) 십진법의 성질을 이용한 설명

끝으로 카이는 앨리가 제시하였던 십진 분수를 이용한 설명에서 힌트를 얻어, 십진법과 연산의 성질을 이용한 설명을 시도하였다.

카이:

0.25×0.5	
0.25×0.5×**100**×**10** =(0.25×**100**)×(0.5×**10**) =25×5 =125	주어진 두 소수를 자연수로 만들기 위해 100과 10을 곱한다.
125÷**100**÷**10**=0.125	곱셈과 나눗셈은 역연산이고, 100과 10은 주어진 문제에 없는 것이었으므로 이를 다시 나누어 준다.
$\frac{0.25\times\mathbf{100}}{\mathbf{100}} \times \frac{0.5\times\mathbf{10}}{\mathbf{10}}$	또는 100/100, 10/10의 값은 1이고, 이것은 곱셈의 항등원이므로 수식을 다음과 같이 변화시켜 설명할 수 있다.

카이의 설명은 좋은 평가를 받았으나 역시 전적으로 추상적인 접근방법의 효과성에 대한 의문이 제기되었다. 그러나 이러한 방식의 설명을 충분히 이해할 수 있는 학생들의 사전지식이 전제가 된다면 효과적일 수 있다는데 동의하였다.

4. 논의 및 시사점

많은 교사 지식에 대한 선행연구들은 교사 지식의 하위영역 중에서도 특히 예비교사들의 KCT가 취약함을 보고해왔다. 예비교사들의 학교 현장 경험 기회의 부족이 이러한 결과를 설명하는 주요원인으로 지적되고 있다. 앞서 소개된 대로 이에 대한 해결책으로 다양한 교사교육 방법들이 시도되고 있다. 본 장에서는 예비교사들의 과거 학습경험을 되돌아 보는 과정들을 통해서 스스로의 교과지식을 개선하고 자신의 경험에 비추어 교수법을 생각해 보는 시도를 하였다. 이 과정에서 예비교사들은 설명이 필요없는 자명하다고 생각되었던 계산 절차에 대해 의문점을 가지기를 시작했고, 설명을 위한 다양한 모델과 표상들을 사용하기 시작했고, 서로의 논의를 평가하고, 이 계산 절차가 다른 수학 개념들과 어떻게 관련이 되어있는지, 학생들의 사전지식은 어떻게 고려되어야 하는지에 대한 다양한 내용과 교수에 관한 논의를 하였다. 교사의 과거 학창시절의 학습 경험이 이해를 동반하지 않은 공식과 암기에 의존한 수학 학습의 원천이 된다는 비판들이 있었다. 이에 반해서, 본 장에서 소개한 예는 교사들의 과거 학습경험이 그들의 KCT를 활성화를 위한 중요한 원천이 될 수 있음을 보여주었다. 이미 친숙하지만 많은 의미를 두지 않았던 풀이방법에 대해 논의할 수 있는 장을 마련해준 것이 예비교사들의 내용지식을 재정비하고 장차 지도할 학생들을 위한 교수법에 대해 생각해볼 수 있는 기회를 제공한 것이다. 이처럼 예비교사의 과거 학습경험을 이용하여 비슷한 방식의 과제를 교사교육 프로그램에서 시도하고자 하는 교사교육자들을 위해 몇 가지 제언을 하면 다음과 같다.

첫째, 이 장에서 소개된 예비교사들의 경우에서 보듯이, 그들이 너무나도 자명하다고 생각하는 계산 절차에 대해 호기심을 갖거나 의문을 갖는데까지 걸리는 시간이 의외로 길었다. 초등학교 수학수업에 대해 많은 사람들이 가지고 있는 편견 중의 하나는 초등수학수업은 수학적으로 복잡하지 않은 단순한 기본 계산만을 취급하고 있다는 것이다(Strawhecker, 2005). 어쩌면 예비교사들의 초기반응도 수학개념에 대한 깊은 이해보다는 단순한 기본 계산을 다루는 것이 초등수학이라는 생각을 반영한 것일 수도 있다. 또한 예비교사들은 인터넷이나 각종 매체를 통해 얻을 수 있는 다양한 수업자료들을 수집하고 나누는데는 적극적이었으나, 그 자료들을 선별, 평가, 또는 수정하려는 시도는 거의 없었다. 결국, "내 생각에는~"으로 시작되는 논의보다는 "~에 의하면" 혹은 "~가 말하기를"이라는 다소 맹목적인 설명이 대다수를 차지하였다. 교사교육자인 저자의 입장에서 볼 때, 이러한 교수자료들은 도움이 되기 보다는 오히려 방해가 된다고 생각되는 요소였다. 교사는 자신의 교수자료에 대한 이해 뿐만이 아니라 다른 교수자료를 선별하고, 평가하고, 적절히 수정할 수 있는 능력, 즉 교수학적 설계 능력(pedagogical design capacity)을 가지고 있어야 한다(Brown, 2009). 예비교사들이 초반에 이용했던 많은 교수자료들이 소수곱셈에 대해 예비교사들이 이미 알고 있던 계산 규칙 이상을 제공하지 않았던 점을 생각할 때, 이러한 범람하는 교수자료에 대한 선별, 평가 및 수정하는 기회를 갖는 것도 의미있는 과제가 되리라 생각된다.

둘째, 자신의 과거학습 경험에 의해서건 아니면 다른 사람들의 설명에 의존해서건 소수곱셈에 대한 규칙을 맹목적으로 되풀이하는 순환이 끝난 시점은 반례 또는 의견충돌이 일어난 때였다. 소수의 곱셈은 무조건 최우측 자리 수에 맞추어 정렬해야 한다는 모간의 설명에 대한 카이의 답변, 즉 소수점을 정렬해도 된다는 예는, 이전과는 다른 차원의 질문들을 유도했고 새롭게 설명을 시도를 해보려는 호기심을 자극하였다. 본 장에 제시된 예에서는 이러한 전환점이 한 예비교사에 의해서 자연스럽게 나왔다. 혹 이러한 자연스러운 전환점이 생기지 않을 경우에 대비해서, 교사교육자가 다양한 '만약에(what if~)'로 시작되는 질문상황을 사전에 준비해 놓고 토론의 흐름상 적절한 시간에 제공하는 방안도 생각해 볼 수 있을 것이다. 교사교육자들이 예비교사들을 지도할 때, 수업 계획 단계에서 학생들이 혼동할 수 있는 상황 미리 예측하고 준비하기를 장려한다(e.g., Chapin, O'Connor, & Anderson, 2013). 이와 마찬가지로 교사교육자들 스스로도 예비교사들이 기존의 계산절차에만 의존한 설명을 되풀이하는 상황을 미리 예측하고 적절한 전환점을 제시할 수 있는 준비를 해야 할 것이다.

셋째, 본 장에서 논의된 토론의 예는 예비교사들의 내용과 교수에 대한 지식(KCT)의 사례로 제시되었으나, 교사 지식의 다른 하위영역이나 수업실천의 원리들과도 밀접하게 관련이 있다. 가령 토의를 하는 가운데, 학생들이 가질 수 있는 오개념이나 오류들을 생각해 보는 것은 내용과 학생에 대한 지식과도 관련이 있다. 또한 문제를 이해하고, 타당한 논쟁을 하는 것, 서로의 의견을 평가하는 것 등은 예비교사들이 그들이 장래 학생들에게 기대하는 바이다. 이러한 과정을 직접 경험할 수 있는 기회를 제공하는 것은 예비교사 교육에 있어 매우 중요한 일이며, 그들의 과거 학습경험에서 미비된 부분이다. 건축가 Ludwig Mies van Der Rohe는 건축의 본질적 요소들을 강조한 간결의 극치를 추구하는 건축철학을 "적은 것이 많은 것이다(less is more)" 라는 말로 표현하였다. Zollman(2008)은 교사들에게 수학의 내용을 가르칠 때도 똑같은 비전이 필요하다고 강조하며, 적은 수이지만 핵심 개념들이 잘 유기적으로 연결된 교수학습을 통해 개념향상 및 계산 능력의 향상도 효과적으로 이루어질 수 있음을 보여주었다. 예비교사의 KCT 신장을 위해서도 마찬가지 철학이 적용될 수 있을 것이다. 본 장에서 이용한 예비교사들의 과거 학습경험이 풍부한 내용과 교수에 대한 논의의 소재를 제공하였듯이, 효과적인 핵심과제를 찾기 위한 노력이 계속되어야 할 것이다. 교사 지식은 가시적이지 않기 때문에 그 면면을 상세히 밝히기란 그리 단순한 일이 아니다. 교수에 대한 지식을 표면으로 이끌어 내어 예비교사들이 내면화할 수 있는 기회가 주어지지 않는다면, KCT라는 이름 아래 단순한 암기나 맹목적인 기술 습득에만 치중된 교사교육으로 끝날 수도 있는 것이다.

참고문헌

Reference

권오남, 박정숙, 박재희, 박지현, 오혜미, 조형미 (2013). 예비교사 교육에서 레슨 플레이의 활용가능성 탐색. 학교수학, 15(4), 819-832.

김방진, 류성림 (2011). 소수 나눗셈에 대한 교사의 PCK와 실제 수업의 분석. 한국초등수학교육학회지 15(3), 533-557.

김해규 (2012a). 수와 연산 영역에 대한 초등 예비교사들의 수학을 가르치는데 필요한 지식 (MKT). 학교수학논문집, 26(1), 71-84.

김해규 (2012b). J 대학교 교육대학 3학년 학생들의 수와 연산 영역을 가르치는데 필요한 수학적 지식에 대한 사례연구 1. 한국초등수학교육학회지, 16(3), 491-509.

박철성 (2010). 초등학교 교사들의 소수 개념에 관한 지식 조사 연구. 대구교육대학교 교육대학원 석사학위 논문.

송근영, 방정숙 (2008). 소수연산에 관한 예비초등교사의 교수내용 지식 분석. 한국초등수학교육학회지, 12(1), 1-25.

윤진영 (2014). 초등교사와 예비교사의 수와 연산을 가르치는데 필요한 지식에 대한 연구. 청주교육대학교 교육대학원 석사학위 논문.

윤현경, 권오남 (2011). 예비교사와 현직교사의 벡터 개념에 대한 이해: MKT 중심으로. 학교수학, 13(4), 615-632.

이현숙 (2011). 수와 연산 영역에 대한 초등교사들의 수학을 가르치는데 필요한 지식 (MKT)과 수업의 실제. 한국교육대학교 대학원 석사학위 논문.

Amador, J., & Lamberg, T. (2013). Learning trajectories, lesson planning, affordances, and constraints in the design and enactment of mathematics teaching. *Mathematical Thinking and Learning, 15*(2), 146-170.

Ball, D. L. (1990). The mathematical understandings that prospective teachers bring to teacher education. *Elementary School Journal, 90*, 449-466.

Ball, D. L., & Forzani, F. M. (2011). Building a common core for learning to teach and connecting to professional learning to practice. *American Educator, 35*(2), 17-21, 38-39.

Ball, D. L., Hill, H. C., & Bass, H. (2005). Knowing mathematics for teaching: Who knows mathematics well enough to teach third grade, and how can we decide? *American Educator, 29*(3), 14-22, 43-46.

Ball, D. L., Lubienski, S. T., Mewborn, D. S. (2001). Research on teaching mathematics: The unsolved problem of teachers' mathematical knowledge. In V. Richardson (Ed.), *Handbook of research on teaching* (4th ed., 433-456). New York: Macmillan.

Ball, D. L., Thames, M., & Phelps, G. (2008). Content knowledge for teaching: What makes it so special? *Journal of Teacher Education, 59*, 389–407.

Borko, H., & Eisenhart, M. (1992). Learning to teach hard mathematics: Do novice teachers and their instructors give up too easily? *Journal for Research in Mathematics Education, 23*, 194-222.

Brown, C., & Borko, H. (1992). Becoming a mathematics teacher. In D. A. Grouws (Ed.), *Handbook of research on mathematics teaching and learning* (pp. 209-239). New York, NY: MacMillan.

Brown, M. (2009). The teacher-tool relationship: theorizing the design and use of curriculum materials. In J. T. Remillard, B. Herbel-Eisenman, & G. Lloyd (Eds.), *Mathematics teachers at work: Connecting curriculum materials and classroom instruction* (pp. 17-36). New York: Routledge.

Butterfield, B., & Chinnappan, M. (2010). Walking the talk: Translation of mathematical content knowledge to practice. In L. Sparrow, B. Kissane, & C. Hurst (Eds.), *Shaping the future of mathematics education* (Proceedings of the 33rd Annual Conference of the Mathematics Education Research Group of Australasia, pp. 109-116). Fremantale, WA: MERGA.

Chapin, S., O'Connor, C., & Anderson, N. (2013). *Classroom discussions in math:*

A teacher's guide for using talk moves to support the Common Core and more (3rd ed.). Sausalito, CA: Math Solutions.

Coffey, D. (2004). Using alternative assessment to affect preservie elementary teachers' beliefs about mathematics. In T. Watanabe & D. R. Thompson (Eds.), *The work of mathematics teacher educators: Exchanging ideas for effective practice* (AMTE Monograph Series Vol. 1, pp. 49-66). San Diego, CA: Association of Mathematics Teacher Educators.

Cole, Y. (2012). Assessing elemental validity: The transfer and use of mathematical knwledge for teaching measures in Ghana. *ZDM Mathematics Education, 44*, 415-426.

Delaney, S., Ball, D. L., Hill, H. C., Schilling, S. G., & Zopf, D. (2008). Mathematical knowledge for teaching: Adapting U.S. measures for use in Ireland. *Journal of Mathematics Teacher Education, 11*(3), 171-197.

Feiman-Nemser, S. (2001). From preparation to practice: Designing a continuum to strengthen and sustain teaching. *Teachers College Record, 103*(6), 1013-1055.

Givvin, K. B., Kersting, N. B., Sotelo, F. L., & Stigler, J. (2010). Teachers' analyses of classroom video predict student learning of mathematics: Further explorations of a novel measure of teacher knowledge. *Journal of Teacher Education, 61*(1-2), 172-181.

Goos, M. (1999). Scaffolds for learning: A sociocultural approach to reforming mathematics teaching and teacher education. *Mathematics Teacher Education and Development, 1,* 4-21.

Grossman, P., Compton, C., Igra, D., Ronfeldt, M., Shahan, E., Williamson, P. (2009). Teaching practice; A cross-professional perspective. *Teachers College Record, 111*(9), 2055-2100.

Heaton, R., (2000). *Teaching Mathematics to the New Standards*. New York: Teachers College Press.

Herbst, P., Aaron, W., & Chieu, V. M. (2013). LessonSketch: An environment for teachers to examine mathematical practice and learn about its standards. In D. Polly (Ed.), *Common Core Mathematics Standards and implementing digital technologies* (pp. 281-294). IGI Global.

Herbst, P., Chazan, D., Chen, C., Chieu, V., & Weiss, M. (2011). Using comics-based representations of teaching, and technology, to bring practice to teacher education courses. *ZDM-The International Journal on Mathematics Education, 43*, 91-103.

Hiebert, J., Morris, A. K., Berk, D., & Jansen, A. (2007). Preparing teachers to learn from teaching. *Journal of Teacher Education, 58*(1), 47−61.

Hill, H.C., Ball, D., & Schilling, S. (2008). Unpacking pedagogical content knowledge: Conceptualizing and measuring teachers' topic-specific knowledge of students. *Journal for Research in Mathematics Education, 39*(4), 372-200.

Hill, H. C., & Charalambous, C. Y. (2012). Teaching (un)Connected Mathematics: Two teachers' enactment of the Pizza problem. *Journal of Curriculum Studies, 44*(4), 467-487.

Hill, H. C., Schilling, S. G., & Ball, D. L. (2004). Developing measures of teachers; mathematics knowledge for teaching. *Elementary School Journal, 105*, 11-30.

Hill, H. C., Sleep, L., Lewis, J. M., & Ball, L. (2007). Assessing teachers' mathematical knowledge. In F. Lester (Ed.), *Second handbook of research on mathematics teaching and learning* (pp. 111-155). Reston, VA: National Council of Teachers of Matheamtics.

Holzberger, D., Phillipp, A., & Kunter, M. (2013). How teachers' self-efficacy is related to instructional quality: A longitudinal analysis. *Journal of Educational Psychology, 105*(3), 774-789.

Izsak, A. (2004). Teaching and learning two-digit multiplication: Coordinating analysis of classroom practices and individual student learning. *Mathematical Thinking and Learning, 6(1),* 37-79.

Izsak, A. (2005). “You have to count the squares”: Applying knowledge in pieces to learning rectangular area. *The Journal of the Learning Sciences, 14,* 361-403.

Janvier, C. (1996). Constructivism and its consequences for training teachers. In L. P. Steffe, P. Nesher, P. Cobb, G. Goldin, & B. Greer(Eds.), *Theories of mathematical learning* (pp. 449- 463). Mahwah, NJ: Erlbaum.

Kamii, C. & Kysh, J. (2006). The difficulty of “length x width”: Is a square the unit of measurement? *Journal of Mathematical Behavior, 25,* 105-115.

Kieren, T. (1988). Personal knowledge of rational numbers: Its intuitive and formal development. In J. Hiebert & M. Behr (Eds.), *Number-concepts and operations in the middle grades* (pp. 53-92). Reston, VA: National Council of Teachers of Mathematics.

Kosnik, C., & Beck, C. (2011). *Teaching in a nutshell: Navigating our teacher education program as a student teacher*. New York, NY: Routledge.

Kwon, M. (2009). *Validating the adapted MKT measures in Korea*. Paper presented at the AERA Annual Meeting, San Diego, CA.

Lehrer, R. (2003). Developing understanding of measurement. In J. Kilpatrick, W.G. Martin, and D. Schifter (Eds.), *A research companion to principles and standards for school mathematics* (pp. 179-192). Reston, VA: NCTM.

Lubinski, C., & Otto, A. (2004). Preparing K-8 preservice teachers in a content course for standards-based mathematics pedagogy. *School Science and Matheamtics, 104*, 336-350.

Ma, L. (1999). *Knowing and teaching elementary mathematics.* Hillsdale: Lawrence Erlbaum Associates.

McDiarmid, G. W. (1990). Challenging prospective teachers’ beliefs during early field experience: A quixotic undertaking. *Journal of Teacher Education, 41*(3), 12-20.

McDuffie, A. M., Foote, M. Q., Drake, C., Turner, E., Aguirre, J., Bartell, T. G., & Bolson, C. (2014). Use of video analysis to support prospective K-8 teachers' noticing of equitable practices. *Mathematics Teacher Educator, 2*(2), 108-140.

Menon, R. (1998). Preservice teachers' understanding of perimeter and area. *School Science and Mathematics*, *98*, 361-368.

Mewborn, D. S., & Tyminski, A. M. (2006). Lortie's apprenticeship of observation revisited. *For the Learning of Mathematics, 26*(3), 23, 30-32.

Mosvold, R., & Fauskanger, J. (2009). *Challenges of translating and adapting the MKT measures for Norway*. Paper presented at the American Educational Research Annual Meeting in San Diego, CA.

Ng, D. (2009). *Translating and adapting the Mathematical Knowledge for Teaching (MKT) geometry measures for Indonesia*. Paper presented at the AERA Annual Meeting, San Diego, CA.

Rathouz, M. (2010). Ambiguity in units and their referents: Two cases in rational number operations. *For the Learning of Mathematics, 30*(1), 43-51.

Santagata, R., & Guarino, J. (2011) Using video to teach future teachers to learn from teaching. *ZDM Mathematics Education, 43*, 133-145.

Sherin, M. & van Es, E. (2005). Using Video to Support Teachers' Ability to Notice Classroom Interactions. *Journal of Technology and Teacher Education, 13*(3), 475-491. Norfolk, VA: Society for Information Technology & Teacher Education.

Simon, M. A., & Blume, G. W. (1994). Building and understanding multiplicative relationships: A study of prospective elementary school teachers. *Journal for Research in Mathematics Education*, *25*, 472-494.

Strawhecker, J. (2005). Preparing elementary teachers to teach mathematics: How field experiences impact pedagogical content knowledge. *Issues in the undergraduate mathematics preparation of school teachers: The Journal, 4.* [online]. Retrieved from http://www.k-12prep.math.ttu.edu/journal/4.curriculum/strawhecker/article.pdf.

Tatto, M. T., & Senk, S. (2011). The mathematics education of future primary and secondary teachers: methods and findings from the teacher education and development study in mathematics. *Journal of Teacher Education, 62*(2), 121-137.

Thompson, A. (1992). Teachers' beleifs and conceptions: A synthesis of the research. In D. A. Grouws (Ed.), *Handbook of research on mathematics teaching and learning* (pp. 127-146). New York: Macmillan.

Van Dooren, W., Verschaffel, L., & Onghena, P. (2002). The impact of preservice teachers' concent knowledge on their evaluation of students' strategies for solving arithmetic and algebra word problems. *Journal for Research in Mathematics Education, 33*, 319-351.

Zacharos, K. (2014). Trends in mathematics education. *Review of Science, Mathematics and ICT Education*, *8*(1), 3-5.

Zazkis, R., Sinclair, N., & Liljedahl, P. (2013). *Lesson play in mathematics education*. NY: Springer.

Zeichner, K., & Gore, J. (1990). Teacher socialization. In Houston, W. (Ed.), *Handbook of research on teacher education* (pp.329 – 248). New York, NY: Macmillan Publishing.

Zollman, A. (2008). Less is more: Using mathematical conceptual principles and procedural themes with elementary education majors. *The Mathematics Educator, 11*(1&2), 33-46.

제 6 장

초등학교 교사의 전문화된 수학 내용 지식에 대한 이해

김리나(서울목운초등학교)

1. 서론

교사는 수학수업의 질에 영향을 주는 중요한 요인 중 하나로(김해규, 2012; Turnuklu, & Yesildere, 2007; Fennema, & Franke, 1992), 학습자의 수학 학습 성취도를 증진시키기 위해 수학교사의 다양한 측면을 이해하여야 한다(방정숙, Li, 2008; Wiseman, Cooner, & Knight, 1999). 이와 같은 논의를 바탕으로 교사의 교수 능력을 높이고자 하는 노력은 한국 뿐 아니라 전 세계적인 관심사가 되었다(권민성, 남승인, & 김상용, 2009; Park, 2012). 특히, 국내외의 많은 선행 연구들은 수학수업에 영향을 주는 가장 핵심적인 요소 중 하나로 교사의 지식의 종류와 양에 주목하였다(예. 곽주철, & 류희수; 2008; 신현용, & 이종욱, 2004; An, Kulm, & Wu, 2004; Rahman, Scaife, Yahya, & Jalil, 2010). 이 때, 효율적인 수학수업 진행을 위해 교사에게 요구되는 지식은 단순히 수학 내용을 잘 아는 것을 넘어(Hill, 2004; Albert, 2012), 수학적 내용을 학습자 수준에 맞게 변환하여 제공할 수 있는 지식까지를 포함한다(Parker, & Heywood, 2000).

이와 같은 논의를 바탕으로 Ball과 그녀의 동료들은 수학 교수를 위해 필요한 교사의 지식을 교수를 위한 수학적 지식(Mathematical Knowledge for Teaching: MKT)이라 명명하고 여러 연구들을 진행해오고 있다(예. Ball, Lubienski, & Mewborn, 2001; Hill, Shcilling, & Ball, 2004; Ball, Thames, & Phelps, 2008). 특히 교수를 위한 수학적 지식은 여러 하위 지식 영역들을 포함하는데(예. 특정 수학 내용과 관련된 학습자에 대한 지식, 특정 수학 내용의 교수법에 대한 지식 등), 본 장에서는 MKT의 이와 같은 하위 지식의 영역 중(예. Knowledge of Curriculum, Knowledge of Content and Teaching) 하나로 제시된 전문화된 수학 내용 지식(Specialized Content Knowledge)과 관련된 국내외 초등수학교육 연구들을 살펴보고자 한다. 또한 본 연구에서는 Ball과 그녀의 동료들이 초등학교 교사들의 MKT를 측정하기 위해 개발한 도구들을 이용해 실제 한국 초등학교 교사의 전문화된 수학 내용 지식의 측정 결과도 함께 살펴볼 것이다. 이를 통해, 현재 한국 초등수학교육 연구 분야에 있어 전문화된 수학 내용 지식의 이해 정도와 실제 교사들의 전문화된 수학 내용 지식의 실체를 이해하는데 시사점을 제공할 수 있으리라 기대한다.

2. 전문화된 수학 내용 지식(Specialized Content Knowledge)의 이해

전문화된 수학 내용 지식은 교사로 하여금 수학적 아이디어를 정확하게 표현하고, 일반적 규칙, 절차, 예시를 통해 수학적 설명을 제공하며, 문제를 풀기 위해 일반적이지 않은 풀이방법을 이해하는 것 등을 포함한 특정한 수학 교수와 관련된 지식을 지칭한다(Hill, Ball, & Schiling, 2008). 전문화된 수학 내용 지식에 대한 최초의 기술은 Ball, Hill과 Bass의 2005년 연구에 제시되어 있다. 전문화된 수학 내용 지식을 설명

[표 1] 수학 교수와 관련된 일련의 과정들과 관련한 지식에 대한 정의[1)]

Zembat(2013)의 정의	강영란, 조정수, 김진환(2012)의 정의
[SCK #1] 학습자에게 수학 개념의 의미를 제공하기 위해 수학적 지식들을 풀어낼 수 있는 지식 [SCK #2] 해석과 문맥에 관한 지식; 일반적 수학 오류에 대한 지식; 학습자의 과업에서 오류를 진단하는 지식 [SCK #3] 학습자가 이해 가능하고 사용가능하도록 정확한 수학적 설명 과정을 설계하는 지식 [SCK #4] 일반적 규칙, 절차, 알고리즘의 수학적 설명에 관한 지식; 수학적 개념(및 공식)을 정확하게 나타내는 지식 [SCK #5] 수학적 개념과 절차에 대한 설명과 근거를 제공하는 지식; 수학적 설명을 평가하는 지식; 수학적 개념을 나타내는 지식 [SCK #6] 예시를 제공하는 지식; 특정한 수학적 내용에 대해 적절한 예시를 찾아내는 지식 [SCK #7] 교과서에 제시된 수학적 지도 내용을 분석하는 지식; 교과서에 제시된 수학적 내용을 적용하고 활용하는 지식 [SCK #8] 수학적 개념들 사이에 관계를 이해하는 지식; 수학적 구조에 대한 지식 [SCK #9] 학습자의 질문, 풀이방법, 문제, 관점에 대해 수학적이고 교육학적인 판단을 내리고, 학생의 질문을 해석하는 지식 [SCK #10] 학생들이 제시하는 이해의 내용들을 평가하는 지식; 학생의 반응을 듣고 해석하는 지식; 질문을 제시하는 것과 관련된 지식(특정한 수학적 표상에 함의된 의미를 파악하는 지식; 특정한 수업 목표와 관련하여 표상을 선택하는 것과 관련된 지식) [SCK #11] 수학적 개념의 추상적 이해를 분석하는 지식; 학습자의 수학적 질문과 의문에 생산적으로 답변하는 지식; 특정한 수학적 용어의 모호성에 주의를 기울이는 지식; 수학적 활동을 명확하게 설계하는 지식 [SCK #12] 사용가능한 정의를 생산해내거나 선택하는 지식; 적합하고 이해 가능한 정의를 수학적으로 사용하는 지식 [SCK #13] 전년(前年) 혹은 후년(後年)에서 배우게 될 수학 주제와 현재 배우는 수학 주제를 연결시키는 지식 [SCK #14] 다양한 수학적 표상에 대해 생각하는 지식; 실물 또는 기호의 관계를 이해하는 지식, 연산과정 또는 문제풀이 과정과 기호의 개념 사이의 관계를 설정하는 지식; 숨어있는 수학적 개념을 다른 표상과 연결하여 나타내는 지식; 수학적 개념과 언어를 사용하고, 그것의 사용에 대해 비판할 수 있는 지식 [SCK #15] 등가(等價) 이해 [SCK #16] 여러 가지 풀이방법에 대해 알기; 수학적 방법을 평가하는 것과 관련한 지식; 주장과(대체)풀이 방법에 대한 지식	• 수학적 아이디어를 정확하게 표상하기 • 학생들이 갖는 '왜'라는 의문에 대답하기 • 압축되어 있는 지식을 풀어서 제시할 수 있는 적절한 예를 찾기 • 표상과 핵심 아이디어 및 표상과 표상 사이를 연결하기 • 동일 주제에 대해 전시 학습과 후속 학습 사이의 연결성 찾기 • 수학 교과서 내용을 평가하여 과제를 수준에 맞게 재구성하기 • 수학적 기호, 언어를 사용하여 설명하기 • 수학적 규칙과 절차에 대해 개념적으로 설명하기 • 학생 활동, 결과물에 대한 평가하기 • 학생이 제시한 대안이나 비표준화된 수학적 방법의 타당성 결정하기 등

1) Zembat(2013), 강영란, 조정수, 김진화(2012) 모두 수학 교수와 관련된 일련의 과정들과 관련한 지식의 종류들을 밝히고 있으나 어떤 절차로 이러한 종류들이 구체화되었는지에 대한 설명은 제공하고 있지는 않다. 두 연구 모두 선행 연구들에서 제시된 수학 교수와 관련된 교사의 업무와 관련된 일들을 분석하였다고 제시하고 있으며, 이에 대한 후속 연구가 필요함을 주장하였다.

하면서, Ball과 그녀의 동료들은 교사들이 수학 교수와 관련된 일련의 과정들을 처리하기 위해서는 전문화된 수학 내용 지식이 반드시 필요하다고 이야기하였다. 그러나 전문화된 수학 내용 지식과 관련한 선행 연구 사례들을 살펴보면 연구자마다 전문화된 수학 내용 지식이 필요한 수학 교수와 관련된 일련의 과정을 [표 1]과 같이 다르게 정의하고 있음을 발견할 수 있다.

Zembat(2013)에 따르면, 전문화된 수학 내용 지식은 [표 1]에 제시된 하위 영역들로 구체화될 수 있으며, 교사는 반드시 이러한 지식들을 가지고 있어야 함을 주장하였다. 이와 유사하게, 강영란, 조정수, 김진환(2012, p. 303)은 전문화된 수학 내용 지식의 정의를 바탕으로 [표 1]에 제시된 바와 같이 전문화된 수학 내용 지식의 세부 내용을 규정하였다

Zembat(2013)와 강영란 등(2012)이 정의한 전문화된 수학 내용 지식의 세부 항목들이 수학수업의 설계, 진행, 학습자 평가라는 일련의 과정과 관련한 교사의 지식들을 열거하고 있는 반면, 김해규(2012)는 전문화된 수학 내용 지식을 교사의 직관으로 설명하고 있다. 김해규는 직관을 언어적 설명에 의하지 않고 실제적인 사물이나 표본, 그림 등에 의한 직접적 관찰을 통하여 수학적 개념을 이해 또는 설명하는 방법이라 정의하면서, 교사가 직관적으로 수학을 이해하고, 혹은 반대로 직관적 교수법을 활용하여 수학을 가르치는 것이 전문화된 수학 내용 지식을 나타낸다고 주장하였다.

이처럼 연구자마다 전문화된 수학 내용 지식에 대한 세부 항목들을 다양하게 제시하고 있는 것은 전문화된 수학 내용 지식에 대한 Ball 등(2005)의 정의가 수학 교수와 관련된 일련의 지식이라는 포괄적이고 모호한 용어로 제시되었기 때문이다. 결국 전문화된 수학 내용 지식은 수학 교수와 관련한 모든 지식으로 이해될 수 있으며, 수학 교수의 어떠한 측면을 바라볼 것인가에 따라 다양하게 해석될 수 있다. 이와 관련해서, 이미 Kim과 Albert(2015)는 교사 지식에 관한 연구에서 MTK 모델 자체와 전문화된 수학지식을 포함한 MKT의 하위 지식 영역들에 대한 정의의 모호성, 그리고 하위 지식 영역들 사이의 관계의 불명확성을 비판한 바 있다.

전문화된 수학 내용 지식이라는 용어가 2005년 Ball 등의 연구에서 제시되었지만, 국내 초등수학교육 분야에서 이와 관련한 연구의 진행이 미진한 것의 원인 중 하나가 이러한 용어의 모호성 때문이라 판단된다. 국내 학회지에 초등수학교육과 관련하여 전

문화된 내용 지식을 주제어로 제시한 논문은 2015년 4월 기준 단 두 편이다. 그러나 이는 초등학교 교사의 수학 교수와 관련한 지식에 관한 연구가 이루어지지 않고 있다는 것을 의미하지는 않는다. 그동안 국내에서 수학 교과의 특정 영역(예. 수와 연산, 도형) 및 특정 학년(예. 초등학교 1학년, 초등학교 2학년), 또는 특정 교수법에 대한 초등학교 교사 지식의 연구가 다양하게 이루어져 왔다(예. 이종욱, 2005; 임재훈, 2007). 다만 전문화된 수학 내용 지식과 관련하여 논문이 검색되지 않는 것은 기존의 초등학교 교사의 지식에 대한 연구들과 전문화된 수학 내용 지식과의 연결성이 검토된 바가 없으며, 초등수학교육에 있어 전문화된 수학 내용 지식과 하위 영역들에 대한 정의에 대해 국내 연구진들의 합의가 아직 이루어지지 않았기 때문으로 사료된다. 따라서 향후 초등학교 교사들의 전문화된 수학 내용 지식에 대한 이해와 분석 연구 전에 선행되어야 할 것은 전문화된 수학 내용 지식의 범위에 대한 정확한 정의와 이해이며, 이를 위해 국내 연구자들의 협업이 필요할 것으로 판단된다.

3. 초등학교 교사의 전문화된 수학 내용 지식의 실제

Ball, Hill과 Bass(2005)는 초등학교 교사들의 MKT를 측정할 수 있는 문항을 개발하였는데, 그 중 전문화된 수학 내용 지식을 측정할 수 있는 문항의 예는 [그림 1]과 같다.

전문화된 수학 내용 지식을 포함한 MKT 측정도구는 미국 뿐 아니라 세계 여러 나라에서 번역되어 교사 지식을 분석하기 위해 사용되고 있다(예. Delaney 등, 2008; Ng, 2011, Hill, Rowan, & Ball, 2005,). Kwon, Thames와 Pang은 2012년도 연구에서 MKT 측정도구가 한국어로 번역이 가능하며, 번역된 MKT 측정도구가 한국 초등학교 교사들의 수학지식을 분석하는데 있어 타당도와 신뢰도를 갖출 수 있음을 보여 다음은 학생들의 곱셈 계산의 다양한 방법들이다. 이 중 어떠한 두 정수를 가져와 곱셈 계산을 하더라도 사용될 수 있는 방법은 어느 것입니까?

학생 A	학생 B	학생 C
		35
35	35	× 25
× 25	× 25	25
125	175	150
+ 75	+ 700	100
875	875	+ 600
		875

[그림 1] 전문화된 수학 내용 지식(SCK) 측정 문항의 예(Ball, Hill, & Bass, 2005)

준바 있다. 저자 역시 2014년 Mitchell, Sihn과의 공동연구에서 수와 연산 영역에 있어 MKT 측정도구(신뢰도 .751)를 한국어로 번역, 서울에 근무하는 초등학교 교사의 지식을 분석하였다. 서울특별시에 위치한 11개 지역 교육청별로 2개교를 무작위로 선정, 해당 학교 교사 621명에게 설문지를 송부하였으며, 이 중 278명의 교사가 설문을 작성하여 연구자에게 재송부하였다.

본 절에서는 저자와 동료들이 초등학교 교사들의 MKT 측정을 위해 사용한 수와 연산 영역에서의 MKT 측정 문항에 대한 답변 중 전문화된 수학 내용 지식과 관련한 문항의 응답만을 추출, 이를 분석하여 초등학교 교사의 전문화된 수학 내용 지식을 살펴보고자 한다. 본 장의 목표는 초등학교 교사의 전문화된 수학 내용 지식의 전반적 경향을 이해하기 위함이며, 이미 학회지에 보고된 자료의 일부분을 추출해서 기술하는 바, 분석 과정 및 통계 분석 결과에 대한 상세한 기술을 포함하지 않는다. 본 절에서 소개하는 자료와 관련한 자세한 연구 절차 및 MKT 측정 결과는 Mitchell, Sihn과 Kim(2014)의 South Korean Elementary Teachers' Mathematical Knowledge for Teaching Number and Operation을 참고하기 바란다. 본 연구를 위해 무선표집방법으로 선정된 연구 참여자의 인적 정보는 [표 2]와 같다.

전문화된 수학 내용 지식 설문 결과에 대한 기술 통계 분석 결과를 살펴보면

[표 2] 연구 참여자 인적정보

		성별		계***
		남성(n)	여성(n)	
교직 경력	0-5년	18	106	124
	6-10년	8	41	49
	11-15년	10	52	63
	16-20년	6	17	23
	21년 이상	6	21	27
	계	48	237	285
수학교육과 관련된 학위	없음*	40	176	216
	학사**	7	43	50
	석사	1	11	12
	계	48	230	278

* 교육대학 학사 과정 중 심화과정으로 초등수학교육을 선택하지 않은 참여자.
** 교육대학 학사 과정 중 심화과정으로 초등수학교육을 선택한 참여자.
*** 연구 참여자는 본인의 선택한 문항에만 답변하였으므로 문항별 참여자 수가 다르게 나타남.

[표 3]과 같다. 전문화된 수학 내용 지식 관련 설문 문항에 대한 이해를 높이기 위해, [표 3]에는 전문화된 수학 내용 지식 설문을 포함한 전체 MKT 측정 값의 분석 결과와 전문화된 수학 내용 지식(SCK)과 관련한 문항의 응답 결과를 분석한 내용을 함께 제시하였다.

[표 3]에 제시된 분석결과를 살펴보면 설문에 참여한 초등학교 여교사의 전문화된 수학 내용 지식이 남교사의 지식보다 통계적으로 유의미하게 높다는 것을 알 수 있다(p<.05). 모든 지식 영역을 포괄한 MKT 설문 분석 결과에서는 남녀 성별에 따른 MKT 점수에 통계적으로 유의미한 차이가 없었음을 감안할 때, 이러한 차이가 어떤 요인으로 발생하였는지에 대한 추가적인 조사가 필요하다.

MKT 점수가 교직 경력에 따라 통계적으로 유의미한 차이를 보인 반면, 전문화된 내용 지식 문항에 대한 점수에서는 통계적으로 유의미한 차이가 존재하지 않았다. 그러나 MKT 점수가 교직 경력 6-10년의 교사 집단이 가장 높고, 이후 교직 경력 증가에 따라 점점 감소하는 반면, 전문화된 수학 내용 지식 점수가 0-20년 사이에는 MKT 점수 변화와 유사한 경향성을 보였지만 21년 이후에는 다시 상승하는 양상을 나타내었다([그림 2] 참고). 이는 MKT의 하위 영역 별 지식의 양과 교직 경력의 상관관계가

[표 3] 기술 통계(Descriptive Statistics) 분석 결과

분석 영역	변수	N	SCK 평균(SD)	p value
MKT(SCK를 포함한 모든 영역에 대한 지식 측정 결과)	성별			
	남	48	-1.63(1.11)	0.600
	여	229	0.34(0.97)	
	교직 경력			
	0-5년	124	0,99(0.87)	0.014*
	6-10년	49	0.19(0.96)	
	11-15년	63	-0.04(1.06)	
	16-20년	23	-0.38(1.27)	
	21년 이상	27	-0.47(1.03)	
	수학교육과 관련된 학위			
	없음	219	0.76(0.10)	0.008*
	학사	50	0.95(0.27)	
	석사	12	1.03(0.59)	
SCK	성별			
	남	48	2.3125 (.87898)	.047*
	여	229	2.3668 (.71693)	
	교직 경력			
	0-5년	124	2.3871(.70664)	.406
	6-10년	49	2.4694(.73886)	
	11-15년	63	2.2857(.79166)	
	16-20년	23	2.1304(.91970)	
	21년 이상	27	2.3333(.67937)	
	수학교육과 관련된 학위			
	없음	219	2.3379(.76325)	.493
	학사	50	2.4000(.67006)	
	석사	12	2.5833(.66856)	

* 0.05 Level에서 유의미함.

다르게 나타날 수 있음을 보여주는 것으로, MKT 하위 영역별 지식과 교직 경력의 연관성에 대한 추가적인 조사가 필요함을 제시한다.

이와 유사하게 MKT 점수는 초등수학교육 관련 학위에 따라 통계적으로 유의미한 차이를 보인 반면, 전문화된 내용 지식 문항에 대한 점수에서는 통계적으로 유의미한 차이가 존재하지 않았다. 그러나 MKT 점수가 초등수학교육 관련 학사 학위를 보유한 교사 집단이 가장 높았던 반면, 전문화된 수학 내용 지식에 대해서는 초등수학교육 관

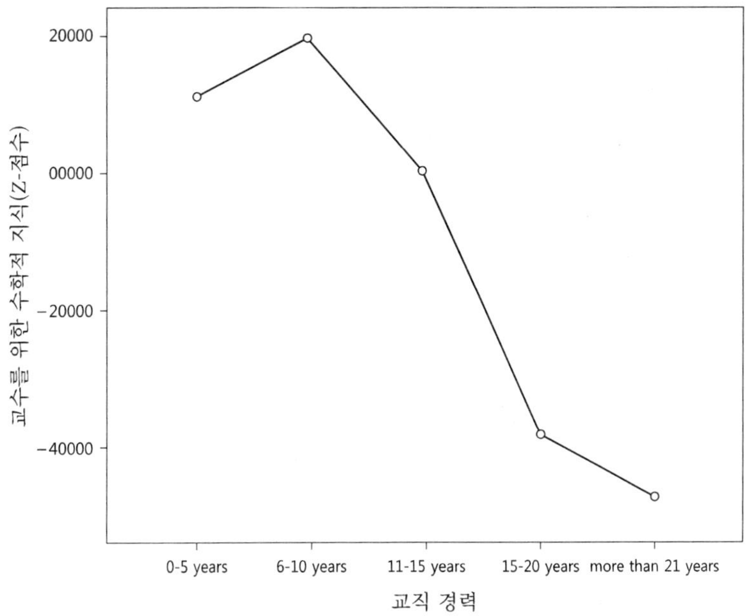

교직 경력에 따른 MKT 점수 변화(Mitchell 등, 2014, p. 343)

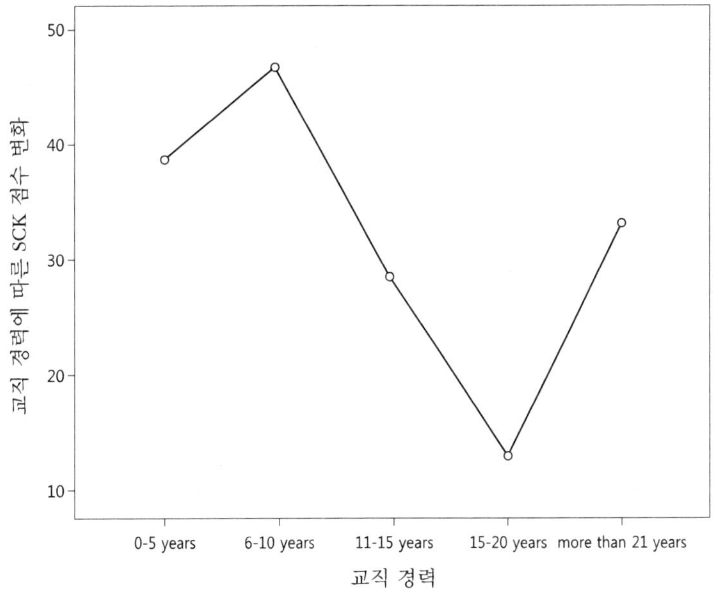

교직 경력에 따른 SCK 점수 변화

[그림 2] MKT, SCK와 교직 경력과의 상관관계 그래프

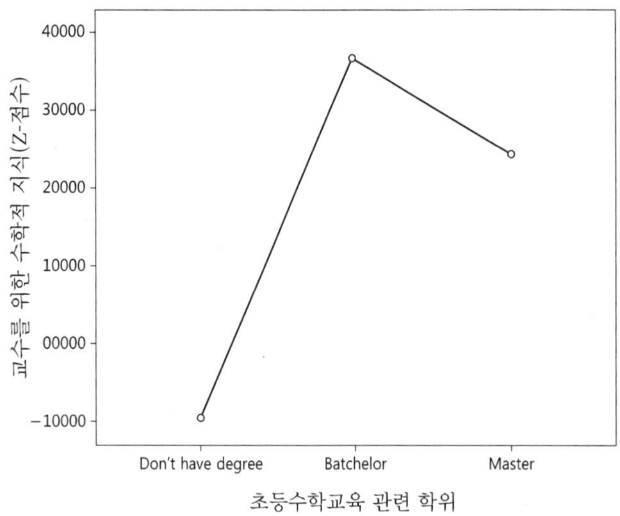

초등수학교육 관련 학위에 따른 MKT 점수 변화(Mitchell 등, 2014, p. 344)

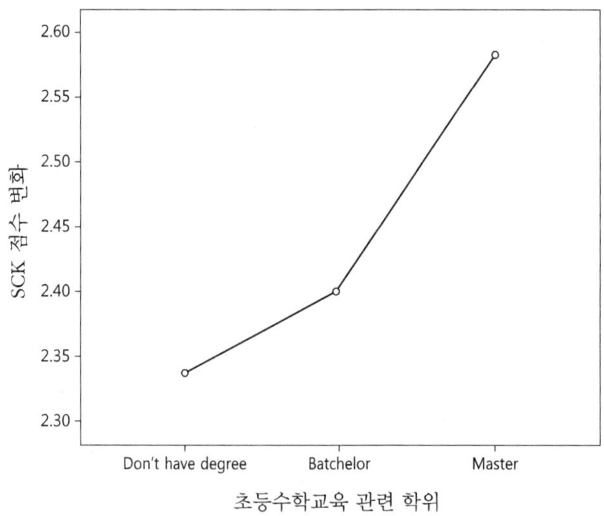

초등수학교육 관련 학위에 따른 SCK 점수 변화

[그림 3] MKT, SCK와 초등수학교육 관련 학위와의 상관관계 그래프

련 석사 학위를 가진 교사 집단의 점수가 가장 높은 것으로 나타났다 ([그림 3] 참고). 이는 MKT의 하위 영역 별 지식의 양과 학위 여부의 상관관계가 다르게 나타날 수 있음을 보여주는 것으로, MKT 하위 영역별 지식과 학위 여부의 연관성에 대한 추가적인 조사가 필요함을 나타낸다.

국내에 초등학교 교사를 대상으로 한 전문화된 내용 지식의 연구가 활성화되지 않은 점을 고려하여, 본 절에서는 Mitchell 등(2014)의 선행연구 중 일부 자료를 추출하여 서울 지역에 근무하는 초등학교 교사의 전문화된 수학 내용 지식의 실태를 살펴보았다. 분석 결과 서울 지역에 근무하는 초등학교 교사의 전문화된 수학 내용 지식은 여성 교사가 남성 교사보다 높고, 교직 경력 및 초등수학교육 관련 학위에 따라서는 별다른 차이가 없는 것으로 나타났다. 다만, 교직경력 또는 초등 수학교육 관련 학위에 따라 MKT 전체 점수와 전문화된 수학 내용 지식 점수의 평균을 나타낸 그래프가 서로 다른 경향성을 나타내는 것에 대해서는 추가적인 조사가 필요할 것이다. 그러나 본 절에서 활용한 선행 연구가 전문화된 내용 지식의 측정만을 목표로 시행되지 않은 점, 서울 지역의 교사만을 대상으로 한 점, 수학의 여러 영역 중 수와 연산에 관련한 문항만을 사용하여 교사들의 전문화된 수학 내용 지식을 분석한 점 등의 연구의 제한점을 고려하여 본 절에 제시된 분석 결과를 이해해야 할 것이다.

4. 결론

본 장에서는 MKT의 하위 지식 영역 중 전문화된 수학 내용 지식을 중심으로 살펴보았다. 전문화된 수학 내용 지식과 관련 국내 학회지에 제출된 논문이 많지 않은 점, 전문화된 수학 내용에 대한 지식의 하위 요소에 대한 정의가 학자마다 다양하다는 점은 전문화된 수학 내용 지식에 대한 다각도의 후속 연구가 진행되어야 함을 시사한다. 이는 국내 뿐 아니라 국외 연구에서도 동일한 현상으로 저자는 2014년 초등학교 교사 지식의 국외 문헌 연구를 통해, 이미 초등학교 교사 지식과 관련한 연구 영역에 있어 실증 연구가 다른 분야에 비해 현저히 부족한 점, 그리고 이 영역을 연구하는 연구자가 많지 않은 문제점을 제기한 바 있다(Kim, 2014 참조). 뿐만 아니라, MKT 측정 결과와 전문화된 수학 내용 지식의 측정 결과가 교직경력, 초등수학교육 관련 학위 여부에 따라 서로 다른 양상을 보인다는 점은 전문화된 수학 내용 지식 자체에 대한 이해뿐 아니라 전문화된 수학 내용 지식과 MKT의 상관관계, MKT의 다른 하위 지식 영역 사이의 연관성에 대한 추가적인 조사가 필요함을 보여주고 있다.

교사 지식에 대한 연구들이 교사의 전문성을 향상시킬 수 있는 주요한 방법 중 하나임을 감안할 때(Kim, & Albert, 2015), 교사의 지식의 다양한 측면을 이해하는 것은 교사의 질을 향상시킬 수 있는 실질적인 방안이 될 수 있다. 따라서 초등학교 교사의 전문화된 수학 내용 지식을 포함한 지식 전반에 대한 이해의 폭을 넓힐 수 있는 후속 연구들이 진행되어야 할 것이다.

참 고 문 헌

Reference

강연란, 조정수, 김진환 (2012). 분수 나눗셈의 문장제에 대한 초등 교사들의 전문화화된 내용 지식(SCK)분석. 수학교육학논문집, 26(3), 301-316.

곽주철, 류희수 (2008). 평면도형에 대한 교사의 PCK와 수업 실제의 비교 분석. 학교수학, 10(3), 423-441.

권민성, 남승인, 김상용 (2009). 미국 선다형 문항 적용을 통한 우리나라 초등교사의 수학을 가르치는데 필요한 지식 분석. 초등수학교육, 48(4), 399-417.

김해규 (2012). 수와 연산 영역에 대한 초등 예비 교사들의 수학을 가르치는데 필요한 지식 (MKT). 수학교육학논문집, 26(1), 71-84.

김해규 (2012). 수학 문제해결과정에서 보이는 초등교사의 직관 수준에 관한 연구. 학교수학, 14(4), 579-598.

신현용, 이종욱 (2004). 수학교사의 지식과 수업 실제와의 관계. 수학교육, 43(3), 257-273.

방정숙, Li. Y (2008). 예비 초등 교사들의 분수 나눗셈에 대한 지식 분석. 수학교육, 47(3), 291-310.

이종욱 (2005). 초등교사의 분수 지식 실태 분석. 수학교육, 44(1), 67-85.

임재훈 (2007). 카태시안 곱의 역 맥락에서 분수의 나눗셈. 학교수학, 9(1), 13-28.

Albert, L. R. (2012). *Rhetorical ways of thinking: Vygotskian theory and mathematical learning*. NewYork: Springer.

Albert, L. R., Kim, R., & Kwon, N. Y. (2014). A hierarchy of South Korean elementary teachers' knowledge for teaching mathematics. *Education Practice and Innovation, 1*(2), 51-73.

An. S., Kulm. G., & Wu. Z. (2004). The pedagogical content knowledge of middle school, mathematics teachers in China and the U.S. *Journal of Mathematics*

Teacher Education, 7(2), 145-172.

Ball, D. L., & Bass, H. (2000). Interweaving content and pedagogy in teaching and learning to teach: Knowing and using mathematics. In J. Boaler (Ed.), *Multiple perspective on mathematics teaching and learning* (pp. 83-104). Westprot, UK; Ablex.

Ball, D. L., Hill, H. C., & Bass, H. (2005, Fall). Knowing mathematics for teaching: Who knows mathematics well enough to teach third grade, and how can we decide? *American Educato*r, *29*, 14-22.

Ball, D. L., Lubienski, S. T. & Mewborn, D. S. (2001). Research on teaching mathematics: The unsolved problem of teachers'' mathematical knowledge. In V. Richardson (Ed.), *Handbook of research on teaching* (4th ed., pp. 433-456). Washington, DC: American Educational Research Association.

Ball, D., Thames, M., & Phelps, G. (2008). Content knowledge for teaching: What makes it special? *Journal of Teacher Education, 59*(5), 389-407.

Delaney, S., Ball, D. L., Hill, H. C., Schilling, S. G., & Zopf, D. (2008). Mathematical knowledge for teaching: Adapting U.S. measures for use in Ireland. *Journal of Mathematics Teacher Education, 11*(3), 171-197.

Fennema, E., & Franke, M. (1992). Teachers' knowledge and its impact. In D. A. Grouws(Ed.), *Handbook of research on mathematics teaching and learning* (pp. 147-164). New York: Macmillan Publishing.

Hill, H. C. (2004). Professional development standards and practices in elementary school mathematics. *Elementary School Journal*, *104*, 345-363.

Hill, H., Ball, D., & Schilling, S. (2008). Unpacking pedagogical content knowledge: Conceptualizing and measuring teachers' topic specific knowledge of students. *Journal for Research in Mathematics Education, 39*(4), 372-400.

Hill, H. C., Rowan, B. & Ball, D. L. (2005). Effects of teachers' mathematical knowledge for teaching on student achievement. *American Educational Research Journal, 42*(2), 371-406.

Hill, H., Schilling, S., & Ball, D. (2004). Developing measures of teachers' mathematics knowledge for teaching. *Elementary School Journal, 105*(1), 11-30.

Kim, R. (2014). Elementary teachers' knowledge for teaching mathematics: A review. *Mediterranean Journal of Social Sciences, 5*(9), 428-438.

Kim, R., & Albert, R. L. (2015). *Mathematics teaching and learning: South Korean elementary teachers' knowledge for teaching mathematics*. Boston: Springer.

Kwon, M., Thames, M. H., & Pang, J. S. (2012). To change or not to change: Adapting mathematical knowledge for teaching (MKT) measures for use in Korea. *ZDM Mathematics Education, 44*, 371-385.

Meredith, A. (1993) Knowledge for teaching mathematics: Some student teachers' views. *Journal of Education for Teaching, 19*(3), 325-338.

Mitchell, R., Sihn, H. G., & Kim, R. (2014). South Korean elementary teachers' mathematical knowledge for teaching number and operations. *Mediterranean Journal of Social Sciences, 5*(15), 336-347.

Ng, D. (2011). Indonesian primary teachers' mathematical knowledge for teaching geometry: Implications for educational policy and teacher preparation programs. *Asia-Pacific Journal of Teacher Education, 39*(2), 151-164.

Park, K. (2010). Mathematics teacher education in Korea. In F. Koon, S. Leung, & Y. Li(Eds.), *Reforms and issues in school mathematics in East Asia: Sharing and understanding mathematics education policies and practices* (pp. 181-196). Chesapeake, VA: AACE.

Parker, J & Heywood, D. (2000). Exploring the relationship between subject knowledge and pedagogic content knowledge in primary teachers' learning about forces. *International Journal of Science Education, 22*(1), 89-111.

Ponde, J. P. D., & Chapman, O. (2007). Mathematics teachers' knowledge and practice. In A. Gutierrez, & P. Boero(Eds.), *Handbook of research on the psychology of mathematics education* (pp. 461-494). New York: Sense Publishers.

Rahman, F, A., Scaife, J., Yahya, N. A., & Jalil, H. A. (2010). Knowledge of diverse learners: Implications for the practice of teaching. *International Journal of Instruction, 3*(2), 83-96.

Shulman, L. S. (1986). Paradigms and research programs in the study of teaching: A contemporary perspective. In M. C. Wittrock(Ed.), *Handbook of research on teaching* (3rd ed. pp. 3-36). New York: Macmillan Publishing Company.

Shulman, L. (1992). Ways of seeing, ways of knowing, ways of teaching, ways of learning about teaching. *Journal of Curriculum Studies, 28*, 393-396.

Stones, E. (1992) *Quality teaching: A sample of cases*. London: Routledge.

Turnuklu, E., & Yesildere, S. (2007). The pedagogical content knowledge in mathematics: Pre-Service primary mathematics teachers' perspective in Turkey. *IUMPST: The Journal, 1*, 1-13.

Wiseman, D. L., Cooner, D. D., & Knight, S. L. (1999). *Becoming a teacher in a field-based setting*. New York: Wadsworth.

Zembat, I. O. (2013). *Specialized content knowledge of mathematics teacher in UAE context*. Retrieved from http://cerme8.metu.edu.tr/wgpapers/WG17/WG17Posters/WG17_P_Godino_Pino_Fan.pdf

제 7 장

중등예비교사의 복소수에 대한 전문화된 수학 내용 지식

이동환(부산교육대학교)

1. 들어가는 말

수학교사에게 필요한 지식에 대한 연구에서 Ball과 동료들이(Ball, Hill, & Bass, 2005; Ball, Thames, & Phelps, 2008) 제안한 교수를 위한 수학지식(Mathematical Knowledge for Teaching)이 주목을 받고 있다. 이들은 '수학교사에게 필요한 수학지식이 무엇인가?' 라는 물음을 '수학교사가 수학수업을 수행하면서 사용하는 수학지식이 무엇인가?'로 재해석하였다는 점에서 기존의 교사 지식 연구흐름과 차이점이 나타난다. 이는 학교수학 교육과정 또는 관련된 학문수학을 분석하는 대신에, 가르치는 활동(teaching practice) 자체를 분석하여 수학교사에게 필요한 지식을 확인하려는 시도라고 볼 수 있다. 실제로 수학교사는 수학을 가르치는 활동을 하면서 여러 가지 성격의 문제를 마주하게 되는데, 이러한 문제의 유형에 따라 이를 해결하는 데 필요한 지식의 유형도 결정되기 마련이다. 예를 들어, 수학교사는 과제를 선택하고 수정하며, 시험을 출제하고, 토론을 중재하며, 교구를 사용하고, 질문을 제기하고, 학생의 답을 평가하는 등의 활동을 수행하는 데 이러한 활동이 교사에게는 문제 상황으로 다가오는 것이다. 따라서 Ball과 동료들은 수학수업에서 발생하는 이러한 문제가 무엇인지를 명확히 밝힘으로서 수학교사에게 필요한 지식을 찾아낼 수 있다고 보고, 이러한 문제의 성격에 따라 MKT의 하위범주들을 규정하였다. 본 장에서는 고등학교 수학을 가르치는 과정에서 발생할 수 있는 상황에서 착안하여 예비교사의 SCK를 확인하는 과제를 설계하고 이에 대한 예비교사의 응답을 분석하였다. 예비교사의 SCK의 특징을 토대로 교사교육에 대한 시사점을 논의하고자 한다. 그 동안 MKT 연구가 주로 초등학교 수학수업을 중심으로 이루어져 왔는데, 본 장에서는 고등학교 수학수업에서 일어날 수 있는 수학적 문제 상황을 중심으로 SCK의 사례를 기술하고 교사교육에 대한 시사점을 논의하고자 한다.

2. 전문화된 수학 내용 지식에 대한 선행연구: 의미와 역할

학생에게 수학을 가르치는 활동에서 수학교사는 모종의 수학 과제를 마주하는데 그 과제를 해결하는 데 필요한 수학지식이 전문화된 수학 내용 지식(specialized contents knowledge, 이하 SCK)이다(Ball et al. 2008). SCK는 순수하게 수학적 지식이란 점에서 교수학적 내용지식(PCK)과 구별되고, 수학교사에게만 필요하다는 점에서 공통내용지식(CCK)과 구별된다. 수학을 이해하고 사용하는 직업이 다양한 상황에서, SCK가 수학을 가르치는 활동의 특징을 고려하여 수학교사에게만 필요한 수학지식을 구별해줄 수 있다는 점으로 인해 수학교사교육 연구에서 SCK는 큰 주목을 받고 있다. 예를 들어, 수학예비교사에게 수학을 가르칠 때, 어떤 내용을 가르쳐야 하는가에 대한 질문에 SCK가 답이 될 수 있는 것이다(CBMS 2012). 이러한 관점에서 SCK는 교사교육의 주요 내용으로 주목을 받고 있고 따라서 어떤 수학지식이 SCK로 분류될 수 있는가는 중요한 질문이다.

Howell(2012)는 SCK를 CCK와 구분하는 기준으로서 전문영역 필터(professional domain filter)와 학생교육과정 필터(student curriculum filter)의 두 가지를 제시하였다. 전자는 수학을 사용하지만 수학을 가르치는 일이 아닌 분야에 종사하는 사람이 사용하는 수학지식인가라는 질문에 부정적으로 답해질 때 그 지식을 SCK라고 분류한다. 후자는 학생도 그 지식을 알 필요가 있는가라는 질문에 부정적으로 답해질 때 그 지식을 SCK라고 분류한다. 다시 말해, SCK는 교사와 다른 직업인을 구분하고 교사와 학생을 구분해주는 수학지식이라고 볼 수 있다. 그러나 수학교사에게만 필요한 수학지식이라는 SCK의 특징은 SCK가 구체적으로 무엇인지를 밝혀주는 조작적 정의로서는 적합하지 않다. 예를 들어, Flores et al.(2012)가 지적했듯이, 어떤 수학지식을 SCK로 분류하기 위해 그 내용이 수학을 사용하는 다른 직업에서 사용되는지 여부를 확인하는 것은 효과적이지도 바람직하지도 않다. 또한 수학교사가 이해하고 있는 지식을 학생이 아는 것이 잘못이 아닌 상황에서 수학교사와 학생의 입장에 따라 구분하는 것도 현실적이지 않다는 지적이다. 따라서 SCK를 확인하기 위해선 사용되는 조작적 정의는 수학교사가 수학수업에서 마주하는 수학적 문제가 무엇인지에 따라 결정된다. 수학교사가 수업에서 수행하는 활동이나 마주하는 문제가 모두 교육적 성격을 가진 것이 아니라 그것을 수행하고 해결하려면 순수하게 수학적 지식이 필요한 활동이나 문제가 존재하다는 점에는 대부분의 연구자가 동의하고 있다(Thames, 2009). 그러나 그 문제 상황이 무엇이냐에 대해선 여러 가지 아이디어가 제시되고 있다.

Suzuka et al.(2009)에 따르면, 수학교사는 학생이 만들었거나 교재에 제시된 수학적 산출물을 해석하는 활동을 자주 겪게 되는데 이를 수행하기 위해 SCK가 필요하다고 보았다. 수학교사는 수학적 산출물의 옳고 그름을 판단하는 것을 넘어서 그러한 산출물이 나오게 된 과정을 복원하고 이해할 수 있는 능력이 있어야 하는데, 이때 수학적 지식이 요구된다는 것이다. 이 과정에서 SCK가 부족한 교사는 학생에게 의미 있는 피드백을 제공하지 못하고 이에 따라 수학 학습의 중요한 기회를 상실할 수 있다.

Thames(2009)는 수학적 교수과업(mathematical tasks of teaching)의 사례를 제시하고 이러한 사례에 해당하는 활동을 하는 수학교사는 그 과업 자체가 수학적 성격을 가지므로 수학적 지식 즉, SCK가 필요하게 된다고 주장하였다. Thames(2009)는

SCK를 찾아내는 주요 방법론으로서 수학수업을 관찰하여 수학적 교수과업을 찾는 것의 중요성을 강조하였다. 예를 들어, 학생의 오류 분석, 예상치 못한 풀이, 주장에 대한 평가, 적절한 정의의 선택 및 사용, 여러 가지 표현 및 풀이 사이의 관계 해석 등을 수학교사가 마주하는 수학적 교수과업으로 제시하고 이러한 과업을 해결하는데 필요한 수학지식을 SCK로 제시하였다.

Herbst & Kosko(2014)는 수학수업에서 마주하는 수학적 문제가 가르치는 영역이나 수준에 따라 달라질 수 있으므로 SCK 역시 영역에 따라 차이가 발생한다고 주장한다. 예를 들어, 수학교사는 학생들의 풀이에 대해 평가하는 상황을 자주 마주하므로 그러한 평가를 위해 SCK가 필요하다. 그러나 기하 문제에서 수학교사가 평가하는 상황과 대수 문제에서 평가하는 상황에 차이가 있으므로 SCK는 이를 반영하고 있어야 한다는 것이다. 수학수업 경험이 많은 교사가 그렇지 않은 교사에 비해 SCK 점수가 높게 나타난 현상을 분석하면서 Herbst & Kosko(2014)는 SCK가 수업 상황과 밀접한 관련이 있다고 주장하고 있다.

김해규(2012)는 초등학교 교사가 기하 문제 해결과정에서 보여주는 직관적 사고능력의 특징을 통해 초등학교 교사의 SCK를 분석하였다. 그 결과 초등학교 교사 역시 직관적 사고를 통해 문제를 해결하는 능력이 부족하다는 결과가 제시되었다. 그러나 문제 해결에 필요한 직관적 사고는 교사뿐만 아니라 초등학생에게도 필요한 것이라고 볼 때, 이를 SCK라고 판단하기에는 다소 무리가 따른다고 볼 수 있다. 사실 이 논문의 의도는 학생들에게 필요한 직관적 사고가 교사에게도 부족한 사태를 드러내고 이의 심각성을 알리는 데 있었고, 그 지식이 어떤 점에서 SCK에 해당하는가는 논의되지 않았다. 그러나 김해규(2012)가 교사들의 SCK 향상을 위해 제안한 수학 문제해결에 대한 유연한 관점 전환 및 수학적 아이디어 사이의 연결성 이해 등은 수학교사의 SCK가 갖춰야 할 중요한 특징으로 볼 수 있다.

강영란, 조정수, 김진환(2012)는 초등교사를 대상으로 초등학생이 만든 분수 나눗셈 문장제를 평가하는 과제를 제시하고 이를 분석하여 초등교사의 SCK를 평가하였다. 그 결과 초등교사 대부분이 학생들의 분수 나눗셈 알고리즘에 초점을 두었는데, 이는 공통내용지식에 해당하였고, 초등교사는 학생들에 잘못된 문장제를 만든 이유와 올바른 설명을 제시할 수 있는 SCK를 갖추어야 한다고 주장하였다. 이들의 연구는 교사의 SCK를 평가하는 효과적인 방법으로서 학생들의 문제제기 및 문제해결 과정에 대한 평가 상황을 제시한 점에 주목할 만하다.

윤현경, 권오남(2011)은 예비교사와 현직교사의 벡터 개념에 대한 이해의 차이를 각 집단이 갖춘 SCK와 CCK의 관계를 통해 분석하였다. 예비교사는 현직교사에 비해 CCK가 높았고 현직교사는 예비교사에 비해 SCK가 높다는 결과가 나왔다. 예비교사와 현직교사 모두 공통적으로 CCK와 SCK의 연계성을 갖추지 못한 것으로 드러난 것이다. 그러나 이 연구에서 CCK로 제시된 내용은 고등학생과 교사가 벡터에 대해 공통적으로 이해하고 있는 내용이 아니라 대학생 수준에서 알아야 하는 내용에 해당한다. 이러한 관점에서 CCK가 SCK보다 수준이 높게 설정되었는데, 이는 Ball과 동료들의 견해와는 다른 점이다. 또한 SCK로 제시된 내용은 고등학생도 이해할 필요가 있는 지식이었다. 따라서 윤현경, 권오남(2011)의 연구에서 제안한 대학수준의 CCK와 고등학생도 이해해야 하는 SCK 사이의 연계성을 이해하는 것 자체가 Ball과 동료들의 의도한 SCK에 해당한다고 재해석할 수 있다.

지금까지 살펴본 바와 같이 교사교육에서 SCK에 주목하는 이유는 그것을 갖춘 수학교사의 수학수업이 학생의 수학적 능력을 키우는 데 도움이 된다고 보기 때문이다. 또한 그러한 수학지식이 단순히 학교수학의 내용이 아니라 수학교사들만 별도로 배워야 하는 전문적인 지식이라는 점에서 교사교육의 핵심 분야가 될 수 있기 때문이다. 따라서 본 연구에서는 예비교사의 SCK 사례를 통해 이러한 지식을 갖춘 교사는 어떤 수학적 경험을 학생에게 제공할 수 있는지를 살펴보고 또한 이러한 지식은 단순히 학교수학에 대한 이해가 아니라 수학교사의 별도의 노력을 통해 습득해야 하는 이유를 제시하려고 한다.

3. 전문화된 수학 내용 지식의 사례

본 절에서는 복소수 개념과 관련하여 예비교사의 SCK를 평가할 수 있는 과제를 설계하고 이에 대한 예비교사의 응답을 토대로 예비교사 SCK의 특징을 논의하고자 한다.

3.1 연구대상 및 방법

2010년 4월과 5월, 서울에 위치한 A, B 두 사범대학 수학교육과 3학년 학부생 75명(A대학 42명, B대학 33명)을 대상으로 지필검사를 실시하였다. 두 학교 모두 실험에 응한 학생들은 지필검사 당시 수학교육학 과목을 수강하고 있었다. 두 학교의 학생들은 실험을 실시할 당시 대수학 과목과 복소해석학 과목을 이수했거나 이수하는 과정이었다. 두 대학의 관련 교과과정을 살펴보면, A 대학은 3학년 1학기에 대수학과 복소해석학을 전공필수로 이수해야 하며, B 대학의 경우 2학년 2학기에 복소해석학을 전공필수로 이수하고, 3학년 1학기에 대수학을 전공필수로 이수해야 한다. 수학교과교육학과 대수학 및 복소해석학을 수강한 이력은 복소수 지도와 관련한 기본적인 배경지식을 갖춘 상태로 볼 수 있다.

3.2 과제 설계 배경

학교수학에서 복소수 도입의 동기는 실수해를 가지지 못하는 이차방정식 $x^2+1=0$ 을 풀기 위해 새로운 수를 도입하겠다는 것이다. 그러나 복소수의 역사에서 허수와 그 계산법은 삼차방정식의 풀이에서 시작되었다. 실근이 없는 이차방정식에 새로운 수를 만들어서까지 근을 찾아낼 필요는 없었다. $x^2+1=0$을 풀 수 있게 되었다는 점을 도입의 동기로 활용하는 것에 반대를 하는 것이 아니라 이러한 도입방식이 야기할 수 있는 문제점을 지적하려고 한다. 교사는 그 문제점을 인식하고 적절히 대비할 수 있어야 하기 때문이다. 복소수 범위에서 $x^2+1=0$은 물론 해를 가진다. 그렇다면 $x^4+1=0$은 어떻게 될 것인가? 이 방정식의 해를 구하기 위해 새로운 수를 또 만들어야 하는가? 복소수의 대수적 완비성으로 인해 그럴 필요는 없다. 복소수가 이러한 성질을 갖추지 못했다면, 복소수는 그저 신기한 발명품의 하나로 등장했다가 사라졌을 것이다. 복소수가 사칙연산에 닫혀있다는 성질이 대수적 완비성을 보장하는 것은 아니다. 유리수 역시 사칙연산에 닫혀있지만 대수적 완비성을 가지지 못한다. 실제로 Leibniz는 복소수 계산을 능숙하게 처리했지만 x^4+1은 더 이상 실수계수 다항식으로 인수분해되지 않는다고 잘못된 주장을 했다.[1)] 이는 복소수의 계산에 능숙한 것이 복소수의 대수적 완비성에 대한 이해를 보장하지 않는다는 점을 분명히 보여주는 사실이다.

대부분의 교과서는 $x^2+1=0$이 실수범위에서 풀 수 없다는 점을 보여주기에 앞서 정수범위에서 풀 수 없는 방정식, 유리수 범위에서 풀 수 없는 방정식을 예로 들면서, 수 체계 확장의 필요성을 강조한다. 이러한 과정에서 복소수를 알게 된 학생들은 복소수 범위에서 풀 수 없는 방정식을 생각해 볼 수 있다. 예를 들어, $x^2-i=0$ 등을 그러한 방정식이라고 생각할 수 있을 것이다. 교사는 이러한 방정식은 교육과정 밖이므로 생각해 볼 필요가 없다고 해야 하는가? [과제]는 이러한 상황에 예비교사들이 어떻게 대처하는가를 확인하는 것이 목표이다.

과제 복소수 개념에 대한 예비교사의 SCK 확인

> 중학교 3학년 때, 자신을 제곱한 값이 2가 되는 수 $\sqrt{2}$를 유리수가 아닌 무리수라고 새롭게 받아들였습니다. 고등학교 1학년 때, 자신을 제곱한 값이 -2이 되는 수 $\sqrt{-2}$를 실수가 아닌 허수라고 새롭게 받아들였습니다. 그럼 이제 자신을 제곱한 값이 i가 되는 수 $\sqrt{i}$는 허수인가요? 아니면 새로운 수인가요?

위 질문을 고등학교 1학년 학생에게 제시한 결과 아래와 같은 다양한 답안이 나왔습니다.

① 실수가 아닌 수는 모두 허수이다. 제곱해서 i가 되는 실수는 존재하지 않으니까 $\sqrt{i}$도 허수이다.

---

1) Leibniz는 다음과 같이 인수분해했다.

$$x^4+a^4=(x^2+a^2\sqrt{-1})(x^2-a^2\sqrt{-1})$$
$$=(x+a\sqrt{\sqrt{-1}})(x-a\sqrt{\sqrt{-1}})(x+a\sqrt{-\sqrt{-1}})(x-a\sqrt{-\sqrt{-1}})$$

Leibniz는 여기서 4개의 인수를 어떻게 조합해도 실수 다항식을 만들 수 없다는 잘못된 결론을 내렸다. 그가 $\sqrt{i}$도 $a+bi$꼴로 표현될 수 있다는 것을 알지 못했기 때문이다 ($\sqrt{\pm\sqrt{-1}}=\dfrac{1\pm\sqrt{-1}}{\sqrt{2}}$).

사실 $x^4+a^4=(x^2+a^2)^2-2a^2x^2=(x^2+a^2+\sqrt{2}ax)(x^2+a^2-\sqrt{2}ax)$이다.

② 무리수 $\sqrt{3}$에 근호를 붙인 이중근호 $\sqrt{\sqrt{3}}$도 무리수이듯이, 허수에 근호를 붙인 $\sqrt{i}$도 허수이다.

③ 2는 유리수인데 $\sqrt{2}$는 무리수인 것처럼, $\sqrt{i}$도 허수가 아닌 새로운 수이다.

④ 맨 처음 우리는 자연수밖에 몰랐고 점점 필요에 따라 유리수, 복소수로 늘려갔다. 수의 범위는 무한하고 생각하지 못했던 수가 계속 생겨날 수 있다. 따라서 $\sqrt{i}$는 새로운 수이다.

질문 위 답안 가운데 올바른 것이 무엇이라고 생각합니까? 만약 위 답안 중에 올바른 답안이 없다면, 자신이 생각하는 올바른 답을 제시해주세요. (자신의 판단에 대한 이유를 써주세요)

고등학교 교육과정은 $\sqrt{i}$을 다루지 않는다. 복소수를 배우기 전까지 근호 안의 수는 양수가 되어야 한다는 조건이 부과되어 있었다. 복소수를 배우면서 근호 안의 수가 음수일 때, 그 값을 어떻게 정의하는가를 배우게 된다. 따라서 근호 안에 허수가 들어가는 경우는 배운 적이 없다. 학생들이 교육과정에 없는 것을 배울 필요는 없다. 그러나 교사는 왜 교육과정에서 다루지 않으며, 근호 안의 허수가 들어가면 수학적으로 문제가 되는지 등을 생각해볼 필요가 있다. 이러한 관점에서 자신을 제곱한 값이 i가 되는 수 $\sqrt{i}$가 어떤 수인가에 대한 지식은 수학교사의 SCK라고 볼 수 있다.

[과제]는 예비교사들이 복소수의 대수적 완비성을 어떻게 이해하고 있는가를 확인하고자 하였다. 대수학의 기본정리를 사실로서 아는 것은 수학적으로 의미가 없으며, 그 증명을 물어보는 것은 학교수학과 직접적인 관계가 없으므로 대수학의 기본정리를 직접 물어보지 않고 학교수학에서 이 정리가 암묵적으로 사용되는 상황을 설정하였다. 또한 실제로 교수활동에서 학생들이 자연스럽게 제기할 만한 상황을 설정한 과제이었다. 과제가 학생들의 답안을 평가하는 형식을 취하고 있는데, 실제로 고등학교 1학년 학생들의 답안을 기초로 작성한 과제이다.

3.3 예비교사들의 복소수 개념에 대한 SCK

조사결과 $\sqrt{i}$ 을 허수라고 생각하는 예비교사와 허수가 아닌 새로운 수라고 생각하는 예비교사의 비율이 비슷하였다. $\sqrt{i}$ 을 제곱해서 i가 되는 수로 보았을 때, $\sqrt{i}=\pm\dfrac{1+i}{\sqrt{2}}$,2) 즉 허수라고 답하는 것이 수학적으로 적절하다. 그러나 허수라고 대답한 예비교사 가운데 이러한 설명을 한 예비교사는 5명에 불과하였다.

적절한 답을 한 5명 가운데 한 명은 복소수 가운데 제곱하여 i가 되는 수를 대수적 조작을 통해 찾아내었다. 즉, $\dfrac{\sqrt{2}}{2}+\dfrac{\sqrt{2}}{2}i$의 제곱이 i가 되기 때문에, $\sqrt{i}$ 역시 허수에 해당한다고 설명하였다. 나머지 4명은 고등학교에서 배우지 않는 복소수의 기하학적 해석과 복소평면의 아이디어를 활용하여 $i=e^{\frac{\pi}{2}i}$ 라고 표현하고 $\sqrt{i}$ 역시 허수임을 설명하였다([그림 1]).

[그림 1]은 대학 수학의 내용이 고등학교 수학 내용을 설명하는 데 도움이 될 수 있

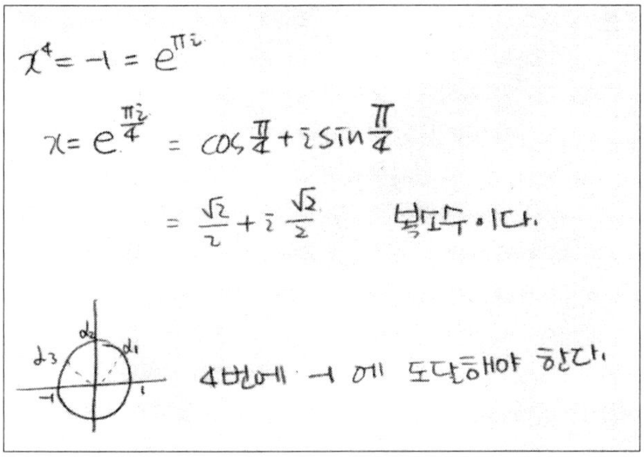

[그림 1] 예비교사의 응답사례 Ⅰ

2) [과제 3]에서 '자신을 제곱해서 i가 되는 수'로서 $\sqrt{i}$ 을 표기하였지만, $\sqrt{i}$ 라는 표기는 수학적으로 잘 정의되었다고 볼 수 없다. 4의 제곱근 가운데 양수를 $\sqrt{2}$, 음수를 $-\sqrt{2}$ 라고 정의할 수 있지만, $\dfrac{1+i}{\sqrt{2}}$, $-\dfrac{1+i}{\sqrt{2}}$ 는 양수, 음수를 결정할 수 없으므로 실수에서의 구분기준은 무의미하다. 따라서 가장 바람직한 반응은 $\sqrt{i}$ 라는 표기에 내재된 수학적 문제를 제기하고, '자신을 제곱해서 i가 되는 수'는 허수라고 답하는 것이다. 또는 $\sqrt{i}$ 를 $i^{\frac{1}{2}}$ 로 해석하고, $\arg i$를 주분지로 제한하여 $i^{\frac{1}{2}}$ 에 $\dfrac{1+i}{\sqrt{2}}$ 만을 대응시킨다는 의미에서 $\sqrt{i}=\dfrac{1+i}{\sqrt{2}}$ 라고 답할 수도 있다.

다는 점에서 예비교사교육에서 대학수학지식의 필요성을 보여주는 사례라고 볼 수 있다. 그러나 대부분의 예비교사가 복소해석학을 배운 상황에서 이러한 설명을 제시하는 예비교사가 단 3명에 불과하다는 사실은 예비교사의 대학수학지식이 학교수학에 대한 이해 즉, SCK를 저절로 보장하는 것이 아니라는 점도 보여준다고 할 수 있다.

예비교사들은 $\sqrt{i}$ 라는 기호를 처음 접하는 경우가 대부분이었고, 실제로 $\sqrt{i}$ 는 수학적으로 모호한 기호로서 제곱해서 i가 되는 복소수를 표시하기 위해서는 $i^{\frac{1}{2}}$ 라고 쓰는 것이 적절하다. 그러나 수업상황에서 학생들이 언제나 수학적으로 명쾌하고 적절한 질문만을 제기하는 것이 아니라는 점에서 그리고 예상치 못한 질문에 대처해야 하는 교수과업을 고려했을 때, 이러한 과제는 예비교사들이 새로운 기호나 문제제기에 어떻게 대처하는가를 살펴보는 기회가 될 수 있다. 실제로 적절하게 대답한 예비교사는 $\sqrt{i}$ 를 $i^{\frac{1}{2}}$ 로 해석하여 답하였다. 근호 안에 양수만 올 수 있다거나 음수가 있는 경우 새롭게 정의해야 하듯이 근호 안에 허수는 들어올 수 없다고 답한 예비교사도 있었으나 이러한 교사의 설명은 학생들의 상상력을 제한하는 결과를 초래할 수 있다.

이들 5명을 제외한 나머지 70명 즉, $\sqrt{i}$ 을 허수라고 한 예비교사나 허수가 아닌 새로운 수라고 한 예비교사 대부분은 복소수의 대수적 구조를 고려하지 않고 평소 허수와 복소수에 대해 가지고 있는 직관적인 지식이나 감정에 기반하여 답을 하였다.

$\sqrt{i}$ 을 허수라고 한 예비교사의 상당수는 '실수가 아닌 수는 모두 허수에 해당한다.'는 점을 근거로 내세우고 있다. 예비교사의 허수 판단 기준이 '실제로 존재하지 않는 수', '불가능한 수', 심지어 'i가 포함된 수'에 머물고 있다고 볼 수 있다 ([그림 2]).

복소수의 역사에서 '불가능한 수'가 수학적 대상으로 인정받게 된 것은 '불가능'을 상대적으로 볼 수 있었기 때문이다. 양(量)으로서의 실수의 성질에서 보았을 때는 허수를 수로 인정하는 것이 불가능했지만, 대수적 연산의 입장에서는 실수와 동일하게 가능한 수가 허수이다. 따라서 '실수가 아닌 모든 수'를 허수로 규정하게 되면, 허수의 수학적 특성을 더 이상 고려할 기회를 잃게 되는 것이다. 허수에 부정의 의미만을 부여함으로서 허수가 수학적 정당성을 얻기까지 매우 오랜 세월이 필요했음을 잊지 말아야 한다. 수학적으로 실수가 아니지만 체를 이루는 수 체계는 복소수가 유일하다. 단지 실수가 아닌 수를 허수라고 하면 사원수나 그 이상의 수와 복소수의 구분을 무

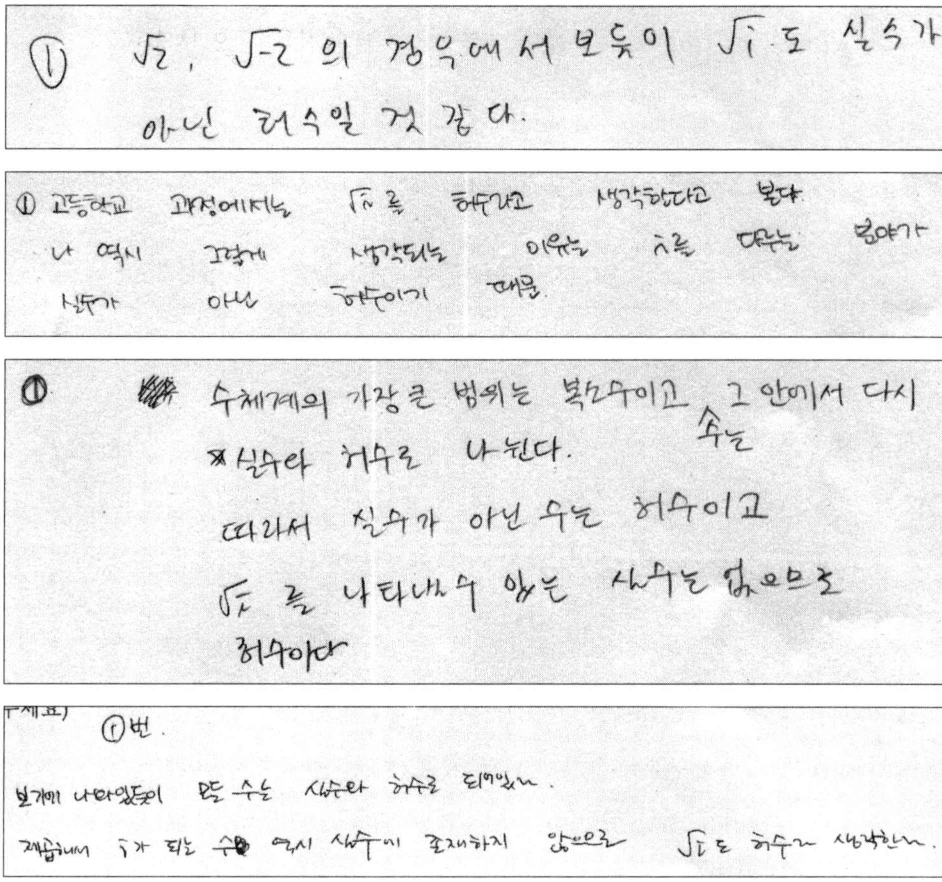

[그림 2] 예비교사의 응답사례 II

시하는 것이다. 또한 복소수의 대수적 능력을 무시하는 일이다.

$\sqrt{i}$가 허수라는 근거로서 복소수가 곱셈 연산에 닫혀있다는 대수적 성질을 언급하는 예비교사가 많았다. 자연수 역시 곱셈 연산에 닫혀 있지만 $\sqrt{2}$는 물론 $\frac{1}{2}$과 같이 대수적으로 완벽하지 못하듯이, 대부분의 예비교사들은 수체계가 연산에 대해 닫혀있다는 것과 그 체계가 대수적 완비성을 지닌다는 것의 차이를 인식하지 못하고 있었다. 이러한 차이는 복소수와 실수의 대수적 구조를 정확하게 이해하지 못한다는 것을 보여준다([그림 3]).

$i \times i = -1$이라는 점에서 '(허수)×(허수)=허수' 역시 틀리지만, 원래의 의도가 '(복소수)×(복소수)=복소수' 였다고 하더라도, 이러한 복소수의 곱셈에 대한 닫혀있음이 복소수의 제곱근이 복소수라는 점을 보장할 수는 없다. 유리수의 경우가 대표적이다.

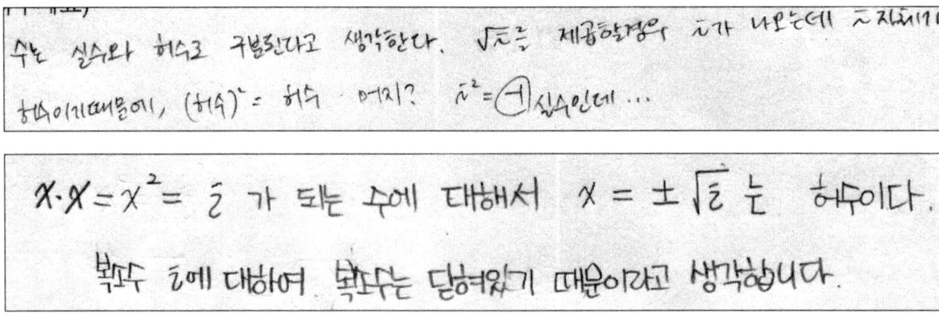

[그림 3] 예비교사의 응답사례 Ⅲ

'유리수×유리수=유리수' 이지만 유리수 2의 제곱근은 유리수가 아니다. 예비교사 가운데 대수학지식을 활용하여 '복소수는 체이기 때문에 $\sqrt{i}$ 역시 복소수이다.'라고 답하는 경우가 많았다([그림 3])는 점은 대학수학지식이 SCK를 보장하지 않는다는 점을 다시 한 번 보여준다.

$\sqrt{i}$을 허수가 아닌 새로운 수라고 오답을 말한 것도 문제이지만 그에 대한 예비교사의 설명이 더 심각한 문제이다. 예비교사들이 $\sqrt{i}$을 허수가 아니라고 답한 근거는 대부분 이 수에 대해 아는 것이 없다는 데 있다. 처음 접하는 기호이고 이를 더 이상 다룰 수 있는 방법이 없어서 허수도 실수도 아닌 새로운 수라고 설명하고 있다. 특히, 유리수에 근호를 붙여 무리수($\sqrt{2}$)가 되고 음수에 근호를 붙여 허수($\sqrt{-1}$)가 등장했듯이, 허수에 근호를 붙인 수는 새로운 수가 된다는 설명이 많았다([그림 4]). 이러한 설명은 $\sqrt{i}$ 를 새로운 수로 받아들이면, $\sqrt{\sqrt{i}}, \sqrt{\sqrt{\sqrt{i}}}$ 등을 또 새로운 수로 받아들여야 하므로, 이들을 모두 허수라고 불러야 한다는 설명과 함께 예비교사들이 제곱근을 대수적으로 조작하는 데 매우 어려워함을 보여주는 사례라고 볼 수 있다. 몇몇 예비교사들은 허수를 제곱한 값이 음수가 되는 수로 이해하고 있었다. 순허수에 대한 정의를 허수에 대한 정의로 잘못 알고 있는 경우가 많았다.

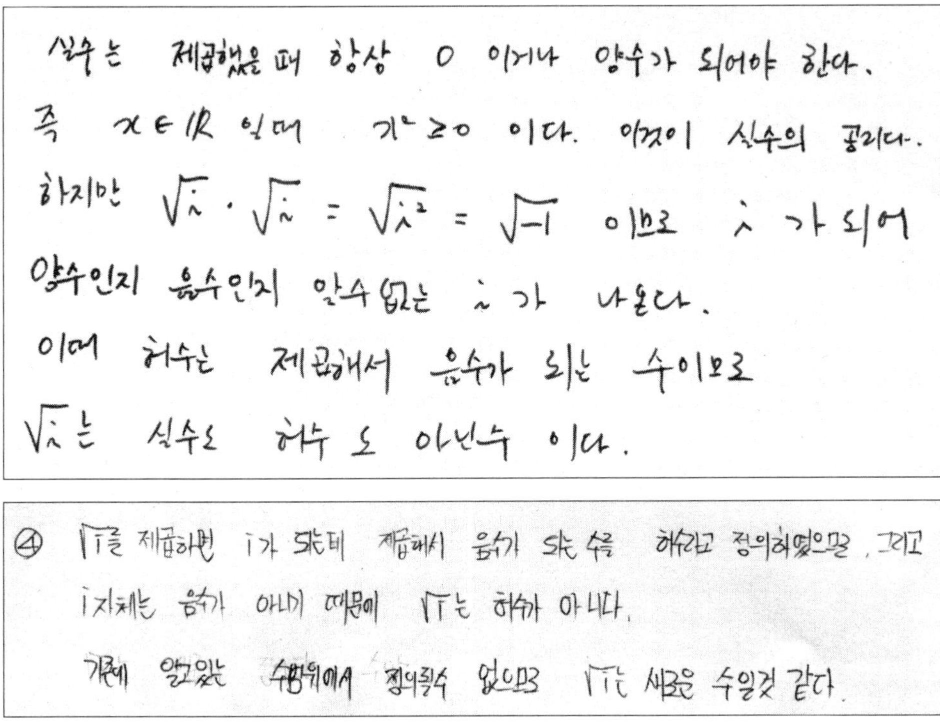

[그림 4] 예비교사의 응답사례 Ⅳ

4. 논의 및 시사점

앞서 살펴보았듯이, 예비교사들은 복소수가 대수적 완비성을 갖추었다는 점을 거의 의식하지 못하고 있다고 볼 수 있다. 정확히 말하자면, [과제]가 복소수의 대수적 완비성을 배경지식으로 삼고 있음을 감지하지 못했다고 보는 것이 적절할 것이다. 또한 이 결과는 예비교사의 대수학 및 복소해석학 지식과 SCK 사이에 밀접한 관계가 있지만 그러한 관계가 저절로 형성되는 것이 아님을 보여준다. 그러한 관계는 가르치는 활동에 종사하는 교사만이 관심을 가지고 적극적으로 추구해야 할 지식에 해당한다고 볼 수 있다. 학교 교육과정에서 유리수가 아닌 유리수 제곱근, 실수가 아닌 음수의 제곱근으로 인해 무리수 또는 허수 도입의 필요성을 언급하고 있으므로, 이러한 학습과정에서 허수의 제곱근에 대한 질문이 자연스럽게 제기될 수 있다. 지금까지 학생들이 제곱근을 찾기 위해 수를 확장해 온 수학적 활동이 의미가 있는 것이라면, 복소수가 그러한 활동의 완성에 해당된다는 것은 중요한 의미를 지니는 일이다. 교과서에서는 이러한 점을 명시적으로 다루지 않고 복소수의 사칙연산이 실수의 기본성질을 모두 만족한다는 점만을 보여주고 있지만, 교사는 그 이면에 있는 복소수의 대수적 완비성을 이해할 필요가 있다.

본 장에서는 $\sqrt{i}$ 가 복소수인가 아니면 새로운 수인가에 대해 판단할 수 있고 그 근거를 수학적으로 정당화하는 지식을 수학교사의 복소수에 대한 SCK로 규정하였다. $\sqrt{i}$ 는 고등학교 교육과정에 포함된 내용이 아니므로 고등학생이 알아야 하는 지식은 아니다. 그러나 수 체계의 확장 과정을 고려했을 때, 이러한 수에 대한 질문이 제기될 수 있다는 점에서 수학교사에게는 필요한 지식이라고 볼 수 있다. 학생이 이러한 질문이나 문제의식이 없는 상황에서 수학교사는 이와 같은 SCK를 활용할 기회는 없다고 볼 수 있다. 따라서 일상적인 수업에서 SCK를 갖춘 교사와 그렇지 않은 교사 사이의 차이를 보기는 쉽지 않다. 그러나 $\sqrt{i}$ 가 문제가 되는 돌발 상황에서는 그 차이가 명확하게 드러날 수 있다. 앞서 살펴보았듯이, 복소수에 대한 SCK가 없는 교사는 실수가 아닌 수로서 허수라는 직관적인 관점에서 $\sqrt{i}$ 를 허수 또는 새로운 수라고 답하고 더 이상의 논의를 진전시키지 않을 것이다. 이는 학생에게서 수학적 탐구의 기회를 박탈하고 허수와 복소수에 대한 잘못된 인식을 심어줄 위험이 있다. 이처럼 SCK는 그것이 활성화되는 적절한 상황에 마주했을 때 그 의미가 드러나는 특성이 있기 때문에, 단순히 수학지식의 축적만으로 수학교사의 SCK를 보장할 수 없다. 즉, 수학수업 상황에서 일어날 수 있는 다양한 가능성을 고려할 때, SCK를 확인할 수 있다. 따라서 교사교육 과정에서 SCK를 지도하는 효과적인 방법은 수학교사에게 익숙한 상황을 새로운 관점에서 볼 수 있는 기회를 제공하는 일이다. 즉, 익숙한 지식에 대해 낯선 질문을 던지는 과정에서 수학교사에게 필요한 SCK를 확인할 수 있을 것이다.

참 | 고 | 문 | 헌

Reference

강영란, 조정수, 김진환 (2012). 분수 나눗셈의 문장제에 대한 초등 교사들의 전문화된 내용지식(SCK) 분석. 한국수학교육학회 수학교육 논문집, 26(3), 301-316.

윤현경, 권오남 (2011). 예비교사와 현직교사의 벡터 개념에 대한 이해-MKT 중심으로. 학교수학, 13(4), 615-632.

김해규 (2012). 수학 문제해결과정에서 보이는 초등교사의 직관 수준에 관한 연구. 학교수학, 14(4), 579-598.

Ball, D. L., & Bass, H. (2000). Interweaving content and pedagogy in teaching and learning to teach: Knowing and using mathematics. In J. Boaler(Ed.), *Multiple perspectives on the teaching and learning of mathematics* (pp. 83-104). Westport, CT: Ablex.

Ball, D. L., & Bass, H. (2003). Toward a practice-based theory of mathematical knowledge for teaching. In B. Davis & E. Simmt(Eds.), *Proceedings of the 2002 annual meeting of the Canadian Mathematics Education Study Group* (pp. 3-14). Edmonton, Alberta, Canada: Canadian Mathematics Education Study Group (Groupe Canadien d'étude en didactique des mathématiques).

Ball, D. L., Hoover T. M., & Phelps, G. (2008). Content knowledge for teaching: What makes it special? *Journal of Teacher Education*, 59(5), 389–407.

Conference Board of the Mathematical Sciences. (2012). *The mathematical education of teachers II*. Providence RI and Washington DC: American Mathematical Society and Mathematical Association of America.

Flores, E., Escudero, D. I., & Carrillo, J. (2012). *A theoretical review of specialised content knowledge*. Manuscript submitted for publication (CERME 8).

Hill, H., Schilling, S., & Ball, D. L. (2004). Developing measures of teachers' mathematics knowledge for teaching. *The Elementary School Journal*, *105*(1), 11-30.

Hill, H., Rowan, B., & Ball, D. L. (2005). Effects of teachers mathematical knowledge for teaching on student achievement. *American Educational Research Journal, 42*(2), 371-406.

Hill, H., Ball, D. L., & Schilling, S. (2008). Unpacking pedagogical content knowledge: Conceptualizing and measuring teachers topic-specific knowledge of students. *Journal for Research in Mathematics Education, 39*(4), 372-400.

Herbst, P., & Kosko, K. (2014). Mathematical knowledge for teaching and its specificity to high school geometry instruction. In, J. J. Lo, K. R. Leatham, & L. R. Van Zoest(Eds.), *Research trends in mathematics teacher education* (pp. 23-46). New York: Springer.

Howell, H. E. (2012). *Characterizing mathematical knowledge for secondary teaching: A case from high school algebra*. Unpublished Doctoral Dissertation, New York University.

Suzuka, K., Sleep, L., Ball, D. L., Bass, H., Lewis, J. M., & Thames, M. H. (2009). Designing and using tasks to teach mathematical knowledge for teaching. In D. S. Mewborn & H. S. Lee(Eds.), *AMTE Monograph Series, 6: Scholarly practices and inquiry in the preparation of mathematics teachers*, (pp. 7-24). San Diego, California: Association of Mathematics Teacher Educators.

Thames, M. H. (2009). *Coordinating mathematical and pedagogical perspectives in practice-based and discipline-grounded approaches to studying mathematical knowledge for teaching* (K-8). Unpublished Doctoral Dissertation, University of Michigan.

제 8 장

교과 내용과 학생에 대한 지식

조성민(한국교육과정평가원), 황혜정(조선대학교)

1. 서론

교사가 학습자에 대하여 어떻게 이해하고 있는지는 수학 내용을 어떤 교수학습 모델에 따라, 어떤 예를 활용하여, 어떻게 설명할 것인지를 결정하는데 영향을 주는 기본적인 요인이라는 점에서 학생에 대한 지식은 교수학적 내용 지식(Pedagogical Content Knowledge; 이하 PCK)의 연구(Marks, 1990; Cochran et al., 1993; Fernàndez-Balboa et al., 1995; Speer et al., 2005; Hill et al., 2008; Drake et al., 2014)에서 중요하게 다루어지고 있다. 특히 수학 교수학습 상황에서 학생 개개인이 학습할 내용을 어떤 방식으로 이해하고, 어떤 동기와 태도를 가지고 있느냐와 더불어 기존에 가지고 있던 사전개념(preconception)과 오개념(misconception)이 어떻게 형성되어 있느냐는 교수학습에 많은 영향을 준다는 점에서 학생에 대한 지식은 학습을 쉽게 혹은 어렵게 만드는 주요 요인으로 작용한다(Shulman, 1986; 황혜정, 2010).

Ball 외(2008)는 Shulman의 PCK를 수학교육의 관점에서 재조명하면서 Mathematical

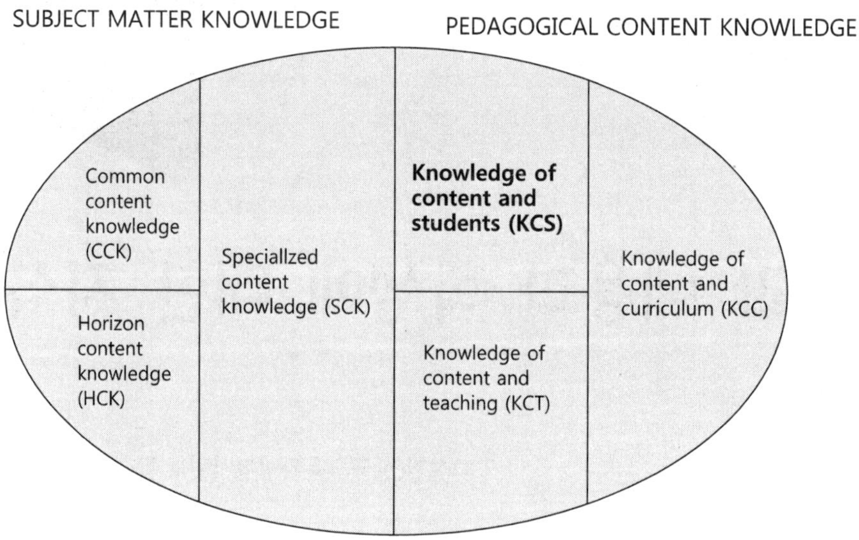

[그림 1] 수학 내용 지식의 영역들(Ball et al., 2008, p. 403)

Knowledge for Teaching(이하 MKT)을 교과 내용 지식(Subject Matter Knowledge; 이하 SMK*m*)과 교수학적 내용 지식(Pedagogical Content Knowledge; 이하 PCK*m*[1]) 으로 구분하고 교과 내용과 학생에 대한 지식(Knowledge of Content and Students; 이하 KCS), 교과 내용과 교수에 대한 지식(Knowledge of Content and Teaching), 교과 내용과 교육과정에 대한 지식(Knowledge of Content and Curriculum)을 교수학적 내용 지식(PCK*m*)의 하위 영역으로 설정하였다. 본 장에서는 MKT에 대한 선행 연구(Ball et al, 2005; Ball et al., 2008; Hill et al., 2008; Thames et al., 2010)를 정리하여 KCS의 의미를 좀 더 명료하게 하고, 교사의 지식을 측정하고 분석한 연구와 KCS의 연구에서 중요한 요인으로 꼽히는 학습자의 오개념과 오류 관련 연구에 대하여 살펴보고자 한다.

1) 본 장에서는 Shulman의 PCK와 구분하기 위하여 Ball 외(2008)가 제안한 SMK는 SMK*m*, PCK는 PCK*m*으로 나타낸다.

2. 교과 내용과 학생에 대한 지식의 이해

MKT를 교과 내용 지식(SMK*m*)과 교수학적 내용 지식(PCK*m*)으로 구분할 때, KCS는 교수학적 내용 지식(PCK*m*)에 포함된다. 교과 내용 지식(SMK*m*)에 해당하는 교과공통 내용 지식(Common Content Knowledge), 전문화된 내용 지식(Specialized Content Knowledge), 수학적 식견으로서의 내용 지식(Horizon Content Knowledge)는 학생이나 가르치는 것에 대한 지식이 중요하게 간주되지 않는 영역인 반면, 교수학적 내용 지식(PCK*m*)은 교사에게는 수학 내용에 대한 지식만으로 충분하지 않음을 보여주는 영역이다. 특히 KCS는 수학 내용에 대하여 학생이 무엇을 알고 있고 새로운 내용을 어떻게 배워 가는지에 대한 지식으로, 같은 수학 개념도 학생에 따라 지도 방법이 달라져야 함을 보여준다. 또한 KCS는 교사의 수학적 지식과 학생에 대한 지식을 결합시킨 것으로, 수학 개념의 본질적인 측면을 훼손하지 않은 채 학생이 갖고 있는 사전개념과 오개념, 학생의 반응을 고려하면서 교수·학습 상황에서 적절히 됨으로써 표출된다(Ball et al, 2005; Ball et al., 2008; Hill et al., 2008).

이상에서 언급한 바와 같이, KCS는 교사가 가지고 있는 다양한 지식의 영향을 받는다. 또한 교과 내용 지식을 풍부히 갖고 있는 교사라도 학생이 수학 내용을 어떻게 배우는지에 대한 지식은 충분하지 않을 수 있다는 점에서 KCS는 교과 내용 지식(SMK*m*)과 구분되고, 학생이 수학적 사고를 어떻게 만들어가고 자신의 오개념이나 오류를 어떻게 고쳐나가는지에 대한 지식이 중요하다는 점에서 교과 내용과 교수에 대한 지식과 차별화되며, 어느 단계에 어떤 수학 내용을 가르쳐야 하는지에 대한 지식보다 연령대별로 학생들이 수학 내용을 어떻게 이해하는지에 초점을 둔다는 점에서 교과 내용과 교육과정에 대한 지식과도 구분된다(Hill et al., 2008).

KCS가 풍부한 교사의 특징은 다음과 같이 크게 세 가지로 설명할 수 있다.

첫째, KCS를 가진 교사는 수업에서 가르치고자 하는 수학 내용에 대하여 자신이 가지고 있는 지식 뿐 아니라 학생들이 어떻게 사고하고 문제를 해결해 나가는지에 대한 지식을 활용한다. 특히 학생들 사이의 수준 차이가 큰 수학수업의 경우, 교사는 '학생들의 생각과 마음을 읽어' 학생들이 관심을 갖고 사고를 키워나갈 수 있는 방식을 고안하게 된다(황혜정, 2010).

이를 위해 교사는 학생의 사고 발달 과정을 경험할 수 있는 다양한 추론 과정에 참여하거나(Hill et al., 2008), '학생들이 수업 중에 무엇을 하는가?'를 고민하면서 학생의 질문과 반응을 예상하거나, 학생들의 비형식적 절차를 분석하여 학생에 대한 교사의 지식을 확장할 수 있는 기회를 가져야 한다(권성룡, 2015). 또한 수업평가의 요소로서, '학습자 이해 지식'으로 다루어지는 '학습자 수준', '학습자 오개념', '학습 동기', '수학적 태도', '학습 방법' 등에 관한 내용이나(황혜정, 2010), 초등학교 학생을 대상으로 등호(=)를 어떻게 이해하고 있는지를 조사한 연구(최창우, 2001), 초등학생의 등호개념의 발달 정도를 알아보기 위해 3학년과 6학년 학생들의 문제풀이 전략 유형을 분석한 연구(강명희, 2010), 문자식을 포함한 대수 증명에 대한 중학교 3학년 학생들의 사고 특성을 분석한 연구(장혜원 외, 2014), 상관관계에 대한 고등학교 학생들의 이해도를 조사한 연구(노아라 외, 2013) 등과 같이 수학 내용에 대한 학생들의 사고 특성에 관심을 기울이게 된다.

둘째, KCS를 가진 교사는 수학 내용을 가르치면서 교과서의 형식적인 설명이나 표현을 그대로 옮기기보다 교과서에 제시되어 있지 않은 사례를 적절히 활용한다. 수업에서 가르쳐야 하는 수학 내용은 명료한 반면, 어떤 교구를 활용하여 학생들과 어떻게 상호작용하며 수업을 어떻게 진행할 것인가에 대한 내용은 어떤 교육과정이나 어떤 교과서에도 명확하게 제시되지 않기 때문이다(Thames et al., 2010).

예를 들어, 10진법을 활용한 계산법(near-ten strategy)을 지도하는 초등학교 2학년 수업에서, 많은 교사들은 교과서에 제시되지 않은 [그림 2]와 같은 카드판을 사용하여 10의 배수에서 1을 더하거나 빼는 것과 같은 활동을 한다. 또한 수업 중에 나타나는 학생의 반응을 살펴 학습이 좀 더 유기적으로 연결될 수 있도록 계획했던 활동을 조정하기도 한다(Thames et al., 2010). 이와 같은 구체적인 실행의 모습은 수업을 진행하는 교사의 몫으로, 학생에 대하여 잘 알고 있는 교사가 학생의 반응을 살피면서 과제를 재구성하고 수업을 유연하게 진행하였을 때 학생들은 수학 내용을 가장 잘 이해하게 된다.

셋째, KCS를 가진 교사는 학생의 오답을 분석하고 그에 대한 지도 방안을 모색한다. 예를 들어, [그림 3]의 45×23을 계산하는 과정에서 90의 자리를 잘못 쓴 오답

1	2	3	4	5	6	7	8	9	10
11	12	13	14	15	16	17	18	19	20
21	22	23	24	25	26	27	28	29	30
31	32	33	34	35	36	37	38	39	40
41	42	43	44	45	46	47	48	49	50
51	52	53	54	55	56	57	58	59	60
61	62	63	64	65	66	67	68	69	70
71	72	73	74	75	76	77	78	79	80
81	82	83	84	85	86	87	88	89	90
91	92	93	94	95	96	97	98	99	100

[그림 2] 교사가 수업 중 활용하는 카드판(Thames et al. 2010, p. 222)

①이나 일의 자리 수와의 곱(6×7)의 결과를 받아올림하지 않은 채 십의 자리 수와의 곱(1×7)의 결과에 이어서 쓴 오답②와 같은 경우는 윤희태(2002)의 연구 결과에서 보듯이 비교적 간단하게 오답의 원인을 파악할 수 있다. 그러나 계산 과정과 이유를 명확히 예측하기 어려운 경우도 다양하게 존재한다. 오답③은 일의 자리 수를 곱하여 (5×5) 받아올림해야 하는 수(2)를 십의 자리 수(3)에 더하여 5를 만든 후 이를 일의 자리 수 5와 곱하고, 두 번째 줄에서도 십의 자리 수(2)와 5를 곱하고 받아올림해야 하는 수(1)를 십의 자리 수(3)에 더하여 4를 만든 후 이를 2에 곱한 것(Ball et al., 2005)으로 생각되지만 이는 추정일 뿐 그 원인과 지도 방안을 찾기 위해서는 좀 더 심층적인 분석이 필요하다. 학생들에게 모든 문제에 대한 풀이 과정을 매번 상세히 들을 수 있다면, 오답이나 오류의 원인을 보다 정확하게 찾을 수 있고 적절한 지도 방안

오답①	오답②	오답③
45	16	35
× 23	× 17	× 25
135	742	255
90	16	80
225	902	1055

[그림 3] 두 자리 수의 곱셈에서 나타나는 오답 유형

을 모색하는 데 도움을 받을 수도 있다. 그러나 현실적으로 오류를 보이는 모든 학생에게 이유를 듣는 것은 불가능하고, 학생도 자신의 생각을 논리적으로 설명하는 데 한계가 있다. 따라서 교사가 많은 학생들에게서 반복적으로 나타나는 오답이나 오류를 찾아 적절한 교수·학습 방법을 활용한다면 오류나 오개념의 발생을 사전에 막을 수 있다. 교사가 [그림 3]의 오답①의 원인과 대처 방안을 알고 있다면, 두 자리 수의 곱셈을 지도하면서 90을 쓰는 위치를 한 번 더 강조하게 되고, 학생들도 역시 두 자리 수의 곱셈 시 곱한 결과의 자리값에 좀 더 주의를 기울이게 된다.

지금까지 살펴본 바와 같이 아직 학문적으로 체계화되지는 않았지만 교사는 여러 가지 경험을 통해 KCS를 갖게 되는 것으로 간주되고 있다(Hill et al., 2008). 특히 초임교사에 비해 교직 경력이 많아질수록 KCS가 많아졌다는 연구 결과(박계희, 2009)는 KCS가 교직 경험을 통해 자연스럽게 늘어간다는 의미로 볼 수도 있지만, 한편으로 학생에 대한 지식과 관련하여 교사 교육에서 좀 더 집중적인 관심을 기울임으로써 이의 향상을 촉진시킬 수도 있음을 시사하는 것이라 할 수 있다. 따라서 KCS를 구성하는 요소를 명료하게 하고 이를 향상시킬 수 있는 방안을 좀 더 적극적으로 모색해야 할 것이다.

3. 교과 내용과 학생에 대한 지식의 측정

교사 지식은 교사의 수업과 학생의 학업성취도에 영향을 준다(Hill et al., 2005). 이에 따라 교사 지식을 개념화하고 그 수준과 정도를 측정하려는 연구에 대한 관심이 커지고 있다. 본 절에서는 KCS를 측정하는 연구의 기반이 된 Hill 외(2008)의 연구를 소개하고, 최근 우리나라에서도 다양하게 진행되고 있는 여러 가지 수학 개념에 관한 교사 지식의 측정과 분석 관련 연구를 살펴보고자 한다.

Hill 외(2008)는 교사의 KCS를 측정할 수 있는 문항을 다음과 같이 네 가지로 구분하였다.

- 일반적인 학생의 오류: 학생들에게서 나타나는 오류를 알고, 구분하고, 오류에 대하여 설명할 수 있다.
- 수학 내용에 대한 학생의 이해: 학생이 작성한 답지 등에 나타난 결과를 보고 학생의 이해 정도를 판단할 수 있다.
- 인지 발달 과정: 연령별로 쉽거나 혹은 어려운 문제의 유형, 주제, 활동이 무엇인지 알고 있다.
- 계산 전략: 학생들이 사용하는 알고리즘을 이용한 계산 전략에 친숙하다.

Hill 외(2008)는 이와 같은 유형을 바탕으로 교사의 KCS를 측정할 수 있는 예시 문항을 [그림 4]와 같이 개발하고 요인분석 등을 통하여 이와 같은 문항이 내용 지식에 관한 문항과 차별화된 요인을 측정하고 있음을 밝혔다.

우리나라에서도 교사 지식을 측정하기 위한 연구가 소개되고 있다. 선행연구에서 개발한 문항을 수정, 보완하여, KCS를 측정하는 연구들이 그 중 한 가지이다. Ball 외(2008)[2]가 제작한 문항이 신뢰도, 타당도, 상관분석, 요인분석 등이 시행되었음을 감안하여 이를 수정한 후 함수 영역에 관련된 내용으로 구성된 교사의 MKT 측정을 위한 문항을 개발하였다. 문진수 외(2015)는 KCS를 묻는 문항을 1개 제시하였는데 교과서별로 다르게 제시한 연속에 대한 정의의 차이로 인해 일어날 수 있는 문제점을 묻는 문항이었다. 박계희(2009)도 교사의 무리수와 실수에 대한 수학 내용 지식을 측정하는 문항을 개발하였다. 박계희(2009)는 '무리수의 대소 비교', '제곱근의 계산(곱셈, 나눗셈)', '제곱근의 개념'과 관련하여 학생들이 어떻게 풀었을지, 학생들에게서 나타나는 오류는 구분할 수 있는지, 학생의 이해 정도를 묻기에 적절한 질문은 무엇인지를 묻는 문항을 제시하였다.

---

2) Ball, D. L., Hill, H. C., Rowan, B., & Schilling, S. (2002). Measuring teachers' content knowledge for teaching: Elementary mathematics release items, 2002. Ann Arbor Michigan: Study of Instructional Improvement.

1. 23까지의 수 세기를 한 학생이 23에서 3이 나타내는 값을 3으로, 2가 나타내는 값을 2로 답하였다. 이 학생의 문제점은 무엇인가? (한 개만 고르시오.)
① 23이 얼만큼 큰 값인지를 모른다.
② 2와 20이 같은 수라고 생각한다.
③ 자리값의 의미를 이해하지 못하고 있다.
④ 위의 세 가지 모두 해당한다.

2. 다음 중 같은 종류의 오류는 무엇인가?

(Ⅰ)	(Ⅱ)	(Ⅲ)
1	1	1
38	45	32
49	37	14
+65	+29	+19
142	101	64

① Ⅰ, Ⅱ
② Ⅰ, Ⅲ
③ Ⅱ, Ⅲ
④ Ⅰ, Ⅱ, Ⅲ

3. 다음 중 소수를 크기 순서대로 정확히 나열하는지 알아보는 문제로 가장 적절한 것은 무엇인가? (한 개만 고르시오.)
① 0.5　7　0.01　11.4
② 0.60　2.53　3.14　0.45
③ 0.6　4.25　0.565　2.5
④ 모두 적절함

4. 뺄셈 문제에 대한 어느 학생의 답이다. 답이 나오게 된 이유는 무엇인가?

$$\begin{array}{r} 51 \\ -18 \\ \hline 47 \end{array}$$

[그림 4] 특정 수학 내용과 관련된 학습자에 대한 지식을 평가하기 위한 문항의 일부
(Hill et al., 2008, p.400)

권민성 외(2009)는 미시건 대학교(University of Michigan)의 Learning Mathematics for Teaching(LMT) 프로젝트에서 개발한 MKT 측정을 위한 문항 중 '수와 연산' 영역의 검사도구를 활용하여 교육경력 3년 이상인 우리나라 초등학교 교사를 대상으로 MKT를 측정하고 미국 교사의 MKT를 측정한 결과와 비교, 분석하였다. 분석 결과, 학생들이 수학 개념을 이해하고 있는지 정도를 평가하거나 학생들이 어려움을 느끼는 정도에 따라 문제를 배열하는 문항의 경우 미국 교사들이 상대적으로 쉽게 생각한 반면, 학생들의 전형적인 오류를 이해하는 것과 관련된 문항에서는 우리나라 수학교사들이 상대적으로 쉽게 생각하였다.

선행연구에서 사용했던 문제는 신뢰성과 타당도 검증을 거쳤다는 점에서 의미가 있으나, 이를 활용하여 우리나라 교사들의 지식을 측정하는 것에는 한계가 있다. 우리나라 수학교사의 KCS를 평가하기 위해서는 학생의 전형적인 오개념이나 오류의 원인을 묻는 문항보다 학생들이 수학 개념을 충분히 이해하고 있는지를 묻는 문항이 더 적절하였고, 교사들도 학생들의 사고 과정 및 문제해결 방법에 대한 지식을 더 필요로 하는 경향이 나타났다(권민성 외, 2009). 따라서 우리나라의 상황을 반영한 교사 지식 측정 도구 개발의 필요성은 계속 커져갔다(송근영 외, 2013). 이에 신보미 외(2015)는 고등학교 1학년 학생을 대상으로 '모든', '어떤'이 있는 명제에 대해 학생들이 보이는 이해의 특징을 분석하고 전형적인 오류나 오개념의 양상을 탐색한 연구 결과를 교사의 KCS를 측정하기 위한 검사에 제시하여 가장 많이 나온 답변을 추측해보는 문항으로 구성하였다. 또한 전미현 외(2015)는 KCS를 측정하기 위하여 수업에서 활용하는 모델이 갖는 한계점과 개선방안, 학생들이 어려워하는 용어와 그에 대한 설명 방법, 수업 중 제시되는 과제(task)를 통해 학생들에게 기대할 수 있는 효과, 평가 문항에 대한 학생들의 답안지의 수준을 판단하고 비교 분석 방안, 학생들의 오개념 등을 묻는 문항을 개발하였다.

KCS를 측정하기 위해서는 교사가 학생의 사고에 대하여 얼마나 알고 있는지를 조사할 필요가 있는데, 이는 교사 자신이 수학 내용을 알고 문제를 풀 수 있는 것만으로 충분하지 않기 때문이다(Ball et al., 2005). 교사는 학생들이 개념에 대해서 이해하고 사고를 성장시켜나갈 수 있도록 학생들이 현재 가지고 있는 지식, 학생들의 사고 특성에 대하여 이해하고 있어야 한다(Carpenter et al, 1989). 또한 학생들의 사고 특성에 대한 이해를 바탕으로 수업을 진행하여야 학생들에게 보다 의미 있는 수업이 될 수 있으며 수학 내용에 대한 학생들의 이해도가 향상될 것이다(김두정, 2006).

이때 학생들이 가지고 있는 수학 내용에 대한 오개념과 오류는 교사에게 많은 시사점을 주며, 수업을 계획하고 실행하는 단계에서 중요하게 고려되어야 하는 부분이다. 따라서 학생들의 오개념과 오류에 대하여 교사가 가지고 있는 지식은 KCS에서 중요하게 다루어져야 할 것이다.

4. 학생들의 오개념과 오류에 대한 교사의 지식

학생들이 수학을 배울 때 반드시 교사가 의도한 대로 학습하지만은 않는다. 학생들은 수업을 받기 전에 이미 이전의 경험을 바탕으로 수학적 대상에 대한 사전개념을 가지고 있고, 이는 학습에 직간적접으로 영향을 준다. 특히, 학습은 교사의 설명과 지도를 통해 이뤄지기 보다 학생 스스로 구성해 가는 것이라는 구성주의적 관점에 따르면, 교사와의 학습 이전에 학생들 스스로 학습 경험 또는 지식을 만들어 그들의 인지구조 속에 내면화 시키거나 제한된 영역에서만 성립하는 그릇된 개념을 형성할 수 있다. 이러한 오개념 또는 오류는 교수·학습 과정 및 결과에 중요한 영향을 미치므로 교사는 학생들의 개념적 이해를 확대하고 사고를 발달시키기 위해서 일반적인 오개념이나 오류가 발생하는 곳을 예측하고 이를 적절히 교정할 수 있어야 한다.

특히 사전개념을 오개념이나 오류로 가지고 있는 학생의 경우, 오개념이나 오류임을 인식하고 이를 개선하는 계기를 교사가 제공할 수 있어야 한다. 즉, 교사는 학생들을 오개념으로부터 수정된 사고로 이끌어내고, 오개념을 포기하는 과정에서 경험하게 될 어려움을 예측하고 대응책에 대한 지식을 가지고 있어야 한다. 학생들이 학습할 내용에 대하여 어떤 오개념을 가지고 있는지, 어떤 개념을 학습하는데 어려움을 느끼는지에 대하여 교사가 얼마나 인식하고 있느냐는 수학 학습에서 학생들이 직면하게 될 어려움에 대한 정보를 주는 동시에, 심화확장된 내용의 지도에 있어서 학생들의 수학적 발견과 탐구의 출발점이 될 수 있기 때문이다. 이를 위해 교사는 학생들이 가지는 오개념이나 오류에 지속적으로 관심을 기울이고 교육과정·학교급·대상 학년이 변함에 따라 다양하게 나타날 수 있는 오개념이나 오류에 대한 지식을 쌓아가야 한다.

오개념과 오류에 관한 연구는 학교급별, 수학 내용별로 다양하게 진행되어왔다. 최지선(2003)은 국내외 문헌분석을 통해 학교수학에서 중심적인 부분을 차지하는 수, 대수, 기하, 집합, 함수, 극한, 확률 등의 영역에서 오개념이 있음을 확인하였다. 특히 학생들의 오개념을 분석하여 수학 개념이 직관적 특성이 강하거나 학생이 논리적 조작이 익숙하지 못한 경우에 오개념이 나타난다는 결과를 제시하였다. 한편 교사의 잘못된 설명이나 개념에 대한 분석적인 제시 순서, 제한된 학습 경험은 학생들로 하여금 과대 일반화를 유발하여 오개념의 형성을 촉발하기도 한다. 교사가 수학 개념에 따라 나타날 수 있는 정의 방식의 차이를 세심하게 다루지 않을 경우, 이는 학생들에게 오개념으로 나타날 수도 있는 것이다. 문진수 외(2015)는 이러한 점에 주목하여 KCS를 측정하면서 교과서에 따라 수학 개념에 대한 정의에서 차이가 있음을 활용하여 교사가 정의 방식에 따라 발생할 수 있는 오개념이나 오류를 이해하고 있는지를 조사하였다. 이를 구체적으로 살펴보면 다음과 같다.

2007 개정 수학과 교육과정이 적용된 고등학교 '수학Ⅱ' 과목의 경우, 한 점에서 연속에 대한 정의와 연속함수에 대한 정의가 교과서에 따라 차이가 있다. 계승혁 외(2010)에서는 '정의역이 구간이 아닌 함수에 대해서는 연속과 불연속을 생각하지 않는다(p.84)'라고 설명하면서 연속함수와 관련된 내용을 다음과 같이 제시하였다.

> 정의역이 구간인 함수 $y=f(x)$가 정의역의 모든 점 $x=a$에서 연속일 때 이 함수를 연속함수라고 한다 …(중략)… 다항함수와 유리함수는 함수가 정의되어 있는 구간에서 연속이다. 함수 $y=\frac{1}{x}$은 구간 $(0, \infty)$와 구간 $(-\infty, 0)$에서 각각 연속이다(계승혁 외, 2010, p. 84).

반면에 황선욱 외(2010)는 '어떤 구간에서 연속인 함수의 그래프는 그 구간에서 끊어지지 않고 이어진 곡선이 된다(p.99)'라고 설명하면서 연속함수를 다음과 같이 정의하였다.

함수 $f(x)$가 어떤 구간에 속하는 모든 실수에 대하여 연속일 때, $f(x)$를 그 구간에서 연속 또는 연속함수라고 한다(황선욱 외, 2010, p.99).

또한 연속함수의 성질을 설명하면서 '함수 $g(x)=\frac{2}{x-3}$는 $x \neq 3$인 모든 실수에서 연속이다'라는 내용과 함께 '분수함수는 분모를 0으로 하는 값에서 불연속이다. 이를테면 함수 $y=\frac{1}{x-1}$은 $x=1$에서 불연속이다'라는 내용을 '활동수학'이라는 코너에서 설명하고 있다. 문진수 외(2015)는 교사의 KCS를 묻는 문항에서 교과서에 따라 다르게 제시된 정의의 차이점을 이해하고 그로 인해 발생할 수 있는 문제점을 인식하고 있는지 예를 들어 설명하도록 하였다. 함수의 연속에 대한 개념 이해는 다양한 오개념이 제시되고 있는 부분이다. 대학 입학예정자를 대상으로 함수의 연속에 대한 개념 이해 정도와 오류유형을 분석한 임연휘 외(2013)에 따르면, '함수 $f(x)=\begin{cases} x^2 & (x \leq 2) \\ 2x+1 & (x>2) \end{cases}$가 $x=2$에서 연속인지 아닌지를 답하고 그 이유를 설명하여라(p.439)'라는 문제에 학생들은 [그림 5]와 같이 오답을 제시하였다.

함수의 연속성과 연결성은 밀접한 관련이 있지만 동일하나 개념이 아님에도 불구하고 정의역이 연결되지 않은 함수에 대하여 그래프가 연결되지 못하여 연속함수가 아니라는 정의로 인해 학생들에게 오개념이 발생하기도 한다(박달원 외, 2012). [그림 5]와 같은 오답도 '연속인 함수의 그래프가 끊어지지 않고 이어진 곡선'이라는 설명을 단편적으로 이해함으로써 나타날 수 있기 때문이다. 따라서 오개념이나 오류의 원인에 대하여 좀 더 다양한 시각에서 접근하면서 오개념이나 오류가 발생할 여지가 있는 내

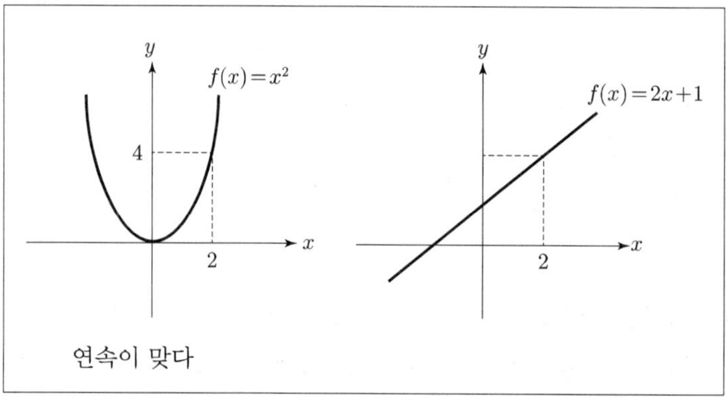

[그림 5] 오답 사례(임연휘 외, 2013, p. 450)

용을 찾아 선제적으로 탐색할 필요가 있다.

이외에도 많은 수학 내용에 대하여 오개념이나 오류의 유형을 구분하고 분석하는 연구가 진행되고 있다(최지선 외, 20014; 조윤동 외, 2015). 연구 결과를 제시하는 오류의 원인이 적절하지 않을 수도 있고, 적절한 개념이미지를 갖고 있는 학생도 간단한 실수에 의한 오답을 제시할 수도 있다. 그러나 특정 내용과 관련하여 학생들에게서 반복적으로 나타나는 오개념이나 오류는 사전에 예상하고 대응 방안이 필요한 것으로, 교사는 학생들의 오개념이나 오류를 사전에 예방하고 이를 교정할 수 있는 다양한 지식이나 전략을 갖고 있어야 할 것이다.

5. 결론

수학교사는 교육을 잘 받은 성인이 갖고 있는 일반적인 수학지식 이상을 갖고 있어야 한다. 즉, 교사는 수학 내용을 스스로 이해하고 설명하며 문제를 풀 수 있어야 할 뿐 아니라, 그 문제가 갖고 있는 구조를 파악하여 각 단계별로 그 구조에 따라 문제를 해결할 수 있고, 그 문제를 처음 본 학생의 관점에서 문제를 해석하고 설명할 수 있어야 한다. 이때 수학에 대한 내용 지식만이 중요한 요소가 되는 것은 아니다. 교사에게 필요한 지식은 전문 수학 분야를 연구하는 수학자의 전문성이 아니라, 학생들이 수학을 이해하고 할 수 있도록 돕는 데 필요한 지식이기 때문이다(Thames et al., 2010). 또한 학습자가 다르면 같은 학습목표라 할지라도 다른 경로를 거치게 된다(McEwan & Bull, 1991)는 점을 고려하여 교사는 학생이 수학 내용을 어떻게 이해하는지, 어떤 과정을 통하여 이해하게 되는지, 또 이러한 과정에서 학생에게서 나타날 수 있는 오류는 무엇이 있는지 등에 대한 지식을 적절히 활용할 수 있어야 한다.

교사의 수학 내용 지식이 풍부하다고 해서 학생들의 성취도의 차이가 극복될 수는 없지만, 성취도 사이의 차이가 커지는 것은 막을 수 있다(Ball et al., 2005). 따라서 교사의 교과 내용 지식을 분석하는 연구(서관석 외, 2000; 윤현경 외, 2008; 조완영, 2012; 이승훈 외, 2013; 최은아 외, 2014)와 더불어, KCS를 중심으로 하는 연구도 좀 더 활성화되어야 할 것이다.

참고문헌

Reference

강명희 (2010). 양변 연산식에서 문제풀이전략 유형과 학생들의 등호개념 발달 연구: 정답반응은 등호의 관계적 개념을 뜻하는가? 학습자중심교과교육연구, 10(2), 15-33.

계승혁, 김홍종, 하길찬, 박복현, 장성욱, 박장순 (2010). 고등학교 수학Ⅱ. 성지출판(주).

권민성, 남승인, 김상룡 (2009). 미국의 선다형 문항 적용을 통한 우리나라 초등 교사의 수학을 가르치는데 필요한 지식 분석. 수학교육, 48(4), 399-417.

권성룡 (2015). 초등수학교사의 PCK 향상을 위한 수업연구의 방향 탐색. 교육논총, 52(1), 15-43.

김두정 (2006). 교실 수준 교육과정의 운영에 대한 학생의 이론: 포스트모더니즘 시각에서의 분석. 교육과정연구, 24(1), 1-40.

노아라, 유연주 (2013). 우리나라 고등학생들의 상관관계 이해도 조사. 수학교육학연구, 23(4), 467-490.

문진수, 김구연 (2015). 중등 수학교사의 함수에 대한 지식(MKT) 측정 및 분석. 학교수학, 17(3), 469-492.

박계희 (2009). 무리수 단원에서 교수를 위한 수학적 지식(MKT)에 관한 연구. 이화여자대학교 교육대학원 석사학위논문.

박달원, 홍순상, 신민영 (2012). 연속함수에 대한 고등학교 교과서의 정의와 고등학생들의 이해. 한국학교수학회논문집, 15(3), 453-465.

서관석, 전경순 (2000). 예비 초등 교사들의 분수 연산에 관한 내용적 지식과 교수학적 지식 수준에 대한 연구: 교사교육적 관점. 수학교육학연구, 10(1), 103-113.

송근영, 방정숙 (2013). 수학과 교사 지식에 관한 국내 연구의 동향 분석. 한국학교수학회논문집, 16(1), 265-287.

신보미, 김효경 (2015) '모든', '어떤'이 들어 있는 명제에 대한 교수학적 내용 지식 분석. 교원교육, 31(2), 243-267.

윤현경, 권오남 (2010). 예비교사와 현직교사의 벡터 개념에 대한 이해: MKT 중심으로. 학교수학, 13(4), 615-632.

윤희태 (2002). 초등학생들의 기초 계산 오류에 대한 분석적 연구-곱셈과 나눗셈을 중심으로. 인천교육대학교 교육대학원 석사학위논문.

이승훈, 조완영 (2013). 수학교사의 이차곡선에 관한 내용지식의 분석. 학교수학, 15(4), 995-1013.

임연휘, 표용수 (2013). 대학 입학 예정자들의 함수 및 미분의 기초개념 이해에 대한 오류 분석. 한국학교수학회논문집, 16(2), 435-457.

장혜원, 강정기 (2014). 문자식을 포함한 대수 증명에 대한 중학교 3학년 학생들의 이해 연구-문맥과 문자식, 어느 것을 보는가. 수학교육학연구, 24(3), 359-374.

전미현, 김구연 (2015). 예비교사들의 수학교수지식(MKT) 측정 및 분석 연구. 수학교육학연구, 25(4), 691-715.

조윤동, 고호경 (2015). 문자와 식, 함수 영역에서 보이는 중학생의 수학적 오류 분석-2013년 국가수준 학업성취도 평가 서답형 문항을 바탕으로. 수학교육학연구, 25(3), 281-302.

조완영 (2012). 예비교사의 미분영역에 관한 내용지식의 분석. 학교수학, 14(2), 233-253.

최은아, 강향임 (2014). 예비교사의 원의 넓이에 대한 내용지식 분석. 학교수학, 16(4), 763-782.

최지선 (2003). 중등학교 수학 학습에서 나타나는 오개념에 대한 고찰. 서울대학교대학원 석사학위논문.

최지선, 윤용식, 황혜정(2014). 확률변수 개념에 대한 예비교사의 이해. 학교수학, 16(1), 19-37.

최창우 (2001). 대수적인 관점에서의 수와 연산. 수학교육논문집, 11, 71-83.

황선욱, 강병개, 허민, 최수창, 신동윤, 장경성, 김수영, 한용익, 황세호, 김창일, 정상일, 이문호, 박진호 (2010). 고등학교 수학Ⅱ. ㈜좋은책신사고.

황혜정 (2010). 교사의 학습자 이해 지식에 초점을 둔 수학수업평가 요소 탐색. 한국학교수학회논문집, 13(4), 569-594.

Ball, D. L., Hill, H. C., & Bass, H. (2005). Knowing mathematics for teaching: Who knows mathematica well enough to teach third grade, and how can we decide? *American Educator, 29(3)*, 14-46.

Ball, D. L., Thames, M. H., & Phelps, G. (2008). Content knowledge for teaching: What makes it special? *Journal of Teacher Education, 59*(5), 389-407.

Carpenter, T. P., Fennema, E., Peterson, P. L., Chiang, C., & Loef, M. (1989). Using knowledge of children's mathematics thinking in classroom teaching: an experimental study. *American Educational Research Journal, 26*(4), 499-531.

Cochran, K. F., DeRuiter, J. A., & King, R. A. (1993). Pedagogical content knowing: An interactive model for teacher preparation. *Journal of Teacher Education, 44*(4), 263-272.

Drake, C., Land, T. J., & Tyminski, A. M. (2014). Using educative curriculum materials to support the development of prospective teachers' knowledge. *Educational Researcher, 43*(3), 154-162.

Fernández-Balboa, J. M., & Stiehl, J. (1995). The generic nature of pedagogical content knowledge among college professors. *Teaching and Teacher Education, 11*(3), 293-306.

Hill, H. C., Rowan, B., & Ball, D. L. (2005). Effects of teachers' mathematical knowledge for teaching on student achievement. *American Educational Research Journal, 42*(2), 377-406.

Hill, H. C., Ball, D. L., & Schilling, S. G. (2008). Unpacking pedagogical content knowledge: conceptualizing and measuring teachers' topic-specific knowledge of students. *Journal for Research in Mathematics Education, 39*(4), 372-400.

Marks, R. (1990). Procedural content knowledge: From a mathematical case to a modified conception. *Journal of Teacher Education, 41*(3), 3-11.

McEwan, H. & Bull, B. (1991). The pedagogic nature of subject matter knowledge. *American Educational Research Journal, 28*(2), 316-334.

Shulman, L. S. (1986). Those who understand: knowledge growth in teaching. *Educational Researcher, 15*(2), 4-14.

Speer, N. M. & Wagner, J. F. (2009). Knowledge needed by a teacher to provide analytic scaffolding during undergraduate mathematics classroom discussion. *Journal for Research in Mathematics Education, 40*(5), 530-562.

Thames, M. H. & Ball, D. L. (2010). What math knowledge does teaching reauire? *Teaching Children Mathemaitcs, 17*(4), 220-229.

PART 3

교사 지식에 대한 다양한 접근

제 9 장

교사 지식 연구의 새로운 관점: 교사 지식의 사중주(Knowledge Quartet)

정유경(당동초등학교), 방정숙(한국교원대학교)

1. 서론

교사 지식은 수학수업의 질을 결정하는 데 중요한 요소로 작용한다는 데 대부분의 연구자들이 의견을 같이 한다. 교사 지식의 중요성에 대한 인식이 바탕이 되어 다양한 교사 지식 연구들이 이루어져 왔다. 교사 지식 연구의 방식이 다채로워지고 세분화되면서 보편적으로 널리 사용되고 있는 '수학을 가르치는 데 필요한 지식(Mathematics Knowledge for Teaching[이하 MKT])'의 개념만으로는 교사 지식을 충분히 설명하기 어렵다는 의견이 제시되기 시작하였다(Turner & Rowland, 2011). MKT는 교사 지식의 세부 항목에 따라 분석이 이루어지기 때문에 수학수업에서 여러 가지 항목들이 복합적으로 작용하는 것을 설명하는 데 한계가 있을 수 있다. 또한 교사가 수학을 가르치는 과정에서 교사 지식이 재조직되거나 증진되는 경우에 대해 분석에 반영하기 어려우며, 수학 및 수학 교육에 관한 교사의 신념이 교사 지식의 실행 과정에 미치는 영향을 설명하기 어렵다.

‘수학을 가르치는 데 발현되는 교사 지식(Mathematical Knowledge in Teaching[이하 MKiT])’은 이러한 문제의식을 바탕으로 수학교사 지식의 역동적이고 복합적인 특성을 설명하기 위하여 새롭게 제시된 교사 지식 개념이다(정유경, 방정숙, 2015). MKiT 관점에서 교사 지식은 수학을 가르치는 중에 발현되어야 의미를 가지게 되는 실천적 지식이다. 발현되는 교사 지식의 분석은 교사가 실제로 수학을 가르치는 데 사용하는 지식과 교사 지식의 노하우를 살핀다. 즉, 교사가 수학을 가르치는 데 어떤 지식을, 어떤 방식으로 사용하는지가 MKiT 분석의 대상이 된다. 만약 교사 지식이 효과적으로 발현되었다면, 그와 관련하여 더 나은 교사의 선택과 결정은 무엇일지에 관해 살핀다. 이와 반대로 수업에서 교사 지식이 효과적으로 발현되지 않았다면, 교사가 해당 지식을 가지고 있지 않기 때문인지 또는 가지고 있으나 활용하기 어려운 상태에 있는지 등 그 원인을 살핀다. 이런 측면에서 MKiT의 분석은 교사가 가지고 있는 지식의 전체를 교사 지식 항목별로 살펴, 수학을 가르치는 데 필요한 지식 중 부족한 부분을 찾아 이를 보충하기 위해 이루어지는 MKT의 분석과는 목적에서 근본적인 차이가 있다.

발현되는 교사 지식의 특성에 적합한 분석틀로 Rowland, Thwaites와 Huckstep (2003)이 제시한 ‘교사 지식의 사중주(Knowledge Quartet[이하 KQ])’를 들 수 있다. KQ의 개발 연구자들은 교사 지식이란 수학수업의 맥락에 따라 여러 종류의 지식이 복합적인 결합체(complex combination)를 이루어 작용하는 것으로 보고, 교사 지식의 분석은 실제 수학수업이 이루어지는 장면을 통해서 이루어져야 한다고 제안하였다 (Rowland, Turner, Thwaite, & Huckstep, 2009). 이러한 관점을 바탕으로 연구자들은 교사 지식이 발현되는 수학수업의 상황을 추출하여 근거 이론(grounded theory) 연구 방법에 따라 KQ를 개발하였다. 실제 수학수업을 근거로 마련된 KQ는 수업 장면에서 사용되는 교사 지식을 살피는 데 적합한 특성을 가지고 있다(Hodgen, 2011; Petrou & Goulding, 2011; Rowland et al., 2009). 영국에서 KQ가 개발된 이후 영국 외의 여러 나라들(키프로스, 노르웨이, 아일랜드, 이탈리아, 스페인, 미국, 호주, 터키, 남아프리카 공화국, 한국 등)에서 수학을 가르치는 데 발현되는 교사 지식을 분석하기 위한 틀로 사용되고 있다.

지금까지 우리나라에서 교사 지식과 관련하여 이루어진 연구들을 살펴보면 수학수업에서 발현되는 교사 지식을 대상으로 이루어진 연구의 비율은 그리 높지 않다. 이에 본 장에서는 수학을 가르치는 데 발현되는 교사 지식을 분석하는 데 적합한 틀로 알려진 KQ의 분석틀 및 특성, 활용 방안과 관련 연구들을 살펴봄으로써 발현되는 교사 지식의 분석에 관한 이해와 관심을 높이고, 연구의 저변 확대를 위한 기반을 제공하고자 한다.

2. 실천적 지식으로서의 교사 지식 연구

교사 지식을 구성하는 핵심 요소로, 특정 수학 개념이나 과정을 학생들에게 가르치는 데 도움이 될 수 있는 자원을 활용하는 능력과 학생들이 이해할 수 있는 방식으로 수학 내용을 설명할 수 있는 능력을 들 수 있다(Rowland et al., 2009). 여기서 교사 지식은 교사의 머릿속에 존재하는 것이라기보다는 교수 관행(teaching practice)을 통해 실현되는 것으로 볼 수 있다(Hegarty, 2000).

수학수업에서는 학생, 교사, 수학 내용, 수업의 물리적 배경 및 사회·문화적 배경 등이 복합적으로 상호작용한다. 이 과정에서 예측되지 않은 여러 상황들이 발생되고, 서로 복잡하게 얽혀 이어진다. 이처럼 다채로운 수업 상황 속에서 교사는 끊임없이 교수학적으로 바람직하다고 여겨지는 선택과 결정을 내리며 수업의 방향을 도출한다. 교사가 가지고 있는 지식 중 해당 장면과 관련되는 지식들이 동시에 활성화되고, 이 지식들이 복합적으로 작용하면서 일어나는 통찰이 수학수업에서 이루어지는 교사의 선택과 결정의 기반이 된다(Hegarty, 2000). 또한 교사가 수학적 상황에 접근하는 방식은 수학과 수학 교육에 대한 교사의 신념으로부터 영향을 받는다(Fennema & Franke, 1992). 경우에 따라 교사 지식을 사용하는 과정에서 교사 지식의 변형과 증진이 이루어지기도 한다. 이와 같은 교사 지식의 특성들을 종합하여 보면 교사 지식은 수업의 맥락에 특화된 형태로 사용되는 역동성을 가지며, 서로 다른 교사 지식의 항목들이 통합적으로 사용되는 복합성을 가진다. 또한 교사 지식은 교사의 신념에 직접적인 영향을 받으며 끊임없이 변화한다(이에 대한 보다 자세한 기술은 정유경, 방정숙, 2015 참조).

교사 지식에 대한 면밀한 분석은 교사 지식을 증진하기 위해 필요하다. 수업 중 작용하는 교사 지식은 그 순간을 통해서만 알 수 있으며, 교사 지식의 적절성과 효과성은 수업의 맥락 및 사회·문화적 배경에 따라 달라지므로 교사 지식의 효과는 수업의 맥락 내에서 이해 가능하다. 그러므로 교사 지식의 분석은 수업에 관한 깊이 있는 이해를 바탕으로, 해당 장면에 관련된 여러 교사 지식을 총체적으로 살피는 방식으로 이루어져야 한다. 수학을 가르치는 데 사용하는 교사 지식들의 작용은 직접 드러나 보이지 않기 때문에 교사 지식의 영향을 받은 교사의 행위와 수업의 예화를 통해 분석하게 된다. 복잡한 수업의 상황 속에서 교사 지식을 체계적으로 살펴보기 위해서는 특화된 분석틀이 필요하다.

3. '교사 지식의 사중주(Knowledge Quartet)'의 차원과 코드

수학수업에서 발현되는 교사 지식에 특화된 분석틀로 KQ를 들 수 있다. KQ는 크게 토대(Foundation), 변환(Transformation), 연결(Connection), 우발(Contingency)의 4가지 차원(dimension)과 각 차원별 관련 코드(code)로 구성되어 있다(Rowland et al., 2003; Turner & Rowland, 2011). 이 4개의 차원은 '사중주'라는 말이 암시하듯이 서로 통합적으로 조화를 이루며 수학수업을 구성한다는 의미를 가진다.

KQ는 Shulman(1986)과 Fennema와 Franke(1992)의 교사 지식 개념을 바탕에 두고 구성된 틀이다(Petrou & Goulding, 2011; Rowland et al., 2009). KQ의 관점에서 교사 지식은 수학수업 전에 교사가 머릿속에 갖추고 있는 자기 지식과 수학수업에서 작용하는 지식으로 구분된다. 자기 지식은 Shulman(1986)의 교과 내용 지식(Subject

[표 1] KQ의 코드 수정 · 보완 과정

차원	Rowland 외 (2005)	Rowland 외 (2009)	Turner와 Rowland (2011)	KQ의 국제화 프로젝트 (Rowland, 2012)
토대	• 목표 인지 • 오류 확인 • 분명한 교과지식 • 교수법의 이론적 기반 • 용어 활용 • 교과서 활용 • 절차에 의존	• 교과서 고수 • 목표 인지 • 절차에 집중 • 오류 확인 • 분명한 교과 지식 • 이론적 기반 • 용어 활용	• 목표 인지 • 오류 확인 • 분명한 교과 지식 • 교수법의 이론적 기반 • 용어 활용 • 교과서 활용 • 절차에 의존	• 교수법의 이론적 기반 • 목표 인지 • 학생 오류 확인 • 교과 지식의 분명한 제시 • 수학 용어 활용 • 교과서 고수 • 절차에 집중
변환	• 표현의 선택 • 교사의 시범 • 예의 선택	• 예의 선택 • 표현의 선택 • 시범	• 교사의 시범 • 교수 자료의 활용 • 표현의 선택 • 예의 선택	• 교사의 시범 • 교수 자료의 활용 • 표현의 선택 • 예의 선택
연결	• 절차 간 연결 • 개념 간 연결 • 복잡성에 관한 예상 • 계열 짓기에 대한 결정 • 개념적 적절성 인식	• 복잡성에 관한 예상 • 계열 짓기에 대한 결정 • 절차 간 연결 • 개념 간 연결 • 개념적 적절성 인식	• 절차 간 연결 • 개념 간 연결 • 복잡성에 관한 예상 • 계열 짓기에 대한 결정 • 개념적 적절성 인식	• 절차 간 연결 • 개념 간 연결 • 복잡성에 관한 예상 • 계열 짓기에 대한 결정 • 개념적 적절성 인식
우발	• 학생 아이디어에 대한 반응 • 기회의 활용 • 의제로부터의 이탈	• 의제로부터의 이탈 • 학생 아이디어에 대한 반응 • 기회의 활용	• 학생 아이디어에 대한 반응 • 기회의 활용 • 의제로부터 이탈 • 교사 통찰	• 학생 아이디어에 대한 반응 • 수업 의제로부터의 이탈 • 교사 통찰 • 도구와 자원의 활용 (불)가능성에 대한 반응

Mathematical Knowledge)과 교수학적 내용 지식(Pedagogical Content Knowledge), 그리고 수학과 수학교육에 관한 교사의 신념이 해당된다. 또한 자기 지식은 KQ의 차원 중 토대와 직접 관련된다. 수학수업에서 작용하는 지식은 Fennema와 Franke (1992)의 맥락-특화된 교사 지식에 직접 관련되며, 토대, 변환, 연결, 우발로 나타난다 (KQ의 차원과 Shulman(1986, 1987)의 교사 지식 범주, Ball, Thames, & Phelps

(2008)의 교사 지식 범주 간의 관련성은 방정숙, 정유경(2013) 참조).

KQ의 토대, 변환, 연결, 우발의 의미와 차원별 코드에 관하여 살펴보면 다음과 같다. 우선 KQ의 4가지 차원은 처음 개발된 이래로 일관성 있게 사용되어 온 반면에, 각 차원별 코드는 KQ 관련 선행 연구들을 통해 지속적으로 수정·보완되는 경향이 있다. [표 1]에 제시한 바와 같이 Rowland, Huckstep 그리고 Thwaites(2005) 및 Rowland 외(2009)에서는 전체 18가지의 코드가 사용된 반면에, Turner와 Rowland(2011) 및 KQ의 국제화 프로젝트(Rowland, 2012)에서는 전체 20가지의 코드가 사용되었다. 다음으로, 코드명의 변화는 세 가지 측면에서 살펴볼 수 있다. 첫째, 비슷한 코드명이라고 하더라도 연구에 따라 약간씩 강조하는 바가 달라지는 경우가 있다. 예를 들어, 토대 차원에서 Rowland 외(2005) 및 Turner와 Rowland(2011)에서는 '교과서 활용(use of textbook)'으로 불리는 코드가 Rowland 외(2009) 및 KQ의 국제화 프로젝트(Rowland, 2012)에서는 '교과서 고수(adheres to textbook, 또는 adherence to textbook)'로 불린다. 이와 유사하게 '절차에 의존(reliance on procedures)'으로 불리던 코드가 '절차에 집중(concentration on procedures)'으로 불리기도 한다.

둘째, 코드명의 의미가 보다 명확해지는 경우가 있다. 예를 들어, 선행 연구(Rowland et al., 2005, 2009; Turner & Rowland, 2011)에서 일관되게 '용어 활용(use of terminology)'으로 불리던 코드가 KQ의 국제화 프로젝트(Rowland, 2012)에서는 '수학 용어 활용(use of mathematical terminology)'으로 변경된다. 또한 비슷한 맥락에서 '의제로부터의 이탈(deviation from agenda)'로 불리던 코드가 '수업 의제로부터의 이탈(deviation from lesson agenda)'로 변경된다. 이는 단어를 추가하여 원래의 코드명이 의미하는 바를 보다 분명하게 드러내기 위한 노력으로 해석할 수 있다. 또한 선행 연구에서 '분명한 교과 지식(overt subject knowledge)'으로 불리던 코드가 '교과 지식의 분명한 제시(overt display of subject knowledge)'로 변경된다. 이는 단지 교사가 분명한 교과 지식을 가지고 있는 것에서 그치는 것이 아니라 이를 제시하는 수업 상황을 코드명에 반영하고 있다는 측면에서 MKiT의 특성을 잘 드러내고 있다고 생각된다.

셋째, 새로운 코드가 추가되기도 하고, 드물게는 기존의 코드가 삭제되는 경우도 있다. 예를 들어, Turner와 Rowland(2011)는 기존의 18가지 코드에 '교수 자료의 활용'과 '교사 통찰'이라는 2가지 코드를 추가하였다. 또한 KQ의 국제화 프로젝트

(Rowland, 2012)에서는 '도구와 자원의 활용 (불)가능성에 대한 반응(responding to the (un)availability of tools and resources)'이라는 코드를 추가하면서 선행 연구에서 사용되던 '기회의 활용'이라는 코드를 삭제하였다. 이는 KQ의 코드가 이론적 기반에 우선해서 만들어진 것이 아니라 실제 초등학교 수학수업 상황을 바탕으로 만들어졌기 때문에, 후속 관련 연구에서도 실제 수업 상황을 반영하기 위한 노력으로 코드가 지속적으로 수정 및 보완되는 것으로 이해할 수 있다.

다음은 KQ의 각 차원에 관한 간단한 설명과 각 차원별 코드의 예이다. 첫째, 토대는 교사가 이미 습득한 수학 및 수학교육에 관한 이론적 지식과 수학 및 수학교육에 관한 신념에 관련된다. 토대에는 교사가 학교로부터 학습한 지식과 교사 양성 과정에서 학습한 수학 및 수학교육에 관한 지식 및 마음가짐이 해당된다. 토대에 관련되는 교사 지식들은 수학수업에서 교사의 선택 및 결정, 전략 수립, 실행에 대해 근본적인 영향을 미친다(Rowland et al., 2009). 토대는 교사가 이미 보유하고 있는 지식이라는 점에서 변환, 연결, 우발과는 구별된다. 예를 들어, 토대에서는 수학을 가르치는 데 사용 가능한지 여부에 상관없이 '이 교사는 나눗셈의 의미를 정확하게 이해하고 있으며, 학생들이 나눗셈의 의미를 학습하는 과정에서 겪을 수 있는 어려움에 대해 알고 있으며, 학생들의 이해를 돕기 위해 사용할 수 있는 교구의 활용에 관한 지식을 보유하고 있다'라고 분석하는 것이 가능하다. 토대의 코드는 '교수법의 이론적 기반', '목표 인지', '학생 오류 확인', '교과 지식의 분명한 제시', '수학 용어 활용', '교과서 고수', '절차에 집중'이다. 이러한 코드 중 '교과서 고수(adheres to textbook)'와 '절차에 집중(concentration on procedure)'은 부정적인 표현으로 간혹 '교과서 활용(adapts textbooks)'과 '이해에 집중(concentration on understanding)'으로 바뀌어 사용되기도 한다. 예를 들어, Johnson(2011)은 '이해에 집중' 코드를 통해 교사들이 도구적 이해보다는 관계적 이해를 개발하기 위해서 교수 관행을 활용하는지 여부를 알아보았는데, 구체적으로 교사가 직접 교수, 설명, 시범, 또는 발문 등을 통해 학생들과 상호작용을 할 때 이해에 초점을 두는지 아니면 절차에 초점을 두는지를 중점적으로 분석하였다.

둘째, 변환은 교사가 학생에게 수학적 내용을 가르치기 위하여 본인이 알고 있는 것을 교수학적으로 의미 있게 표현하는 활동에 관한 것이다. 교사가 수학적 아이디어를 학생들에게 적합하게 표현한다는 것은 유추, 도해, 예시, 설명, 시범 등을 통하여 학생들이 이해할 수 있도록 수학적 아이디어를 표현한다는 것이다(Rowland et al., 2009). 변환은 '수학 가르치기'의 핵심이다(Rowland et al., 2009). 변환이라는 명칭은 Shulman(1987)이 교사 지식을 '교사가 가진 내용 지식을 교수학적으로 강력한 형태로 변환(transform)하는 능력'으로 표현한 바에 기인한다(Turner & Rowland, 2011). 독립적인 토대와는 달리 변환은 토대가 기반이 되는 교사의 숙고와 판단을 통해 이루어지는 교사 지식 양상으로 수학수업에서 학생 또는 학생 모둠을 향해 나타난다. 변환의 코드는 '교사의 시범', '교수 자료의 활용', '표현의 선택', '예(examples)의 선택'이다. 이 중 '예의 선택'은 교사가 학생들과 상호작용하면서 적절한 예를 선정하거나 구안하는 것을 의미한다. 예를 들어, 과제(tasks)를 선정하거나 구안할 때 교사가 특정한 수나 연산을 활용함으로써 학생들이 학습해야 하는 개념이나 전략에 주의를 기울이게 할 수 있다(Johnson, 2011).

셋째, 연결은 수학과목에서 학습하는 거의 모든 수학적 내용들의 개별 부분에 대한 교사의 선택 및 결정에 관한 것이다. 연결은 교사가 수학적 내용들을 연결하는 과정, 교사가 수학수업 내에서 또는 수업 사이의 학습 주제들을 연계하는 활동, 그리고 수학수업의 학습 활동, 논의의 순서를 정하는 활동 등을 포함한다. 수학수업 계획과 실행의 과정에서 드러나는 수업 내, 수업 간 정합성이 연결의 핵심이 된다(Turner & Rowland, 2011). 연결의 코드는 '절차 간 연결', '개념 간 연결', '복잡성에 관한 예상', '계열 짓기에 대한 결정', '개념적 적절성 인식'이 있다. 이 중 '계열짓기에 대한 결정'은 학생들이 수학적 내용을 효율적인 순서로 학습할 수 있도록 교사가 학습 활동을 의도적으로 계열짓는 것을 의미한다. 예를 들어, Johnson(2011)은 수업을 계열짓는 방법으로 단원 내 계열짓기(현재 수업을 이전 수업과 연결하기), 수업 내 계열짓기(한 수업 내의 활동과 그에 따른 해당 학습 주제들의 순서를 정하기), 예를 계열짓기(점진적이고 의도적인 방법으로 예를 활용하기)를 설명한다.

넷째, 우발은 수학수업에서 예상하지 못한 상황을 접하였을 때 대처하는 교사의 능력에 관한 것이다. Turner와 Rowland(2011)는 KQ 개발 연구 과정에서 분석된 교사 지식 양상이 사전에 계획된 것인지 여부를 명확하게 판별하는 것은 어려웠다고 밝히면서, 우발과 관련하여 논란의 여지가 있다고 밝혔다. 우발은 '순간적으로 판단하기(think on one's feet)' 능력으로 표현할 수 있다(Rowland et al., 2003). 수학수업에서는 우발적 상황이 발생하며, 교사는 토대에 관련되는 지식들을 기반으로 우발 상황에

즉각적으로 대처한다. 우발의 핵심은 수학수업에서 일어나는 예상치 못한 상황에 대처할 수 있는 교사의 준비 상태와 유연함이다. 교사의 준비 상태를 구체적으로 설명하면, 교사가 수학수업의 목적에 따라 학생들의 의외의 질문 또는 답변, 예외적인 수업 상황에 대해 순간적으로 판단을 하고, 적절한 대처 방안을 세워 실행하는 일이 가능할 정도로 교사 지식을 갖춘 상태를 말한다. 교사의 유연성은 예외적 상황의 교육적 가치를 순간적으로 판단함과 동시에 필요할 경우 계획하지 않았던 방향으로 수업의 방향을 전환할 수 있는 교사의 유연한 태도와 의지를 말한다. 우발의 코드는 '학생 아이디어에 대한 반응', '수업 의제로부터의 이탈', '교사 통찰', '도구와 자원의 활용 (불)가능성에 대한 반응'이다. 이 중 '수업 의제로부터의 이탈'은 교사가 사전에 계획한 수업 의도에서 벗어나더라도, 학생에게 더 좋은 학습 기회를 제공하기 위하여 수업을 변경하는 것을 의미한다(Rowland et al., 2009). 그런데, 이 코드에서 주의해야 할 것은 벗어난 정도나 양이 아니라(즉, 원래 수업 계획으로부터 더 많이 이탈할수록 좋은 것은 아니다), 유형(type)을 분석하는 것이다(Johnson, 2011). 다시 말해 교사가 원래의 수업 계획으로부터 이탈할 때 왜 그리고 어떤 양상으로 벗어나게 되는지를 면밀히 살펴보는 것이 중요하다고 볼 수 있다.

한편, 모든 차원이 수업 상황 속에서 동등한 수준에서 작용한다는 측면에서, KQ의 토대, 변환, 연결, 우발 사이에는 원칙상 위계가 존재하지 않는다. 다른 한편으로는 수학교육의 이론적 지식과 신념을 포함하는 토대가 변환, 연결, 우발의 작용에 기반이 된다는 측면에서 KQ 차원 사이의 논리적 관계도 존재한다. 수학을 가르치는 교사의 행위 전체가 토대 지식에 기초한다고 볼 때, 가르치는 모든 상황은 두 가지 이상의 차원에 해당한다. 예를 들어, 교사가 학생의 발표를 듣고 이전에 다른 학생이 발표한 내용과 비교 또는 대조하는 상황을 KQ로 살펴보면 토대, 연결, 우발에 해당한다.

KQ는 수업의 계획 과정과 실행 과정에서 발현되는 교사 지식을 대상으로 한다. 토대, 변환, 연결의 경우 계획과 실행 단계에서 드러나게 되며, 우발의 경우 실행 과정 속에서만 나타난다. 토대의 경우 교사가 이미 갖추고 있는 교사 지식에 대해 좀 더 직접적으로 살펴보는 것이며, 변환, 연결, 우발은 수학을 가르치는 교사의 행위를 통해 교사의 지식을 살펴보게 된다. 이를 정리하면 [표 2]와 같다.

[표 2] KQ의 차원별 특성

<table>
<tr><th>차원</th><th>토대</th><th>변환</th><th>연결</th><th>우발</th></tr>
<tr><td rowspan="3">특성</td><td>교사 지식과 좀 더 직접적으로 관련됨</td><td colspan="3">수학을 가르치는 교사의 행위와 수업 상황에 좀 더 밀접하게 관련됨</td></tr>
<tr><td colspan="3">계획 단계에서 관찰됨</td><td></td></tr>
<tr><td colspan="4">실행 단계에서 관찰됨</td></tr>
</table>

Rowland 외(2009)는 KQ의 활용을 돕기 위하여 각 차원에 따라 교사 지식 양상을 살필 수 있는 구체적인 지침을 제시하였다(지침의 구체적 내용은 방정숙, 정유경, 2013 참조). KQ는 모든 영역의 수학수업에 적용 가능하며, 교육 경력과 관계없이 모든 교사에게 적합하다(Rowland et al., 2009).

4. 우리나라 수학수업에서의 KQ 활용 연구

4.1 우리나라 수학수업에서의 KQ 적합성 검토

KQ는 영국의 예비 초등교사의 실제 수학수업을 관찰·분석한 결과를 바탕으로 만들어진 교사 지식 분석틀이다. 따라서 KQ가 영국의 수학수업 맥락에서 사용되는 경우와 그와 다른 맥락에서 사용되는 경우 KQ의 효율성에 차이가 존재할 수 있다. Petrou(2009)는 키프로스의 수학수업을 관찰하기 위한 틀로 KQ를 활용하는 과정에서 토대의 코드인 '교과서 고수'를 키프로스화하였다. '교과서 고수'는 영국 맥락에서 교사가 교사용 지침서를 활용하는 상황을 의미하는 코드이기 때문에 키프로스의 수학수업에서 교사가 교과서를 학생들의 주된 활동 자료로 활용하는 장면을 분석하기가 어려웠다. 이에 Petrou(2009)는 매 수업에서 교과서가 주교재로 활용되는 키프로스의 상황을 반영하여 해당 코드를 '교과서 적용(adapting the textbook)'으로 수정하여 활용하였다. 이와 관련하여 Petrou(2009)는 KQ를 효율적으로 활용하기 위해서는 적용하고자 하는 나라의 수학수업의 고유한 특성이 KQ로 분석 가능한지를 우선적으로 살펴볼 것을 제안하였다.

이러한 연구 제언에 따라 Pang과 Jung(2012a, 2012b)은 일련의 연구를 통하여 KQ를 한국 초등 수학수업에 활용하기 위하여 한국 초등 수학수업에 대한 KQ의 각 차원별 적합성을 검토하였다. KQ에 따라 초등 수학수업에서의 교사 지식 양상을 분석한 결과 수학수업에서 발현되는 교사 지식을 탐색하기에 전반적으로 적절한 분석틀이라는 점과 더불어, 일부의 사례를 통해 한국의 고유한 상황이 반영되지 못하는 점이 존재함을 확인하였다. 예를 들어, 우발 차원과 관련하여 KQ에서는 학생들의 아이디어를 관찰하는 과정에서 교사가 미리 예측하지 못하였으나 더 좋은 학습 기회를 제공한다고 판단되는 경우 수업 계획을 변경하는 것이 주된 코드 중의 하나이다. 그러나 우리나라 수학수업에서는 예상치 못한 학생들의 반응을 관찰하였다고 하더라도 교사가 수업 흐름의 일관성과 계열성을 유지하기 위한 노력으로 학습 목표에 부합하는 방향으로 학생들의 아이디어를 수정·반영하는 경향이 있었다(Pang & Jung, 2012b). 이와 같은 연구는 외국에서 개발되고 많이 활용되는 분석틀이라고 하더라도 각 나라에 적용할 때에는 어느 정도로 적합한지에 대한 면밀한 분석이 선행되어야 한다는 점을 시사하였다.

이와 같은 맥락에서 정유경과 방정숙(2013)은 KQ의 변환 차원을 중심으로 초등수학수업에서 발현되는 교사 지식을 분석하였다. 그 결과 KQ의 변환 관련 코드를 활용해서 교사 지식을 분석하는 것이 유용하다는 점을 기술하였다. 반면, 변환 관련 코드 중 가장 빈번하게 드러난 코드가 '예의 선택'이었는데, 우리나라에서는 '예(example)'보다는 '과제(task)'가 수업 상황에 보다 적절할 수 있다는 점, 학생들이 스스로 수학적 의미를 깨달을 수 있도록 교사가 빈번히 발문을 하는 사례를 바탕으로, KQ의 코드로 발문의 활용을 신설할 필요가 있는지 등에 관한 후속 연구를 제언하였다.

4.2 우리나라 수학수업에 적합한 교사 지식의 분석틀(KQiK) 고안

앞에서 기술한 여러 가지 KQ관련 선행 연구를 토대로, 정유경(2014)은 보다 광범위한 자료를 바탕으로 우리나라 수학수업에 대한 KQ의 적합성을 살피고, 우리나라 수학수업에 적합하도록 KQ를 수정·보완하는 연구를 실시하였다. 이를 위해 1~6학년을 담당하고 있는 초등 교사 12명을 대상으로 교사별 2차시씩 총 24차시의 수학수업을 관찰하였다. KQ를 개발한 과정과 같은 방식으로 수학수업에서 교사 지식의 영향을 받는 교사의 행위와 수업 상황, 즉 교사 지식의 양상을 추출하였다. 그 결과 KQ의 차원을 벗어나는 교사 지식 양상은 없는 것으로 드러났다. 우리나라 수학수업에서 나타나는 교사 지식 양상의 분석 정도를 차원별로 살펴보면, 토대에 따른 교사 지식 양상들의 대부분이 매 수업에서 빈번하게 나타났다. 특히 교과 지식의 분명한 제시와 수학 용어를 활용하는 양상은 매 수업에서 매우 빈번히 나타나는 것으로 밝혀졌다. 다음으로 변환에 따른 교사 지식의 양상은 전반적으로 고학년에 비하여 저학년에서 더 빈번하게 나타났다. 저학년에서 교사의 시범, 교수 자료의 활용이 매우 빈번하였으며, 전 학년에 걸쳐 예의 선택이 매우 빈번하게 나타났다. 연결에 따른 교사 지식 양상은 전반적으로 볼 때 토대, 변환에 비해 상대적으로 낮은 분석 정도를 보였다. 고학년에서 절차 간 연결이 매우 빈번히 나타났으며, 전 학년에 걸쳐 계열짓기에 대한 결정이 빈번하게 나타났다. 개념 간 연결, 복잡성에 관한 예상, 개념적 적절성의 경우 수업에 따라 빈번히 나타나는 경우와 거의 나타나지 않는 경우까지 분석 빈도의 차이가 컸다. 마지막으로 우발에 따른 교사 지식 양상은 대부분의 수업에서 학생 아이디어에 대한 반응이 매우 빈번하게 나타났으나, 수업 의제로부터 이탈, 교사 통찰, 교수 자원의 활용(불)가능성에 대한 반응은 거의 나타나지 않았다.

우리나라 수학수업을 KQ에 따라 분석하는 과정에서 일부 코드는 그에 해당되는 교사 지식 양상을 적절하게 표현하지 못하는 측면이 드러났다. 이에 Rowland (2012)에서 제시된 코드명을 수정하였는데, 구체적으로 토대의 코드 중 '교과서 고수'를 '교과서 활용'으로, '절차에 집중'을 '이해에 집중'으로, '학생 오류 확인'을 '학생의 오개념 및 실수 확인'으로 수정하였다. 변환의 코드 중에서는 '교사의 시범'을 '교사의 시범 및 설명'으로, '표현의 선택'을 '표현의 선택 및 활용'으로, '예의 선택'을 '예의 선택 및 활용'으로 수정하였다. 연결의 코드 중에서는 '복잡성에 대한 예상'을 '학생의 난개념 예상'으로 수정하였고, 우발의 코드 중에서는 '수업 의제로부터의 이탈'을 '수업 계획의 변경'으로 수정하였다. 이와 같은 코드명의 수정은 해당 코드가 의미하는 바를 보다 명확히 하려는 의도와 실제 우리나라 수학수업에서 발현되는 교사 지식 양상을 보다 적절한 용어로 반영하기 위한 것이었다.

한편, 우리나라 수학수업을 KQ에 따라 분석한 결과 대부분의 수학수업에서 빈번하게 나타난 몇 가지 교사 지식의 양상이 KQ의 차원에는 포함되지만 코드에는 포함되지 않는 것이 드러났다. 이러한 교사 지식 양상들을 코드화한 것이 변환의 코드로 '발문', '과제 설계 및 활용', '학생 설명 활용', 연결의 코드로 '수업 구조의 일관성 유지', 우발의 '학생 활동의 과정 및 결과 파악'이다. 정유경(2014)은 KQ 관련 여러 가지 선행 연구에 대한 검토와 함께 우리나라 수학수업의 교사 지식 양상에 대한 분석 결과를 바탕으로 한국 수학수업에 적합한 교사 지식의 분석틀(Knowledge Quartet in Korea Mathematics Instruction[KQiK])을 [표 3]과 같이 제안하였다.

[표 3] 한국 초등 수학수업에서의 교사 지식을 분석하기 위한 틀(KQiK)
(정유경, 2014, pp. 127-128)

차원	코드	상세 설명
토대	교수법의 이론적 기반	• 수학을 가르치는 과정에서 교사의 결정에 대한 근거가 되는 교수법적 이론
	목표 인지	• 수학교육의 목표, 학생들이 해당 주제를 학습하는 목표에 관한 교사의 분명하고 일관된 신념
	교과 지식의 분명한 제시	• 학습 주제와 관련된 학생의 실수나 오개념을 파악하고 적절하게 조치함
	학생의 오개념 및 실수 확인	• 교사가 설명이나 시범과정에서 수학적 내용을 분명하게 제시함
	수학 용어 활용	• 수학을 가르치는 과정에서 수학 용어를 바르게 사용함
	교과서 활용	• 제시된 교과서의 학습활동을 엄격하게 순서 그대로 따르기보다는 일부만 선택하거나, 순서를 변경하여 활용함
	이해에 집중	• Skemp(1978)가 제시한 도구적 이해보다 관계적 이해를 도모하는 교수관행을 실시함
변환	교사의 시범 및 설명	• 수학적 내용을 명확하게 설명함, 절차의 실행 과정을 분명하

		고 명확하게 시범보임
	교수 자료의 활용	• 수학적 내용을 학생들에게 설명하기 위하여 일상의 물건이나 교구를 활용함
	표현의 선택 및 활용	• 수학적 내용을 효과적으로 반영하는 표현을 선택하여 활용함
	예의 선택 및 활용	• 학습 주제에 대한 전형적인 예 또는 적절한 연습 문제를 선택·구상하여 활용함
	발문	• 학생의 이해를 촉진하거나 학생의 생각을 파악하기 위한 교사의 발문
	과제 설계 및 활용	• 수학적 내용의 학습에 적합한 과제(활동)의 설계 및 활용
	학생 설명 활용	• 수학적 내용을 설명하기 위하여 학생의 설명을 활용
연결	절차 간 연결	• 학생들이 절차 사이에 존재하는 관계에 주목하고 이해하도록 하는 활동
	개념 간 연결	• 학생이 수학적 개념 사이 또는 개념 내의 존재하는 개념 간 관련성에 주목하도록 하는 활동
	학생의 난개념 예상	• 수업의 주제나 주요 개념에 관련된 학생들의 난개념을 이해하고, 이를 해결하기 위한 단계적 조치 마련하고 실행함
	계열짓기에 대한 결정	• 수학적 내용을 효율적인 순서로 학습할 수 있도록 의도하는 방향으로 학습 활동의 계열을 결정함
	개념적 적절성 인식	• 학생의 사전지식을 파악하여 이어질 수학수업에서 다룰 수학적 내용이 학생의 이해 수준에 적합한지 고려하면서 수업을 계획하고 실행함
	수업 구조의 일관성 유지	• 매 차시 수업의 동일한 구조, 수업 내 활동 간 또는 각 수업의 활동 간 동일한 구조와 방식이 유지되도록 수업을 계획하고 실행함
우발	학생 아이디어에 대한 반응	• 수업에서 일어나는 학생과의 상호작용에 대한 교사의 반응
	수업 계획의 변경	• 사전에 계획한 수업 의도에서 벗어나더라도, 학생에게 더 좋은 학습의 기회를 제공하기 위하여 수업을 변화시킴
	교사 통찰	• 전반적인 교수-학습의 흐름에 대한 교사 스스로의 반성적 사고를 통하여 좀 더 나은 방향으로 수업을 재구성함
	교수 자원의 활용 (불)가능성에 대한 반응	• 계획했던 자원이 부족하거나 기자재 활용이 불가능한 경우 대안적 수단을 구안함, 계획하지 않았던 자원이나 기자재 활용이 가능한 경우 이를 활용하기 위하여 관련되는 지식들과 의미 있는 인식론적으로 타협함
	학생 활동의 과정 및 결과 파악	• 학생들의 학습 상황을 파악하고 그 결과로 이어질 교사 결정의 자료로 활용

4.3 KQiK를 적용한 연구와 시사점

KQiK는 24차시의 수학수업에 대한 분석을 바탕으로 개발되었지만, 이에 대한 활용 가능성을 탐색하는 것이 필요하다. 즉, 실제 KQiK를 이용하여 교사 지식을 분석함으로써 어떻게 수학수업 중 발현되는 교사 지식을 분석하는 것인지에 대한 예시를 제공할 수 있을 것이다. 이에 정유경(2014)은 6학년을 담당하는 두 교사의 1차 수학수업을 각각 KQiK로 분석하였다. 여기서는 한 교사의 사례를 중심으로 분석의 일부를 제시하고 이를 통해 KQiK를 적용한 연구의 실제와 이에 따른 시사점을 기술하고자 한다. 분석 사례에 등장하는 김교사는 초등수학교육 박사학위를 소유하고 있는 교육경력 20년의 수석교사이며, 분석 대상이 된 수학수업은 6학년 1학기 2단원 소수의 나눗셈의 '자릿수가 다른 두 소수의 나눗셈 계산하기'였다.

김교사는 수업 중 학생들이 문제 해결 방안을 공유하도록 하려 하였으나, 실물화상기가 작동하지 않아 계획에 없던 '몫이 소수인 소수의 나눗셈'의 해결 방안으로 덜어내기 방법이 적절한지 여부에 대해서 학생들과 함께 살펴보았다. 이에 관한 에피소드 및 분석의 일부는 [표 4]와 같다.

[표 4]를 살펴보면 하나의 짧은 수업 장면을 KQiK로 분석한 결과 우발, 변환, 토대가 분석되었음을 알 수 있다. 김교사가 수업 기자재를 사용하지 못하게 된 상황에서 수업의 목적을 고려하여 계획에 없었던 새로운 활동을 실시하는 장면에서 김교사의 우발 지식을 분석할 수 있었다. 또한 학생들에게 소수의 나눗셈을 덜어내기로 해결하는 과정을 보여주기 위하여 김교사가 교사용 컴퓨터의 계산기 프로그램을 활용하는 장면에서 변환 지식을 분석할 수 있었다. 마지막으로 김교사가 몫이 소수인 나눗셈은 덜어내기 방법으로 해결할 수 없다고 설명한 부분을 통해서 교사의 토대 지식을 살펴볼 수 있었다.

이와 같은 분석을 통하여 KQiK는 한국 초등 수학수업에서 발현되는 교사 지식을 분석하는 데 사용하기에 적합하다는 점을 확인하였다. 또한 다음과 같은 KQ의 특성을 확인할 수 있었다. 첫째, KQ를 활용하여 교사 지식을 구성하는 여러 항목들의 복합적인 작용을 분석할 수 있다. KQ의 코드는 수학수업에서 나타날 수 있는 교사 지식 양상의 상의어로 표현되어 있어 교사 지식 양상으로 나타나는 복합적인 교사

[표 4] 수학수업에서 발현되는 교사 지식의 분석 예시(정유경, 2014, pp. 152-153)

교사: 그럼 다시 말해서, 지난번에 한건 덜어내기가 다 됐죠?
학생: 네.
교사: 지난번에 한건 덜어내기가 다 되었단 말은 뭐야? 빼서 영이 된다는 거예요. 그죠?
학생: 네.
교사: 근데 이건 영이?
학생: 안 돼요.
교사: 안돼요. 왜? 아까 이유를 이야기 했어요. 왜?
학생: 몫이, 몫이 소수로 나와서.
교사: 어~ 몫이 소수로~ 돼서~ 그럼 다시 말 하면은요. 다시 말하면 (칠판에 식을 쓰면서) 이십 삼점 오이에서 빼기 오점육 빼기 오점육 이런 식으로 하는데, 영이 될 수 있다 없다?
학생: 없어요.
교사: 없어서~ 몇 번 빼면 된다가 몫이잖아요. 그죠?
학생: 네.
교사: 이 뺄셈 몇 번 빼면 된다고 나오지를 않아요. 음…. 그러면 몫이 소수인거는 덜어내기가
학생: 안 돼요.
교사: 안 돼요? 그러네~ 그럼 우리가 해결했던 방법 중에 덜어내기는 할 수가 없네. 일번 문제는
학생: 네.

김교사는 문제 2를 덜어내기 방법으로 해결한 학생들에게 117에서 7.8을 몇 번 뺐는지 물었고, 학생들이 15번이라고 대답하였다. 이번에도 교사가 TV 화면을 통해 계산기를 이용해서 117÷7.8을 덜어내기 방법으로 계산하는 과정을 직접 보여주었고, 학생들은 결과가 매우 신기하다는 반응을 보였다.

이러한 활동을 마치고 김교사는 문제 1과 2를 덜어내기 방법으로 해결해보는 과정을 살펴 본 결과, 소수의 나눗셈에서 몫이 자연수일 때만 덜어내기 방법이 적용 가능함을 알 수 있었다고 정리하고 활동을 마무리하였다.

이 과정에서 발현된 교사 지식을 분석하면, 가장 먼저 우발 차원에서 김교사가 학생들이 문제를 해결한 방법을 공유하는 활동을 하려고 했으나, 수업 전에 실물 화상기를 준비하지 못해 활동을 시작할 수 없다고 안내하면서, 사전 계획에서 구상하지 않았던 문제 해결 방법에 관한 의견 나누기 활동을 실시하였다. 교수 자료인 실물 화상기의 활용이 불가능하자 문제 해결 방식을 공유하는 과정에서 하려고 계획한 덜어내기 방법의 적절성을 확인하는 활동을 먼저 진행하였다.

문제 1과 2에 대한 덜어내기 방법의 적절성을 확인하기 위해 교사는 TV 화면으로 컴퓨터 계산기 프로그램을 이용하여 문제 1과 2를 덜어내기 방법으로 해결하는 과정을 시연하여 보여준다. 변환에 따라 분석하면, 컴퓨터 계산기 프로그램을 교수-학습 자료로 활용하여 문제 1과 2를 덜어내기 방법으로 해결하는 과정의 시범을 보여준 활동은 실제로 필산을 이용하여 덜어내기 과정을 보여주는 방법보다 즉각적인 결과를 확인할 수 있는 효과적인 방법이었다. 또한 이 장면을 토대에 따라 분석하면, 주목해야 할 부분은 김교사가 생각하는 덜어내기 방법이 문제 1의 해결 방법으로 적절하지 않은 이유로 문제 1의 해결식인 23.52÷5.6에서 피제수가 제수의 정수배가 아니기 때문으로 설명하였고, 설명의 마지막 부분에서는 소수의 나눗셈의 몫이 소수인 경우는 덜어내기 방법이 사용 불가능하다고 정리한 부분이다. 김교사는 나눗셈식의 피제수가 제수의 정수배가 아닐 경우 덜어내기 방법으로 해결할 수 없다고 설명하였다. 그러나 피제수가 제수의 정수배가 아닐 경우라고 해서 모든 경우에 덜어내기 방법이 불가능하지 않다. 예를 들어, 몫이 유한 소수인 경우 덜어내기 방법으로 문제의 해결이 가능하며, 몫을 일정한 자릿수까지 구하는 경우도 단위를 변경하면 얼마든지 사용 가능하다. 단지 정확한 몫을 구하기 위해 또 다른 방법(단위를 변환, 필산 등)을 사용하게 된다. 따라서 김교사는 학생들에게 피제수가 제수의 정수배가 아닌 경우의 나눗셈에서는 덜어내기 방법으로 몫을 구하는 과정은 다소 번거로울 수 있다고 설명했어야 한다.

지식의 작용을 분석하는 데 적합하였다. 앞서 제시한 [표 4]에서 볼 수 있는 바와 같이 수업 상황을 KQ-코드에 따라 코딩한 결과 KQ의 여러 요소들을 동시에 관련되는 경우가 많이 있었다. 이를 통해 다양한 교사 지식 항목이 작용하는 것을 분석할 수 있었다.

둘째, KQ는 교사가 사용하는 전략적 지식을 분석하는 데 적합하다. 전략적 지식이란 명제적 지식과 사례 연구 지식을 수학을 가르치는 데 활용하여 수학을 효과적으로 가르치는 데 도움이 되는 전략들을 사용하는 지식으로(Shulman, 1986), 교사의 수학 수업을 관찰함으로써 전략적 지식을 분석할 수 있다. KQ는 실제 사용되는 교사 지식을 대상으로 하기 때문에 전략적 지식이 분석의 대상에 포함된다. 특히 KQ-우발의 경우 전략적 지식을 분석하는 데 적합하였다.

셋째, KQ는 수학수업의 특성을 살피는 데 유용한 틀이다. 수학수업은 교사의 특성에 따라 고유한 특성을 가진다. 교사의 수학 교육에 관한 신념에 따라 수업의 진행 방식은 직접적인 영향을 받게 된다. 교사가 수학수업을 운영하는 방식은 학생의 활동을 통해 수학을 학습하는 수업, 교사가 수학 내용을 잘 설명하여 학생들에게 전달하는 수업, 학생의 참여에 따라 수업의 방향이 결정되는 수업 등으로 다양하다. 이러한 운영 방식에 따른 수업의 특성에 따라 KQ를 통해 분석된 교사 지식 양상의 분포에 차이가 존재할 수 있다. 정유경(2014)은 비슷한 조건을 가진 초등 교사가 실행한 동일 차시의 수학수업을 KQiK에 따라 분석하였다. 수업을 분석한 결과 한 수학수업의 경우 교사의 설명이 중심이 되었으나 다른 수업의 경우 학생의 반응을 중심으로 이어지는 수업이 이루어졌고, 각 수업에서 분석된 교사 지식 양상을 비교한 결과 후자의 수업에서 연결, 우발에 해당하는 교사 지식 양상이 더 높은 비율을 차지하는 것으로 나타났다고 밝혔다. 교사 지식 양상에 따른 수학수업의 특성을 살펴보는 것은 교사가 더 나은 수학수업을 이끌기 위한 반성이나 성찰을 하는데 근거로 사용하기에 적합하다. 이와 같이 KQ는 수학수업에서 주로 나타나는 교사 지식 양상을 분석하여 해당 수학수업의 특성이 어떠한지 살펴보는 것에 적합한 틀이라고 할 수 있다.

5. 교사 지식의 연구에 관한 제언

본 원고는 수학수업에서 발현되는 교사 지식을 분석하는 연구의 필요성에 의해 실천적 지식으로서의 교사 지식 연구에 관한 경향을 간단히 살펴보고, KQ에 대한 여러 선행 연구들을 정리하였다. 특히, 외국에서 개발되고 여러 나라에서 활용중인 KQ가 우리나라 수학수업에서 발현되는 교사 지식을 탐색하기에 적합한 틀인지에 대한 선행 연구들을 중점적으로 고찰하였다. 이를 바탕으로 우리나라에서 KQ를 보다 효과적으로 활용하기 위한 방법에 대해 생각하여 보고, 유의할 점에 관하여 생각해보고자 한다.

첫째, KQ의 다양한 활용 방식에 관한 연구가 필요하다. 본 연구에서는 KQ의 활용 방식으로 KQ의 구성 당시 활용 용도로 의도되었던 수학수업에서 발현되는 교사 지식을 분석하기 위한 틀로서의 활용을 주로 다루었다. KQ는 선행 연구 검토에서도 알 수 있는 바와 같이 교사 지식의 분석틀 외에도, 수학수업을 관찰하는 틀, 수학수업에 대한 의견을 공유하기 위한 준거, 수학수업에 대한 반성과 성찰을 위한 준거로 활용하는 측면에서도 적합하다. 이처럼 교사 지식의 증진을 위한 과정에서 KQ는 다양한 형태로 활용 가능하다. 현재 한국에서 이루어진 KQ의 활용 연구 또한 교사 지식의 분석틀로 한정되어 있다. 발현되는 교사 지식을 증진시키기 위한 과정으로 수업 분석에 대한 의견 공유와 교사 스스로 수업을 성찰하는 과정이 학교 현장에서 새로운 문화로 정착되어 나가는 것이 바람직하다. 이때 범교과적인 틀이 아닌 KQ와 같이 수학수업에 특화된 틀을 사용될 필요가 있다. 이와 같이 한국의 수학수업에서도 KQ를 다양한 측면에서 활용하기 위한 연구를 활성화하여 KQ의 적용 범위를 확대할 필요가 있다.

둘째, 수학수업에서 발현되는 교사 지식에 관한 다양한 연구가 이루어질 필요가 있다. 교사 지식은 수학을 가르치는 데 사용되어야 의미가 부여되는 실천적 지식이다. 수학을 가르치는 데 필요한 지식을 많이 갖춘 교사가 반드시 효과적으로 수학수업을 이끌어 갈 것이라고 보장하기는 어렵다. 실제로 많은 연구들이 교사 지식의 양과 수학수업의 효율성이 단순한 관계를 가지지는 않는다고 주장한다(Hegarty, 2000;

Rowland et al., 2009). 물론 교사가 알지 못하는 것은 가르칠 수 없으므로 수학을 가르치기 위해 필요한 교사 지식을 갖추고 있어야 한다. 교사가 머릿속에 가지고 있는 지식은 학생들이 수학을 효과적으로 학습하도록 돕는 데 사용 가능해야 한다. 이와 같은 교사 지식의 노하우는 수학을 가르치는 장면을 통해서만 함양될 수 있다. 따라서 교사 지식의 증진을 위해서는 수학수업에서 발현되는 교사 지식의 의미를 파악하고, 효율적인 분석 방식을 탐색하며, 다양한 측면에서 분석하는 연구가 활성화될 필요가 있다.

마지막으로 교사 지식의 본질과 그에 따른 분석 방식에 대한 연구의 활성화가 필요하다. 지금까지 우리나라에서 이루어진 교사 지식에 관한 선행 연구의 대부분은 수학을 가르치는 데 필요한 교사 지식의 관점에서 교사가 머릿속에 갖추고 있는 지식들을 대상으로 이루어졌다. 이에 따라 교사 지식의 개별 항목을 준거로 사용하는 분석틀이 교사 지식의 보편적인 틀로 사용되었다. 발현되는 교사 지식을 분석하는 일부 연구들에서도 개별 교사 지식 항목들을 분석의 준거로 사용한 경우가 있었다. 이 경우 서로 다른 교사 지식 항목들의 복합적인 상호작용을 분석하는 데는 한계가 있을 것으로 여겨진다. 분석 방식을 선정하는 과정에서 수학수업에서 발현되는 교사 지식에서 바라보는 교사 지식의 본질에 대한 좀 더 충분한 고려가 필요하다고 생각된다. 교사 지식의 본질에 대한 관점에 따라 교사 지식을 분석하는 방식이 결정된다고 해도 과언이 아니다. 따라서 교사 지식에 관한 연구를 진행하는 연구자는 교사 지식의 본질에 대한 관점을 분명히 하고 그에 따라 효과적인 분석 방식을 선정하는 것이 바람직하다. 교사 지식은 복합적이고 다채로운 특성을 가졌기 때문에 하나의 관점만으로는 교사 지식의 본질을 설명하기 어렵다. 즉, 교사 지식이 본질적으로 의미하는 바에 대한 다양한 관점이 존재할 수 있다. 이에 교사 지식의 본질을 탐색하는 연구와 이에 근거하여 교사 지식을 효과적으로 분석하기 위한 방법론적 연구가 지속적으로 이루어질 필요가 있다.

참 고 문 헌

Reference

방정숙, 정유경 (2013). 수학수업에서 드러나는 교사 지식을 분석하기 위한 틀로서의 '교사 지식의 사중주(Knowledge Quartet)'. 수학교육, 52(4), 567-586.

정유경 (2014). 한국 초등학교 수학수업에서 발현되는 교사 지식의 분석틀 탐색. 한국교원대학교 대학원 미간행박사학위논문.

정유경, 방정숙 (2013). 초등 수학수업에서 발현되는 교사의 변환 지식 분석. 한국학교수학회논문집, 16(4), 695-717.

정유경, 방정숙 (2015). 수학을 가르치는 데 발현되는 교사 지식에 관한 선행연구 고찰. 수학교육학연구, 25(4), 617-630.

Ball, D. L., Thames, M. H. C., & Phelps, G. (2008). Content knowledge for teaching: What makes it special? *Journal of Teacher Education, 59*(5), 389-407.

Fennema, E. & Franke, L. M. (1992). Teachers' knowledge and its impact. In D. A. Grouws (Ed.), *Handbook of research on mathematics teaching and learning* (pp. 147-164). New York: Macmillan.

Hegarty, S. (2000). Teaching as a knowledge-based activity. *Oxford Review of Education, 26*(3-4), 451-465.

Hodgen, J. (2011). Knowing and identity: A situated theory of mathematics knowledge in teaching. In T. Rowland & K. Ruthven (Eds.), *Mathematical knowledge in teaching* (pp. 27-42). New York: Springer.

Johnson, T. L. (2011). *Elementary preservice teachers' mathematical knowledge for teaching: Using situated case studies and educative experiences to examine and improve the development of MKT in teacher education.* Unpublished Ph.D thesis, University of North Carolina.

Pang, J. S. & Jung, Y. K. (2012a). Mathematical knowledge in Korean elementary mathematics instruction from the perspective of the Knowledge Quartet. *Proceeding of the 12th International Congress on Mathematical Education*, PS 23-8. COEX, Seoul, Korea.

Pang, J. S. & Jung, Y. K. (2012b). An analysis of the contingency dimension of the Knowledge Quartet in Korean elementary mathematics instruction. In Tso, T. Y. (Ed.), *Proceeding of the 36th conference of the international group for the Psychology of Mathematics Education*, Vol. 4, p. 311. Taipei: Taiwan.

Petrou, M. (2009). Adapting the Knowledge Quartet in the Cypriot mathematics classroom. In V. Durand-Guerrier, S. Soury-Lavergne, & F. Arzarello (Eds.), *Proceedings of the 6th Congress of the European Society for Research in Mathematics Education* (pp. 2020-2029). Lyon: France.

Petrou, M. & Goulding, M. (2011). Conceptualising teachers' mathematical knowledge in teaching. In T. Rowland & K. Ruthven (Eds.), *Mathematical knowledge in teaching* (pp. 9-25). New York: Springer.

Rowland, T. (2012). *A four dimensional framework for the analysis of mathematics teaching*. Retrieved from http://www.knowledgequartet.org

Rowland, T., Huckstep, P., & Thwaites, A. (2003). The Knowledge Quartet. *Proceedings of the British Society for Research into Learning Mathematics, 23*(3), 97-103.

Rowland, T., Huckstep, P., & Thwaites, A. (2005). Elementary teachers' mathematics subject knowledge: The Knowledge Quartet and the case of Naomi. *Journal of Mathematics Teacher Education, 8*(3), 255-281.

Rowland, T., Turner, F., Thwaites, A., & Huckstep, P. (2009). *Developing primary mathematics teaching*. London: SAGE.

Shulman, L. (1986). Those who understand, knowledge growth in teaching. *Educational Researcher, 15*(2), 4-14.

Shulman, L. (1987). Knowledge and teaching: Foundations of the new reform. *Harvard Educational Review, 57*(1), 1-22.

Turner, F. & Rowland, T. (2011). The Knowledge Quartet as an organising framework for developing and deepening teachers' mathematics knowledge. In T. Rowland & K. Ruthven (Eds.), *Mathematical knowledge in teaching* (pp. 195-212). New York: Springer.

제 10 장

통합적 · 변형적 관점의 교사 지식에 대한 연구

이수진 · 신재홍(한국교원대학교)

1. 교수활동을 위한 수학 내용 지식(MKT)의 두 가지 관점

효과적인 교수(effective teaching)를 위하여 교사가 가져야 하는 지식에 대한 연구는 그 둘의 상관관계를 인정하는 학계의 암묵적인 동의 아래에 꽤 오래전부터 연구되어 왔지만 (e.g. Calderhead, 1989; Clark & Peterson, 1986), 실제로 그 지식이 무엇인지에 대하여 구체적으로 개념화하려는 시도는 그리 오래되지 않았다. 비록 교사의 교과 내용 지식(subject matter knowledge)이 교사의 교수 활동(teaching practice)에 영향을 미친다는 연구 결과가 보고되긴 하였지만, 교사의 교과 내용 지식과 학생들의 학업 성취도와의 상관관계를 수치적으로 증명하고자 하였던 연구들은 그 두 변수사이의 관계가 유의미하지 않다는 결론을 내렸다(Begle, 1972, 1979; Monk, 1994; Rowan, Chiang, & Miller, 1997). Thompson & Thompson(1996)은 그러한 연구 결과가 나타난 가장 타당한 설명으로 교사의 지식과 학생의 학업성취도, 이 두 변수의 개념이 학자들마다 다양하게 사용되었기 때문이기도 하지만 이는 또한 그 둘의 관계가 단순하게 정의내리기 어려운 이론적 구성물(theoretical construct)이기 때문이라고 하였다.

교사 지식에 대한 연구는 교수 활동을 위하여 필요한 전문적인 내용 지식의 필요성을 제기한 Shulman(1986)을 기점으로 더욱 그 개념이 명료화되기 시작하였는데, Shulman(1987)은 학생들에게 의미있는 학습 경험을 제공해주기 위해 교사가 가져야 하는 전문적인 지식을 내용 지식(content knowledge), 일반적인 교수학적 지식(general pedagogical knowledge), 교육과정 지식(curricular knowledge), 학생에 대한 지식(knowledge of learners), 교육환경에 대한 지식(knowledge of educational contexts), 교육 목표에 대한 지식(knowledge of educational aims, goals, and purposes), 교수학적 내용 지식(pedagogical content knowledge) 이렇게 7가지의 상호 연관성을 지닌 하위 지식들로 개념화하였다. 특히, 교수학적 측면과 내용학적 측면을 동시에 가지는 교수학적 내용 지식에 대한 연구는 각 교과 내용 영역별로 그 개념을 구체화하기 위한 연구로 학자들 사이에서 크게 주목을 받아왔다(e.g. Grossman, 1990; Marks, 1990; Wilson, 1992). 교수학적 내용 지식의 정의와 그 구성요소에 대한 명시적인 합의는 여전히 학계에서 이루어지지 못한 상태이지만, 적어도 다양한 수준을 가진 학생들에게 적절한 방법으로 묘사할 수 있고 표현할 수 있는 능력, 교과를 다양하게 표현하는 지식과 학생들의 연령과 발달 정도에 따라 적절한 개념이 무엇인지 아는 지식을 포함해야 한다는 것에는 모두 동의할 것이다.

수학교육에서는 Thompson & Thompson(1996)이 교수활동을 위한 수학 내용 지식(mathematical knowledge for teaching[MKT])이라는 용어를 처음 사용하기 시작하며, 이는 Ball & Bass (2003)를 기점으로 많은 수학교육자들에 의하여 교수 실행을 위해 필요한 수학적 지식의 종류를 찾아 분류하는 연구로 이어졌다. 특히 Ball, Hill 그리고 그녀의 동료들은 초등학교 수준에서 MKT를 개념화하며 그 구성요소를 파악하고 이를 평가하는 방법을 연구하는데 핵심적인 역할을 해왔다(e.g., Hill & Ball, 2004; Hill, Ball, & Schilling, 2008; Hill, Rowan, & Ball, 2005; Hill, Schilling, & Ball, 2004). 그들은 교수를 하는데 사용되는 각각의 수학적 지식 요소들은 예비교사 교육 등을 통하여 개별적으로 발달될 수 있으며, 그렇게 개별적으로 발달된 수학적 지식은 실제 교수 활동의 수행 속에서 통합되어진다는 전제하에 각각의 지식을 규명하

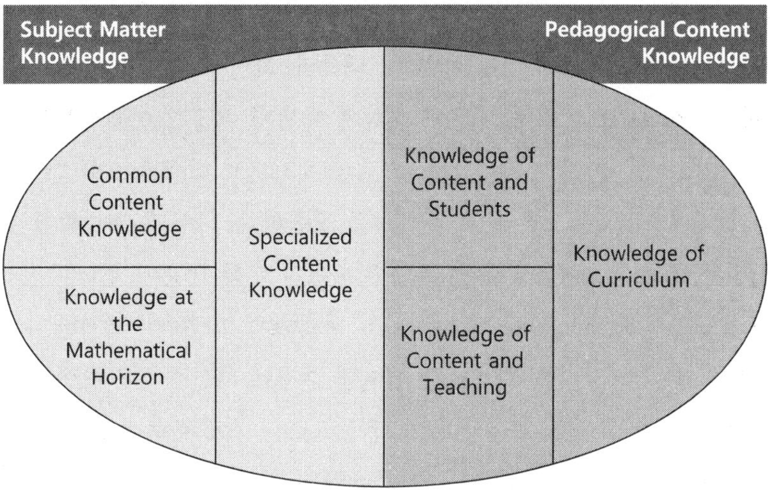

[그림 1] Learning Mathematics for Teaching Project의 MKT 구성 요소
(출처: www.soe.umich.edu/lmt)

고 예비 및 현직 교사들에게 그러한 지식의 습득을 강조하였다. 먼저 초등학교 수업 동영상의 분석을 통하여 교사들이 6가지 지식을 수업에서 사용한다는 것을 규명하였고, 그러한 각각의 지식은 그들이 개발한 MKT를 측정하기 위한 검사지를 교사들에게 실제로 적용해 봄으로써 더 정교화되었다. 6가지 영역은 교과 내용 지식(subject matter knowledge)과 교수학적 내용 지식(pedagogical content knowledge)의 상위 영역으로 나누어지고, 각각은 [그림 1]과 같이 세 개의 하위영역으로 구분되어진다.

교과 내용 지식은 Shulman의 내용 지식을 포함하고 있으며 다음 세 개의 하위 영역으로 구성되어 있다. 우선, 일반 내용 지식(common content knowledge)은 학생들이 배워야 할 지식으로 교사가 아니더라도 교육을 받은 성인이라면 가지고 있는 수학적 지식으로, 예를 들어, $\frac{3}{4} \div \frac{5}{6}$와 같은 문제를 정확하게 해결할 수 있는 것이다. (Ball, Bass, et al., 2008). 반면에 전문화된 내용 지식(specialized content knowledge)은 교수활동에는 사용되지만 학생들에게 직접적으로 가르치지는 않는 지식으로 교사에게 특화된 지식이다. 예컨대, $\frac{3}{4} \div \frac{5}{6}$를 $\frac{9}{12} \div \frac{10}{12}$로 변형하여 $9 \div 10 = \frac{9}{10}$으로 문제를 해결하는 것이 수학적으로 옳은 것인지 일반화 가능한 방법인지를 아는 것이 이에 해당된다. 마지막으로, 수평적 내용 지식(knowledge at the mathematical horizon)은 가르치는 수학지식들 간에 수평적, 수직적 연결성에 관련된 지식이라고 볼 수 있다. 교수학적 내용 지식은 Shulman이 정의한 PCK의 개념과 매우 유사하며 이는 다음의 세 하위 영역으로 구성되어 있다. 첫 번째는, 내용과 학생에 대한 지식(knowledge of content and students)으로 수학 내용에 대하여 학생이 어떻게 이해하는지 어떠한 오개념 등을 가지고 있는지 등에 관한 지식으로 대체적으로 학생들이 특정한 수학적 개념에 대하여 가지고 있는 오류나 오개념 등을 포함한다. 내용과 교수법에 대한 지식(knowledge of content and teaching)은 교수 활동과 수학 내용이 결합된 지식으로 어떠한 예와 표상양식(drawn representations)을 선택해야 학생들이 특정한 수학적 개념을 이해하는데 용이한지 수학적 과제를 어떠한 순서로 나열하여야 학생들에게 더 도움이 될지 등에 대한 고민을 포함하며, 마지막 요소는 가르쳐야 하는 수학 과목에 대한 교육과정에 대한 지식(Knowledge of Curriculum)이다.

Ball, Hill 연구팀 외에도 동일한 관점에서 MKT를 연구해온 미국의 대표적인 학자들로 중등 교사들이 대수를 가르치기 위하여 필요한 지식(knowing mathematics for Teaching Algebra[KAT])을 연구하는 미시간 대학의 Ferrini-Mundy와 그녀의 연구팀(e.g., Ferrini-Mundy, Floden, McCrory, Burrill & Sandow, 2005; Ferrini-Mundy & Senk, 2006; McCrory, Floden, Ferrini-Mundy, Reckase, & Senk, 2012)과 중학교 교사의 수학적 지식을 측정하고, 나아가 교사의 지식과 학생의 지식과의 상관관계를 파악하기 위한 목적으로 만들어진 Diagnostic Teacher Assessments in Mathematics and Science[DTAMS] 연구팀(Bush, Ronau, Brown & Myers, 2006) 등이 있다. 그들이 분류해 놓은 교사의 지식을 구성하는 요소들은 차이가 있지만, 교사의 지식을 세부요소로 나누었다는 점과 그러한 요소들의 타당성을 검증하기 위하여 검사지를 개발하고 심리측정(pyschometrics) 연구방법을 이용하였다는 점에서 유사하다.

위와 같은 관점의 MKT 연구를 Silverman & Thompson(2008)은 Gess-Newsome (1999)의 통합적 관점(integrative perspective)에 비유하였다. 통합적 관점에서 교수활동에 필요한 지식은 그 지식을 구성하는 하위 요소들 각각 개별적으로 발전하며, 교수 활동 과정을 통해 통합된다. 따라서 숙련된 교사들은 교수를 하는 과정에서 상황에 필요한 지식을 빠르고 쉽게 활용할 수 있는 체계화된 지식 기반을 가진 사람이다. 하지만, 이러한 통합적 관점에서 교사의 지식을 바라보는 데에는 몇 가지 문제점이 있는데, 우선 교사의 지식을 구성하는 하위요소들이 명확하게 구별되지 않는다는 점이다. 실제로 Ball과 연구팀은 이러한 문제점을 인식하고 있으며 이를 “boundary problem”

(Ball, Thames, et al., 2008, p. 403)이라고 명명하며 자신들 역시 교사의 지식을 위의 6가지로 명확하게 구분하여 유형화하는 것이 항상 쉬운 것은 아니라고 보고하였다. 그들은 또한 이는 결국 각각의 하위요소에 대하여 자신들이 내린 정의의 정확성에 중요한 영향을 미치는 문제라고 공감하면서, 그 부분은 지속적인 정교화 및 수정 작업을 할 것이라고 하였다. 또한, 통합적 관점에서의 교사교육은 대부분의 예비 교사들이 교사교육 기관에서 학습하게 되는 개별적인 PCK 요소들이 그들의 절차적인 지식과 일관성이 없는 수학적 이해로 동화되어 효과적인 PCK로서의 통합에 실패한다고 지적하고 있다(Carpenter, Fennema, Peterson, & Carey, 1988, Mason, 1999).

교사 자신이 가지고 있는 지식이 개념적 이해를 기반으로 한 내용지식이 아니라면 교사교육에서 접하게 되는 각각의 구성요소별 학습은 결국 고정화된 상투적인 행동방식수준에서 받아들여질 것이다. 이렇게 형성된 지식은 전통적인 방식의 수업까지는 아니라 할지라도 학생들이 수학적 개념을 형성하는데 있어서 예컨대 “내가 교사교육 프로그램에서 분수 지도법을 배울 때 분수막대를 사용하였더니 분수를 잘 볼 수 있었기 때문에, 아이들도 이렇게 하면 당연히 잘 볼 것이다”라는 식의 직관적 수준에서의 교수활동을 유도하게 될 것이고, Simon, Tzur, Heinz, Kinzel, & Smith (2000)는 이를 지각 기반의 교수 관점(perception-based teaching perspective)이라고 하여 전통적인 방식의 교수법과는 분명 다르긴 하지만 개념 기반의 교수 관점(conception-based teaching perspective)으로 변형되어야 하는 교수법이라고 하였다. 개념 기반의 교수(conception-based teaching)란 학생들이 수학적 개념을 형성하는 과정은 교사와 다를 수 있음을 인정하고 학생들의 수학지식을 고려하여 이에 대한 이해를 기반으로 교사가 설정한 수업의 방식을 계속 수정해 나가는 교수법을 말한다.

MKT의 변형적 관점(transformative perspective)은 위에서 언급한 통합적 관점의 문제점들을 보완하기 위하여 소개되었다. Gess-Newsom(1999)은 변형적 관점에서의 교수학적 내용지식은 원래 갖고 있던 지식의 형태에 존재하지 않는 구별된 특징을 가진, 현재 지식의 근본적 변형 또는 새로운 지식 생성의 결과라 볼 수 있다고 하였다. MKT의 변형적 관점은 MKT를 여러 지식들의 통합에 의하여 새로 생성된 지식이 아닌, 기존에 교사가 가지고 있던 지식의 변형 결과임을 강조하고 있다. 다음은 변형적 관점에서의 교사의 MKT 발달 과정에 대하여 구체적으로 살펴 보고자 한다.

2. 변형적 관점에서의 MKT 발달 과정

개인의 MKT는 특정한 수학 개념에 대한 개인의 강력한 이해를 토대로 그 개념에 대해 교수학적 '잠재성'을 가지고 있는 이해(pedagogical understandings)로부터 교수학적으로 '실제 영향력'을 가지고 있는 이해로(key pedagogical understandings)의 변형을 통하여 구성된다. Silverman & Thompson(2008)은 그러한 특정한 수학 개념에 대한 개인의 강력한 이해란 Simon(2006)의 발달에 핵심적인 이해(key developmental understandings[KDU])와 양립가능한 개념이라고 하였는데, 교사가 MKT를 구성한다는 것은 [그림 2]와 같이 어떤 수학적 개념에 대한 자신의 KDU를 변형하여, (1) 이 KDU가 학생들의 연결된 다른 수학 개념의 학습에 어떻게 도움이 되는지 이해하고, (2) 그러한 학생들의 발전을 돕기 위해 교사로서 어떤 행동을 취해야 하며 그 행동들이 어떻게 작동하는지에 대해 이해를 바탕으로 변형되는 과정이라고 설명하고 있다(Silverman & Thompson, 2008). 강력한 MKT로의 변형과정은 교사가 기존에 가지고 있던 수학적 개념에 대해 반성적 활동(reflective activity)을 통하여 기존에 가지고 있던 지식이 일관성이 없다는 것을 깨닫게 됨으로 'unpack'하게 되며 KDU로 변형할 수 있게 되고, 이러한 KDU는 다른 이(학생)들의 관점에서 생각해 보는 (탈중심화(decentering)와 반영적 추상화(reflective abstraction)) 교수적 행동(pedagogical actions[PA])을 통하여 학생들에게 영향력을 미칠 수 있는 잠재적인 교수학적 이해(pedagogical understandings[PU])로 변형되고 이러한 반복적인 과정을 통하여 실제 영향력이 있는 교수학적 이해로 변형될 때에 핵심적인 교수적 이해(KPU)로 성장하게 되며, 이는 곧 강력한 MKT의 상태임을 말한다.

이와 같이, 변형적 관점에서의 MKT는 교사가 현재 가지고 있는 지식이 강력한 MKT로의 변화되는 과정에서 Piaget의 탈중심화와 반영적 추상화가 필수적인데. 이 역시 통합적 관점에서의 MKT와 뚜렷한 차이라고 볼 수 있다. 실제로 Ball & Bass (2003)은 교수를 하기 위한 수학적 지식은 그들이 가지고 있는 지식을 "decompress" 하고 "unpack"하는 과정에서 형성될 수 있다고 하였지만, 구체적으로 어떠한 방식으

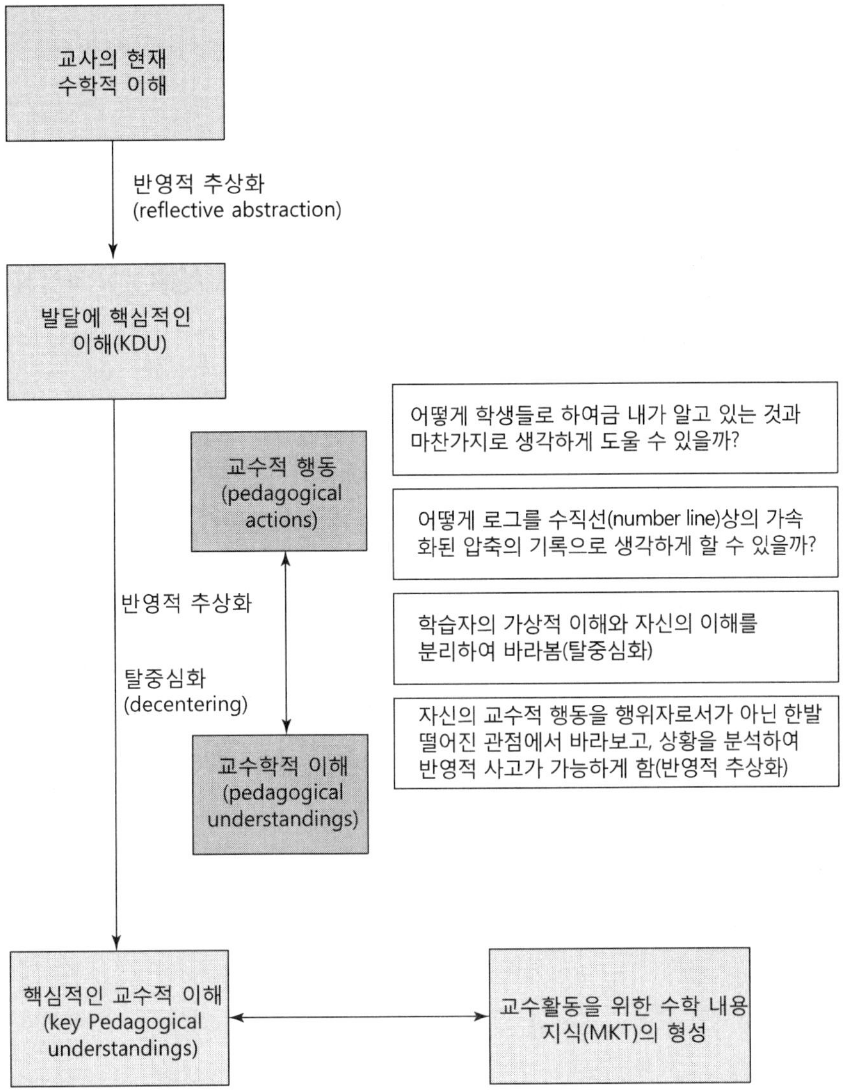

[그림 2] 변형적 관점에서의 MKT 발달 과정 도식화[1)]

로 “unpack”이 일어나는지에 대한 설명은 미흡하다. 이렇게 MKT는 교사가 관찰자로서 대상(학생)의 상태나 행동들을 분석한 것을 설명하기 위하여 대상(학생)의 지식을 구성해간다는 점에서 2차 모델이라 하기도 한다(Steffe, von Glasersfeld, Richards, & Cobb, 1983). 다음 절에서는 변형적 관점에서의 MKT의 근본이 되는 KDU에 대하여

1) [그림 2]는 Silverman & Thompson (2008)에서 설명하고 있는 변형적 관점으로의 MKT 발달 과정을 저자들의 이해를 바탕으로 도식화한 것이다.

그 개념과 성격을 살펴보고자 한다.

3. 발달에 핵심적인 이해(Key Developmental Understandings)

KDU는 학생들이 수학적 개념 형성에 도움이 될 수 있는 핵심적인 이해를 연구하려는 시도에서 시작되었고, 앞서 지적된 한계점을 해결하며 중요한 학습 목표를 설정할 때 기준을 제공하기 위하여 Simon(2006)에 의하여 소개되었다. 발달에 핵심적인 이해(KDU)의 개념과 성격을 좀 더 구체적으로 알아보고자 Simon(2006)에 소개된 분수 수업을 살펴 보도록 하겠다. 초등학교 4학년을 대상으로 하는 수업에서 기하판(geoboard)[2)]에 파랑색 고무줄로 정사각형을 만들게 한 후에, 빨강색 고무줄로 파란 정사각형을 이등분하는 도형을 만들어 보는 수업이었는데, 대다수의 학생들은 파란 색 정사각형을 서로 합동인 두 직사각형으로 나누었지만, 메리란 학생은 정사각형을 대각선으로 분할하여 합동인 두 삼각형으로 나누었다. 학생들은 각자 나눈 도형들이 정사각형의 절반이란 것과 나누어진 도형이 서로 합동이라는 사실을 알고 있었으나, 분할하는데 쓰인 직사각형과 삼각형이 서로 같은 넓이라는 것을 인식하는 학생들은 학급의 $\frac{1}{3}$밖에 되지 않았다. 나머지 $\frac{2}{3}$ 학생들은 각각의 도형이 주어진 정삼각형 넓이의 $\frac{1}{2}$이라는 것을 알았지만 서로 같은 넓이라는 것을 이해하지 못했던 것이다. Simon은 이 지점에서 KDU의 개념을 논의한다. 분수를 이해한다는 것이 무엇을 의미하는지에 대하여 교사들에게 질문하면 대개는 분수를 $\frac{m}{n}$이라 표현할 때 전체를 n등분한 조각 중 m개를 의미한다고 대답한다. 이를 분수에 대한 '이해'로 생각한다면 교실의 학생

2) 기하판(geoboard)은 둘레, 넓이, 삼각형 등과 같이 평면 기하 영역의 기본적인 개념을 탐구하는데 사용되는 수학 교구이다. 나무와 같은 딱딱한 판에 못이 일정한 간격으로 반쯤 박혀 있으며, 학생들은 고무줄을 못에 걸어서 다양한 기하학적 모양을 만들 수 있다.

들 모두 분수를 이해했다고 할 수 있다. 그렇다면 학급의 $\frac{1}{3}$에 해당하는 학생 정도만 같은 넓이임을 인식하였고, 나머지 학생들은 서로 크기가 다르다고 인식하는 것은 분수에 대한 이해가 아닌 다른 곳에서 원인을 찾아야 할까? Simon은 이것을 설명할 수 있는 것이 바로 KDU이며, 분수 개념 발달에 핵심적인 이해는 분수에서 균등 분할하였을 때 특정한 양의 단위가 생성됨을 인식하는 것이라 하였다. 즉 분수를 주어진 양을 분할하고 거기서 파생된 숫자에만 주목하는 것이 아니라 분할 활동으로 생성된 결과를 새로운 양으로 인식하고 이를 주어진 양과 전체와 부분의 관계의 관점에서 이해한다면, 모양에 상관없이 넓이가 같아야 함을 인식할 수 있게 되는 것이다.

또한 앞에 소개된 수업 일화를 통하여 드러난 KDU의 두 가지 성격을 정리할 수 있는데, 첫째 개념의 진보를 포함해야 하며, 둘째 교사의 설명이나 시범 등으로 얻어지는 것이 아니라는 점이다. 개념의 진보란 학생이 특정한 수학적 관계를 생각하거나 인식할 수 있게 되는 학생 능력의 변화를 의미한다. 분수로 예를 들면, 균등 분할이 양을 갖는 특정한 단위를 만든다는 것을 이해하는 것은 커다란 진보를 뜻하며 학생들이 분수를 유용한 방법으로 인식할 수 있게 됨을 의미한다. 또한 단위 분수를 크기를 가진 하나의 양으로 전체와 관련지어 인식하는 경우 가분수를 이해할 수 있지만, 균등하게 분할하는 것에만 머물러있을 경우 가분수를 이해할 수 없다. 따라서 분수를 가르칠 때, 분수를 양(quantity)으로 인식하는 것이 중요한 목표가 될 수 있다.

두 번째 특징으로 KDU는 설명이나 시범 등이 아닌 학생들 스스로의 활동과 반성을 통해 가능하다는 것이다. 이 성격을 경험학습과 반영적 추상화와 연결시켜서 생각해보면, 경험학습은 귀납적 과정으로 학생들은 이를 통하여 패턴을 발견하고, 반영적 추상화를 통하여 수학적 개념간의 관계를 구성하게 되며, 그 관계가 왜 필요한지까지 알 수 있게 된다. KDU가 학생들 스스로의 활동과 반성을 통해 이루어진다는 것은 이것이 단순한 경험학습에 의한 결과 이상이라는 것을 의미한다. 앞서 예시로 들었던 수업을 생각해보면, 모양이 달라져도 $\frac{1}{2}$로 균등하게 분할하면 같은 넓이를 가진다는 것을 이해하지 못하는 학생이 분수 발달의 핵심적 이해를 하지 못한다고 결론을 얻었을 때, 교사가 분할을 통하여 새로운 단위를 형성하게 돕고, 또한 전체와의 관계를 형성하도록 돕는 것에 주목하지 않은 상태에서 단순히 학생들에게 좀 더 많은 활동을 통해 다른 모양과 다른 분수의 경우를 잘라보면서 탐구하게 하여 모양이 변하는 것은 중요하지 않는다는 것을 결론으로 얻게 하는 것은 바람직한 지도라 볼 수 없다.

결론적으로 발달에 핵심적인 이해는 경험학습만으로는 가능한 것이 아니며, 교사로 하여금 어떤 이해가 특정한 수학 아이디어를 이해할 때 중요한 것인가, 더 세련되게 이해하는 학생과 그보다 덜한 이해를 보이는 학생의 차이를 설명할 수 있는 이해는 무엇인가에 대한 질문을 하게 하고, 이러한 질문을 통하여 지도의 목표를 설정하게 할 수 있다.

4. 교사 지식으로서의 KDU

Silverman & Thompson(2008)에 소개된 Simon(1995)의 예비 교사들의 곱셈에 대한 수학적 이해를 발달시키고자 실시한 직사각형의 넓이를 구하는 활동을 예를 들어 교사 지식으로서 KDU를 형성 또는 경험하는 것이 어떤 것인지 설명하고자 한다. 초등 예비 교사 교육 프로그램의 교수자로서 Simon은 예비교사들에게 크기와 모양이 결정된 작은 직사각형을 주고 더 큰 직사각형 모양의 테이블을 이것으로 덮으려면 몇 개의 작은 직사각형이 필요로 한지 물어보았다. 예비교사들은 테이블의 가로와 세로에 몇 개의 작은 직사각형이 놓일 수 있는지 세어보고 그 두 수를 곱한 값을 제시하였고, 이유를 묻자 교사들은 그게 자신들이 배웠던 방식이며 수학 법칙이라고 대답하였다. 이에 교수자는 한 가상학생의 예를 들어 “Bill이라는 학생이 책상의 세로가 13개 직사각형 만큼이고, 가로가 9개 직사각형 만큼이라 할 때, 만일 내가 세로로 1, 2, 3, …, 13을 세고, 다시 가로로 1, 2, 3, …,9를 세어 13×9를 한다면 맨 구석의 직사각형을 두 번 세는 셈이 되지 않아요?”라고 질문하였다면 어떻게 대답할 것인지 예비 교사들에게 질문하였다. 이에 교사들은 잠깐 당황하였지만 한 교사가 처음 13은 세로 한 줄 안에 몇 개의 직사각형이 있는지를 의미하는 것이고, 9는 그런 세로줄이 몇 줄이 있는지는 의미하는 것이라고 대답하였고, 교수자는 이에 대해 다시 다음과 같

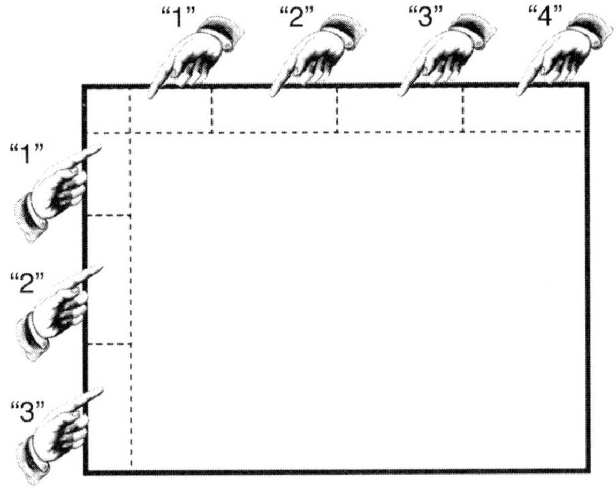

[그림 3] '직사각형 돌리기' 문제 (Silverman & Thompson, 2008, p.504)

이 질문하였다. "주어진 두 직사각형 모양의 책상의 두 변을 측정할 때, [그림 3]과 같이 한 번은 가로 방향으로 한 번은 90도로 돌려서 세로 방향으로 측정하여 각각 32, 22를 얻었다면 이 측정값은 의미가 있는 것일까?

예비 교사들은 위와 같은 방식으로 측정하는 두 값은 아무 의미도 없다고 대답하였고, 이후 계속 이 문제를 탐구하던 중 몇몇의 예비 교사가 가로 측정값과 세로 측정값을 곱하는 것은 측정하는데 사용한 직사각형의 긴 변을 한 변으로 하는 정사각형으로 채웠을 때 얻을 수 있는 값임을 깨닫기 시작했다. 위의 일련의 활동을 통해 Simon은 예비 교사들로 하여금 '주어진 직사각형 카드'에 주목하게 하고 결국 '덮어가는 활동'을 재인지하여 직사각형 카드로 새로운 넓이의 단위, 정사각형을 만들어 낼 수 있음을 깨달을 수 있도록 했다. 이 과정에서 주목해야 할 점은 Simon의 활동의 설계와 그 활동을 통하여 이해를 발달시켜나갈 수 있게 하는 대화 등이며 과연 어떤 점이 Simon으로 하여금 이러한 교육적 활동을 고안하게 할 수 있냐는 것이다.

Simon이 가지고 있는 넓이 개념 발달에 대한 핵심적 이해는 학생들이 넓이를 구할 때 단순히 너비의 길이를 측정하고, 높이의 길이를 측정한 후 두 양을 곱하여 넓이가 됨을 이해할 때 부족한 점을 파악하는데 사용되었다. 즉, 넓이를 이해하기 위한 활동에 '덮기'와 '무엇'으로 덮는 것, 넓이의 기본 단위를 의미 있게 파악하는 것이 필요하다는 것이 Simon이 가지고 있었던 넓이 개념에 대한 KDU였으며, 그는 자신의 KDU

를 바탕으로 예비 교사들이 자신이 갖고 있는 KDU를 구성할 수 있도록 도울 수 있는 활동이 무엇인지를 고민하였다. 그 활동은 자신이 아닌, 예비 교사가 하는 것임을 인식하고 자신이 생각하고 있는 KDU를 발달시킬 수 있도록 과제를 선택하고, 그 과제를 수행하면서 반영적 추상화가 일어날 수 있도록 하는 대화를 이끌어 나가는 교수 활동을 설계하였다. 이는 교수 활동을 진행할 때 교사 자신의 KDU를 토대로 교육적 활동에 필요한 이해로 어떻게 변형되어 가는지 그 과정을 보여주는 한 예이며, 이러한 이해 역시 교사 자신의 반영적 추상화를 통하여 얻어진다. Simon이 자신의 예비교사들에게 그러한 환경을 제공해 줄 수 있었던 것은 그가 교수학적 실제 영향력을 가지고 있는 '넓이'에 대한 핵심적인 교수적 이해(key pedagogical understanding)를 가지고 있었기 때문이라 볼 수 있다. Simon의 넓이에 대한 수학적 이해를 좀 더 구체적으로 살펴보면, Simon은 아동들이 두 직선이 곱해질 때 어떻게 넓이라는 것이 생기는지 바로 이해하는 것은 불가능하다는 것, 학습자는 '넓이'라는 개념을 두 선형 측정값의 곱셈적 관계로부터 파생되는 양으로서 이해해야 한다는 것, 이러한 곱셈적으로 결합된 양으로서 이해가 넓이 개념의 KDU이며 이러한 이해는 부피, 힘, 거리에도 적용된다는 것을 숙지하고 있었다. 위의 [표 1]은 이상에서 논의된 어떠한 특정한 수학적 주제에 대한 학생들의 개념적 이해를 돕기 위하여 그와 관련된 발달에 핵심적인 이해, 즉 KDU를 가지고 있는 교사들의 교수학적 행동 및 이해에 대하여 정리한 것이다.

이상에서 논의된 바와 같이 변형적 관점에서 MKT 발달은 가장 중요한 핵심 요소인 KDU를 구성하면서 시작되는 것이지만, 현재 수학 각 영역과 주제에 대하여 어떤

[표 1] KDU 기반 교수학적 행동 및 교수학적 이해

1	어떤 특정한 수학적 주제에 대한 개인의 강력한 이해를 구성한다.
2	학생의 입장에서 그 수학 내용을 이해하는 다양한 방식에 대한 모델을 구성한다.
3	다른 사람이 어떻게 자신과 비슷한 방식으로 그 수학개념을 이해할 수 있는지에 대한 이미지를 구성한다.
4	다른 사람이 자신과 비슷한 방식으로 그 수학개념을 이해할 수 있도록 도울 수 있는 활동과 그 활동 중 일어나는 상호작용에 대한 이미지를 구성한다.
5	교사의 의도된 방식으로 그 수학개념을 이해하게 된 학생들이 어떻게 연관된 다른 수학개념들의 학습으로 확장해 나갈 수 있는지에 대한 이미지를 구성한다.

것이 KDU인지 제대로 규명하는 연구는 국내외 모두 부족한 실정이다. 이에 두 저자는 Steffe & Olive (2010)의 학생들을 대상으로 분수 연산을 하는데 실제 사용하는 조작과 스킴에 대한 연구 결과를 기반으로 하여, 분수 연산을 위한 학생들의 KDU[3]를 비롯하여 양으로서의 분수를 포함한 문제 상황을 해결하기 위하여 교사들이 어떠한 KDU를 사용하는지 그리고 KDU에 따른 교사들의 차이는 어떠한지를 연구해 왔다(e.g., Lee & Shin, 2011; Lee, Brown, & Orrill, 2011; Lee, 2012; Lee & Shin, 2012; Lee & Shin, 2015). 또한, KDU에서 KPU, 즉, 발달에 관련된 핵심적 이해를 가지고 있는 교사가 학생들에게 실제 영향력을 가지고 있는 교수학적 이해로의 변형을 돕기 위한 도구로서 KDU를 통한 분수 단원의 교과서 분석을 연구하고 있다 (Lee & Shin, 2016).

5. 결론 및 논의

교사들이 수업에서 가르치는 내용과 밀접한 관련이 있는 수학적 지식을 가지고 있을수록 그들의 교수 활동(teaching)은 변화하고, 나아가 학생들의 수학 학습에 긍정적인 영향을 준다는 것은 암묵적으로 학계에서 받아들여지고 있다. 하지만 그 지식이 구체적으로 무엇이고 어떻게 개념화하는지는 학자들마다 차이가 있으며, 본 논문에서는 이를 Gess-Newsome의 통합적 관점과 변형적 관점 두 관점에서 살펴보았다. 상대적으로 변형적 관점에서의 연구가 매우 적은 편이었고, 그 예로 주로 국외 연구가 소개되었지만, 저자들이 인식하고 있는 선에서는 국내 교사 지식에 관한 연구 역시 변형적 관점 보다는 통합적 관점에서의 연구가 주류를 이루고 있다. 통합적 관점에서 MKT를 연구한 Hill et al. (2008)는 교수 활동의 수학적 질(mathematical quality of instruction[MQI])을 판단할 수 있는 요소를 6가지로 규명하고, 교사들의 MKT와

3) 예로 제시한 논문들은 논문에서 KDU라는 용어를 명시적으로 사용하지는 않았지만, KDU라고 생각할 수 있는 연구들을 포함하였다.

MQI와의 상관관계를 분석하였다.[4] 의도적 표집하여 사례 연구를 하였던 6명의 교사들 중 2명을 교사들을 제외하고 나머지 4명의 교사에 대하여서는 교사들의 수학교수학습 방법에 대한 혹은 교과서 사용에 대한 관점 등의 요인들에 따라 MKT와 MQI가 양적 상관관계를 이루지 않았다고 보고하고 있다. 이러한 결과는 변형적 관점에서 해석해 보면, MQI 자체가 교사의 MKT이기 때문에 MKT 점수가 높지만 그럼에도 불구하고 MQI 측정값이 낮게 나온 것은 그 교사가 학생의 입장에서 생각해보고 더 나은 교수학적 방법을 고민해 보는 교수학적 행동(PA)과 교수학적 이해(PU)의 부족으로 인해 아직 KPU가 되지 못했기 때문이라고 볼 수 있다. 하지만, 이를 통합적 관점에서 해석하면 교사의 어떠한 것에 대한 신념 및 관점과 같은 다른 요소의 영향이라고 볼 수도 있을 것이다.

어떤 특정한 관점과 그 관점을 기반으로 한 연구 방법 및 모델의 타당성(validity)이나 실행 가능성(viability)은 연구 내에서 일관성과 방법론적 엄밀함도 중요한 척도가 되지만 결국 수립된 모델이 얼마나 다양한 실제 현상들을 설명하고 진단할 수 있는 있으며, 이를 더 바람직한 방향으로 이끌 수 있는 함의점을 얼마나 풍부하게 제공해 줄 수 있는지 일 것이다. 이런 측면에서 수학교육에서 통합적 관점에서의 교사 지식에 대한 연구는 교사들의 지식 구조와 이것이 발현되는 교실 현장에서의 다양한 현상들을 해석하기 위한 좋은 설명적 도구(explanatory tool)의 역할은 해오긴 하였으나, 그런 교사의 지식을 어떤 방향으로 어떻게 발달시킬 수 있도록 돕는지에 대한 방향을 제시하고 함의점을 제공하는데는 성공적이 못하였다고 판단된다. 본 논문에서 저자들은 그 대안으로 변형적 관점에서의 교사 지식 연구를 제안하였다. 통합적 관점에서의 연구에 비해 초기 단계이고 연구된 바가 많지 않아 그 모델의 성공여부를 판단하기는 이르지만 교사의 지식형성 과정도 한 인지주체의 지식 형성과정으로서 기존 지식(prior knowledge)을 기반으로 하여 반성 활동을 통해 더 높은 수준의 지식을 재구성해 나간다고 주장한 점에서 기존의 학습 심리학의 이론과 상통한다는 점, 교사의 교수실행 과정에서 가장 중요하게 고려해야 할 학생의 학습에 핵심적인 역할을 하는 KDU를 그 출발점으로 삼았다는 점에서 변형적 관점에서 교사 지식의 연구는 발전가능성이 풍부하다 할 수 있다.

---

4) MQI에 대한 구체적인 설명은 Hill, Blunk, Charalambous, Lewis, Phelps, Sleep, & Ball (2008)을 참고하길 바람.

참 | 고 | 문 | 헌

Reference

Ball, D. L., & Bass, H. (2003). *Toward a practice-based theory of mathematical knowledge for teaching*. Paper presented at the Proceedings of the 2002 Annual Meeting of the Canadian Mathematics Education Study Group, Edmonton, AB.

Ball, D. L., Bass, H., Boerst, T., Cole, Y., Jacobs, J., & Kim, Y. (2008). *Developing teachers' mathematical knowledge for teaching*. Paper presented at the Mathematics Focus Session.

Ball, D. L., Thames, M., & Phelps, G. (2008). Content knowledge for teaching: What makes it special? *Journal of Teacher Education, 59*(5), 389-407.

Begle, E. G. (1972). *Teacher knowledge and pupil achievement in algebra (SMSG Reports, No. 9)*. Palo Alto, CA: Stanford University, School Mathematics Study Group.

Begle, E. G. (1979). *Critical variables in mathematics education*. Washington, DC: Mathematical Association of American and National Council of Teachers of Mathematics.

Bush, W., Ronau, R., Brown, T., & Myers, M. (2006). *Reliability and validity of diagnositic mathematics assessments for middle school teachers*. Paper presented at the American Educational Association Annual Meeting, San Francisco.

Calderhead, J. (1989). Reflective teaching and teacher education. *Teaching & Teacher Education, 5*(1), 43-51.

Carpenter, T. P., Fennema, E., Peterson, P. L., & Carey, D. (1988). Teachers' pedagogical content knowledge of students' problem solving in elementary arithmetic. *Journal for Research in Mathematics Education, 19*(5), 385-401.

Clark, C. M., & Peterson, P. L. (1986). Teachers' thought processes. In M. C. Wittrock (Ed.), *Handbook of research on teaching* (3rd ed., pp. 255-296). NewYork: Macmillan.

Ferrini-Mundy, J., Floden, R., McCrory & R., Burrill, G., Sandow, D. (2005). *A conceptual framework for knowledge for teaching school algebra.* East Lansing, MI.

Ferrini-Mundy, J., & Senk, S. (2006). *Knowledge of algebra for teaching: Framework, item development, and pilot results.* Paper presented at the NCTM Research Presession.

Gess-Newsome, J. (1999). Introduction and orientation to examining pedagogical content knowledge. In J. Gess-Newsome & N. G. Lederman (Eds.), *Examining pedagogical content knowledge* (pp. 3-20). Dordrecht, The Netherlands: Kluwer Academic Publishers

Grossman, P. L. (1990). *The making of a teacher: Teacher knowledge and teacher education.* New York: Teachers College Press, Teachers College Columbia University.

Hill, H. C., & Ball, D. L. (2004). Learning mathematics for teaching: Results from California's mathematics professional development institutes. *Journal for Research in Mathematics Education, 35*(5), 330-351.

Hill, H., Blunk, M., Charalambous, C., Lewis, J., Phelps, G., Sleep, L., & Ball., D. (2008). Mathematical knowledge for teaching and the mathematical quality of instruction: An exploratory study, *Cognition and Instruction, 26*(4), 430-511.

Hill, H. C., Ball, D. L., & Schilling, S. (2008). Unpacking "pedagogical content knowledge": Conceptualizing and measuring teachers' topic-specific knowledge of students. *Journal for Research in Mathematics Education, 39*(4), 372-400.

Hill, H. C., Rowan, B., & Ball, D. L. (2005). Effects of teachers' mathematical knowledge for teaching on student achievement. *American Educational Research Journal, 42*(2), 371-406.

Hill, H. C., Schilling, S. G., & Ball, D. L. (2004). Developing measures of teachers' mathematics knowledge for teaching. *Elementary School Journal, 105*(1), 11-30.

Lee, S.J., Brown, R., & Orrill, C. (2011). Mathematics teachers' reasoning about fractions and decimals using drawn representations. *Mathematical Thinking and Learning, 13*(3), 198-220.

Lee, S.J., & Shin, J. (2011). Preservice teachers' key developmental understandings for fraction multiplication. *Journal of the Korean School Mathematics Society, 14*(4), 477-490.

Lee, S.J. (2012). Exploring teachers' knowledge ofpartitive fraction division. *School Mathematics, 14*(1), 45-64.

Lee, S.J., & Shin, J. (2012). Teachers' key developmental understandings for measurement fraction divisions. In L. Van Zoest, J.-J. Lo,& J. Kratky (Eds.) *Proceedings of the 34th annual meeting of the North American Chapter of the International Group for the Psychology of Mathematics Education.* Kalamazoo, MI: Western Michigan University.

Lee, S.J., & Shin, J. (2015). Distributive partitioning operation in mathematical situations involving fractional quantities. *International Journal of Science and Mathematics Education, 13*, 329-355.

Lee, S.J., & Shin, J. (2016). What is required for teachers to reorganize math textbooks? - An analysis of Korean elementary math textbook based on KDU. To be presented at the *13th International Commission on Mathematics Education, Hamburg.*

Mason, C. (1999). The TRIAD approach: A consensus for science teaching and learning. In J. Gess-Newsome & N. Lederman (Eds.), *Examining pedagogical content knowledge* (pp. 277-292). Boston: Kluwer Academic Publishers.

Marks, R. (1990). Pedagogical content knowledge: From a mathematical case to a modified conception. *Journal of Teacher Education, 41*(3), 3-11.

McCrory, R., Floden, R., Ferrini-Mundy, J., Reckase, M. D., & Senk, S. L. (2012). Knowledge of algebra for teaching: A framework of knowledge and practices. *Journal for Research in Mathematics Education, 43*(5), 584-615.

Monk, D. H. (1994). Subject matter preparation of secondary mathematics and science teachers and student achievement. *Economics of Education Review, 13*(2), 125-145.

Rowan, B., Chiang, F. S., & Miller, R. J. (1997). Using research on employees' performance to study the effects of teachers on students' achievement. *Sociology of Education, 70*(4), 256-284.

Shulman, L. S. (1986). Those who understand: Knowledge growth in teaching. *Educational Researcher, 15*, 4-14.

Shulman, L. S. (1987). Knowledge and teaching: Foundations of the new reform. *Harvard Educational Review, 57*(1), 1-22.

Silverman, J., & Thompson, P. W. (2008). Toward a framework for the development of mathematical knowledge for teaching. *Journal for Research in Mathematics Education, 11*(6), 499-511.

Simon, M. (1995). Reconstructing mathematics pedagogy from a constructivist perspective. *Journal for Research in Mathematics Education, 26*(2), 114-145.

Simon, M., Tzur, R., Heinz, K., Kinzel, M., & Smith, M. (2000). Characterizing a perspective underlying the practice of mathematics teachers in transition. *Journal for Research in Mathematics Education, 31*(5), 579-601.

Simon, M. (2006). Key developing understandings in mathematics: A direction for investigating and establishing learning goals. *Mathematical Thinking and Learning, 8*(4), 359-371.

Steffe, L. P., von Glasersfeld, E., Richards, J., & Cobb, P. (1983). *Children's counting types: Philosophy, theory, and application.* New York, NY:

Praeger Scientific.

Steffe, L. P., & Olive, J. (Eds.) (2010). *Children's fractional knowledge*. New York: Springer.

Thompson, A. G., & Thompson, P. W. (1996). Talking about rates conceptually, Part II: Mathematical knowledge for teaching. *Journal for Research in Mathematics Education, 27*(1), 2-24.

Wilson, S. M. (1992). A case concerning content: Using cases to teach about subject matter. In J. H. Shulman (Ed.), *Case methods in teacher education* (pp. 64-89). New York: Teachers College Press.

제11장

학습자 중심 수학수업에 필요한 수학교사의 지식: 교수법적 지식

김진호(대구교육대학교)

1. 서문

제7차 수학과 교육과정이 개정되면서, 학습자 중심 수학수업이란 용어가 등장하게 되었고 많은 수학교육자들과 (초등) 수학교사들은 학습자 중심 수학수업을 실천에 옮길 수 있기를 희망하고 있다. 왜냐하면 학습자 중심 수학수업을 제대로 실천에 옮길 수만 있다면, 즉, 학습자 중심 수업 이론에서 추구하고자 하는 수업이 실제로 수학 교실에서 발생할 수 있으면, 수학교사들이 이상적인 수학수업이라고 꿈꾸는 수업이 실천에 옮겨질 수 있을 것만 같아 보이기 때문이다. 제7차 교육과정 이후 많은 교사들이 나름대로 학습자 중심 수학수업을 실천에 옮기는 수업을 추구하고 있으나, 유감스럽게도, 이 학습자 중심 수학수업을 제대로 실천에 옮길 수 있는 수학교사는 손꼽을 정도로 적은 것이 현실이다. 그 결과로, (초등) 수학교사들 중 자신이 학습자 중심 수업을 하고 있음을 보이기 위해서 자신의 수업을 동료교사나 전문가에게 적극적으로 공개할 수 있는 (초등) 수학교사가 거의 없다는 점이다. 수학교사가 수학수업을 잘 하지 못한다는 것은 매우 심각한 문제라고 할 수 있다.

왜 (초등) 수학교사들이 자신들의 수학수업을 적극적으로 공개하지 못하는 것일까? 이 현상에 대한 여러 가지 원인들이 있을 수 있지만, 필자는 그 중 대표적인 원인이 이들이 예비교사 때이건 현직교사 때이건 수학수업을 잘 하는데 필요한 지식에 대한 강의를 받아 본 적이 없기 때문이라고 조심스럽게 판단해 본다. 예를 들어, 초등예비교사들이 대학에서 받는 강좌는 거의 내용 중심의 즉 수학 교과 지식에 초점을 두고 있고, 현직교사들을 대상으로 하는 연수는 실제 수업에 대한 연수가 아니라 교육과정에 대한 연수에 그치고 있다. 따라서 이들은 수학수업을 어떻게 해야 하는 잘 하는 것인지에 대한 갈망이 높다.

이런 점에서 볼 때, PCK와 관련된 연구가 활발하게 이루어지고 있는 것은 긍정적이라고 할 수 있다. 본고에서는 이들 연구들을 학습자 중심 수업이란 관점에서 비판적으로 고찰해 보고자 한다.

2. PCK의 구성요소에 대한 우리나라 연구자들의 관점들

2.1 어떤 철학적 관점이 반영된 PCK인가?: 수학지식을 학생들에게 전달하기 위한 PCK vs 학생들이 스스로 지식을 구성할 수 있도록 촉진하기 위한 PCK

앞서도 언급하였듯이, 제7차 수학과 교육과정 이후 학습자 중심 수학수업을 강조하면서 수학교사의 역할은 수학지식의 전달자에서 학습자들이 수학을 스스로 이해할 수 있도록 돕는 도우미이자 촉진자로서 그 역할이 변했다. 그럼에도 불구하고, 많은 연구물(강정기, 김민정, 정상태, 노은환, 2014; 방정숙, 김상화, 2007)들에서 수학교사들은 수학 내용 지식(Subject Matter Knowledge)을 충분히 잘 알고 있어야 하고, 이를 학생들이 잘 이해할 수 있도록 전달할 수 있는 방법적인 지식들을 필요로 하는데 이런 지식들을 교수법적 지식이라고 정의하고 있다. 여기서 문제가 되는 것은 "전달할 수 있는 방법적인 지식들" 부분이다. 학습자 중심 수업을 한다는 것은 학생들이 스스로 수학지식을 이해하는 수업을 해야 하는 것을 의미하는 것이지, 수학지식을 먼저 이해한 교사가 자신이 이해한 내용을 스스로 이해할 학생들에게 전달해 줄 수 있는 수업 방법을 언급하는 것은 아니라는 점이다.

PCK와 관련된 우리나라 연구자들의 연구물들에 자주 등장하는 표현이 "가르치는데 필요한 전문적 지식"이다. 아마도 이런 표현이 빈번히 사용되는 것은 PCK에 대한 논의를 촉발한 시기가 1980년대 후반과 1990년 초반이라는데 착안할 필요가 있다. 물론, 이 시기에 구성주의처럼 당시의 교육 철학과는 전적으로 다른 패러다임적 전환을 한 교육을 실천하고자 하는 움직임이 수학 교육(Nodding, 1990) 및 과학 교육(Mattew, 1998) 분야에서 태동하기는 하였지만, 당시의 지배적인 교육철학의 관점에서는 학생들이 스스로 수학지식을 "이해하는" 교수 방법에 대한 관점이 아닌 여전히 교사가 학생들에게 수학을 이해시킬 목적으로 실천에 옮길 수 있는 교수 활동을 위한 교육 방법이 주를 이루었다는 점을 고려할 때, "가르치는데 필요한 전문적 지식"이란 아이디어가 자리 잡을 수 있었을 것이라고 보인다.

구성주의를 반영한 패러다임적 전환이 이루어진 교육을 실천하고자 하는 교육 철학을 교육과정의 철학으로 설정한 현 시점에서도 여전히 객관적 인식론을 반영한 수학 수업 방법과 관련된 PCK를 논의하는 것이 어떤 의미가 있을지에 대해서는 회의적이라고 하지 않을 수 없다. 어쩌면, 이런 관점에서 PCK를 연구하는 것이 그 결과물을 수학수업이 이루어지고 있는 교실에 적용하려고 할 때 교사들에게 공허한 메아리로 들리는 원인이지 않을까 한다. 질적 연구이든 양적 연구이든 연구의 목적을 명료하게 설정해야 하듯이, PCK와 관련된 연구도 시대의 교육철학에 맞는 연구를 해야 실제 교실 수업에 영향을 미칠 수 있다. 즉, 학습자 중심 수학수업을 추구하는 우리나라 교육과정의 입장에서 교사들에게 필요한 PCK는 교사가 먼저 이해한 수학 내용을 학생들에게 전달할 수 있는 방법적인 지식들이 아니라 학생들이 스스로 지식을 이해할 수 있도록 도와 줄 수 있는 방법적인 지식이어야 할 것이다. 또한, 한 교실에 있는 모든 학습자들은 서로 다른 지적 능력을 갖춘 인격체들이 모여 있는 공간임을 인정하면서 수학수업을 할 때 요구되는 지식을 의미하는 것이어야 한다. 전자로 후자를 성취할 수는 없다. 이와 같은 관점에서 보면, 현 교육과정의 교육철학인 구성주의를 반영한 교수 방법에 관련한 지식들에 대해서 연구한 연구물(논문 및 서적)들이 많지 않지만 존재하는 것은 긍정적이라 할 수 있을 듯 하다(예를 들어, 김진호, 김상미, 2013; 김진호, 이재기, 2011).

2.2 도대체 PCK란 무엇인가

연구자들이 어떤 한 개념에 대해 합의된 이해를 구성하는 것은 쉬운 지적 활동이 아니라는 것은 공공연한 사실이고 어렵게 합의된 이해를 형성하더라도 곧 새로운 이해를 구성해 내는 것이 연구자들의 세계라는 점을 인식할 때, 어쩌면 당연한 결과일 수도 있지만, 송근영, 방정숙(2013)이 살펴보았듯이, PCK가 무엇이고, PCK의 하위요소들이 무엇인지에 대해서 연구자들은 합의점을 도출하지 못하고 자신들의 관점에서 PCK란 개념을 정의하고 그 하위 요소들을 설정하여 연구를 진행하고 있다. 송근영, 방정숙(2013)은 이런 점에 대해서 다음과 같이 진술하고 있다.

> “어떤 논문에서는 PCK를 교사 지식의 하위 범주로 기술한 반면에, 다른 논문에서는 ‘교사 지식=PCK’라고 간주하면서 PCK의 구성 요소를 하위범주로 기술하기도 하였다.” (p. 270)

이때 가급적이면, 연구자의 관점에서 다른 연구자와 다른 관점에서 PCK 좀 더 나아가서 (수학) 교사 지식을 정의하고 그 하위범주에 속하는 구성요소들을 정의하였는지에 대해서 명확한 설명이 있어야 할 것이다. 이때도 앞서서 언급한 바와 같이, 현재 우리나라 교육과정에서 설정한 인식론인 구성주의를 반영한 수학수업인 학습자 중심 수업이라는 관점에서 수학수업을 실천에 옮길 때 요구되는 지식이라는 측면에서 PCK와 관련된 논의들을 전개해 나아갈 필요가 있다.

2.3 우리나라 수학 교실에 맞는 PCK인가

본 연보의 여러 장에서도 나타나듯이, 우리나라에서 연구되고 있는 많은 PCK와 관련된 연구들은 Ball과 동료 연구자들의 연구를 참조하고 있다. Ball과 그의 동료연구자들이 살펴본 PCK가 우리나라 수학교실 상황에도 적합한 것인지에 대한 논의는 필요할 뿐만 아니라 우리나라 수학교실 문화에 적합한 PCK가 무엇인지에 대한 연구가 필요해 보인다. TIMSS 연구에서 나타나듯이(Stigler & Hiebert, 1999), 각 나라의 수학 교실에서 학생들이 이해하려고 노력하는 수학은 같을지라도, 각 국의 수학교실 문화에 따라서 필요한 PCK는 다를 수 있기 때문이다. 그런 점에서 보면, 최승현과 황혜정의 일련의 연구물들(2008a, 2008b, 2009a, 2009b)은 어떤 점에서는 의미 있는 시도라고 할 수 있다. 이들은 2007 개정 교육과정에 따른 수학과 PCK의 의미를 탐색하여 수학과 PCK 분석틀을 설정하고, 이를 기반으로 다양한 유형의 PCK를 마련하고자 하였기 때문이다(최승현, 2007). 이런 시도는 우리나라 수학 교육 실정에 맞는 PCK를 개념화하려는 시도라는 점에서 시사하는 바가 있다. 그러나 이들은 PCK를 "특정한 수학 내용을 학생들이 이해할 수 있는 방식으로 가르치는 방법에 대한 지식(최승현, 황혜정, 2008a, p. 577)"이라고 진술하고 있는데, 이를 학생들이 스스로 이해하는 것을 돕는 것이 교육과정에서 인식론으로 채택한 구성주의를 반영한 수업이라는 점에서 볼 때, 이는 현재의 교육과정에서 추구하는 수업을 위해 교사가 알아야 하는 PCK라고는 할 수 없을 듯 하다. 따라서 우리나라 교육 체계에 적합한 수학수업을 할 때 교사들에게 요구되는 PCK라는 점에서 연구가 시도되어야 할 것으로 보인다.

2.4 PCK를 연구한 연구 방법론

PCK를 포함한 더 넓은 개념인 수학교사 지식에 대한 연구 동향을 분석한 한 논문(송근영, 방정숙, 2013)에 따르면, 연구자들이 주로 사용하는 연구 방법은 질적 연구(54.4%)이고 단일 연구 기법으로는 가장 많이 사용하는 방법은 조사 연구(34.2%)인 것으로 나타났다. PCK란 어떤 점에서 보면 실천적 지식이라고 할 수 있는데, 이런 성격의 지식을 설문지를 통한 조사 연구를 활용해 연구하는 것이 적절한 것인지에 대해서는 의문을 제기하지 않을 수 없을 듯 하다. 또한, 우리나라의 수학교육과 관련된 다양한 연구물들을 대상으로 연구 동향을 분석하는 많은 논문들에서(송근영, 방정숙, 2013; 이중권, 2003; 황혜진, 근간), 연구자들이 주로 사용하는 연구방법이 질적 연구라고 하는데, 교사 지식을 연구한 연구에서도 연구자들이 주로 사용하는 연구 방법은 질적 연구이다(송근영, 방정숙, 2013). 그런데, 각 연구논문들에서 "연구 방법" 절에서 밝히고 있는 질적 연구 절차들을 살펴보았을 때, 실제로 연구자들이 질적 연구 방법론을 사용하고 있는지에 대해서는 우려를 하지 않을 수 없을 듯 하다. 질적 연구라고 하는 것이 질적 자료만 즉 관찰 자료, 면담자료, 인공물 등을 수집해서 나름의 방식으로 분석하는 연구를 의미하지는 않기 때문이다. Patton(2015)에 따르면, 질적 자료의 해석에서 연구자의 자료의 해석이 연구자의 주관적인 의견이 아님을 밝힐 수 있는 여러 장치들을 동원해야 한다. 그런데, PCK를 연구한 연구물들을 살펴보았을 때, 질적 연구 방법을 사용하였다고 하는 연구들을 보면 이런 장치를 활용하는 연구들이 거의 없음은 우리나라 수학교육이 발전하는데 장애가 될 수 있을 듯 하다. 질적 연구 방법론에 따른 질적 연구가 수행되어야 그 결과가 본래의 의도를 가질 수 있으며, 그 결과가 교육현장에 적절하게 적용될 수 있을 것이다.

2.5 PCK 정립을 위한 교수·학습 자료 개발 연구

학생들이 수학을 스스로 이해할 수 있도록 수업을 실천에 옮기는데 필요한 다양한 형태의 지식을 PCK라고 할 때, 이를 (초등) 수학교사들이 온전히 이해하고 실천에 옮기기 위해서는 이들을 대상으로 어떤 교육을 실시해야 한다. 하지만, 이런 관점을 반영한 연구는 방정숙, 김상화(2007)이 실시한 연구를 제외하고는 찾아보기 어렵다. 이들의 연구는 초등학교에서 가르치는 활동과 직접적으로 관련된 지식을 종합적으로 획득하기 위한 자료가 미흡함을 인지하고 핵심적인 학습 주제 전반에 대해서 관련된 수학 내용 지식, 교수법 지식, 학습자 지식, 교육과정 및 교과용 도서 분석, 교과서 재구성 및 적용 측면에서 체계적으로 분석함으로써 PCK에 대한 폭과 깊이를 상당 부분 확장하였다는 점에서 그 의미가 있다고 할 수 있다. 그런데, 본 연구물에 대해서 몇 가지 점에서 연구자들과는 다른 관점을 제시할 수 있을 듯 하다. 첫 번째, 교과서를 분석할 때, 교과서 내용이 목표에 부합되는 내용인지를 분석하였다고 하였는데(방정숙, 김상화, 2007, p. 141), PCK라는 관점에서 교과서를 분석한다면, 그 내용을 가지고 수업을 한다는 점에서 분석을 해야 할 것이다. 연구자들이 분석한 것처럼, 그 내용이 교육과정에서 강조하는 개념인지 아닌지를 분석하는 것은 수업 그 자체와 직접 관련이 없다는 점에서 PCK라는 관점에서 교과서를 분석한 것인지에 대해서는 의문을 가질 수 밖에 없다. 두 번째, Kamii(1992)가 교사들이 학생들이 수학을 이해하는 과정에 대한 이해가 증가하면 할수록 교사는 보다 나은 수업을 실천에 옮길 수 있다고 하였듯이, 수학교사들이 수학수업을 할 때, 필요한 지식 중의 하나는 학생들이 수학을 이해해 가는 과정에 대한 이해 및 그 이해의 발달에 대한 이해인데 반해서, 이 부분에 대한 연구는 비교적 부족한 듯 하다. 즉, 대부분의 연구에서 학생들이 이해하고 지식을 획득 방법, 학생들이 수학을 배우는 과정에서 나타나는 오류나 오개념에 초점을 맞추고 있다. 그런데, PCK와 관련해서 교사들이 알아야 하는 학생들의 이해와 관련한 지식은 앞서 언급한 지식들과는 다른 지식을 의미하는데, 그것은 바로 앞서 언급한 학생들이 하는 이해에 대한 교사들의 이해이다. 즉, 학생들의 이해 그 자체에 초점을 두는 것이 아니라 이에 대한 교사들의 이해에 초점을 둔 PCK를 연구해야 하지 않을까 한다. 이와 관련해서는 앞서 언급한 최승현, 황혜정 등의 연구와 안선영, 방정숙(2006)의 연구에서도 같은 문제제기를 할 수 있을 듯 하다. 좀 더 문제가 되는 것은 학습자에 대한 이해와 관련된 PCK의 범주에 속하는 지식으로 학습자 오류의 유형만을 제시하는 연구도 있다(곽주철, 류희수, 2008, p. 426). 이런 접근을 한다면, 이 논문을 읽는 독자들이 마치 학습자의 이해에 대한 지식에 관련된 다른 요인들은 없는 것으로 오인할 수 있을 가능성이 있지 않을까 하는 우려를 하지 않을 수 없을 듯 하다.

2.6 수학 내용 영역별 PCK 연구

앞서 언급하였듯이 그리고 본 연보의 여러 장에서 언급하고 있듯이, PCK가 무엇이고 그 하위 범주에 어떤 지식들이 포함되는지에 대해서는 다양한 접근이 있을 수 있다. 그 중에서도 특정 수학 내용을 지도하는데 직접적으로 필요한 지식도 PCK에 포함된다. 이 지식을 교수 방법에 대한 지식이라고 한다. 평면도형의 넓이와 관련된 교수 방법을 연구한 안선영, 방정숙(2006), 곽주철, 류희수(2008), 박선영, 강완(2012)의 연구를 통해서 교수 방법에 대한 지식에 대해 살펴보고자 한다. 안선영, 방정숙(2006)

의 연구에서 두 교사는 "다양한 비교 상황에서 측정 대상의 속성을 인지하고 넓이를 구하는 방법으로 보편단위의 수를 세는 것에서 보다 편리한 방법을 찾는 단계로 가르쳐야 한다고 설명하였다.(p. 31)"라고 진술하고 있다. 즉, 이 두 교사들은, 지속적으로 언급하고 있는 것이지만, 7차 교육과정 이후로 지속적으로 교육과정의 인식론으로 채택된 구성주의를 반영한 수업을 할 때는 학습자 중심 수업이라는 점을 간과한 교수 방법에 대한 지식을 형성하고 있음을 자신들의 면담 자료를 통해서 드러내고 있음을 알 수 있다. 실제로 이들 교사들 중 한 교사는 "학생들의 이해를 돕기 위해 밑변과 가로·높이와 세로의 길이가 동일하다는 것을 이해하기 쉽게 구체적으로 안내하고(p. 33)" 다른 한 교사는 "교과서의 그림을 설명하는(p. 33)" 교수 방법을 채택하였다. 곽주철, 류희수(2008)는 교수 방법에 대한 지식을 설명하면서 수업 모형에 대한 설명을 하고 있다. 수업 모형과 교수 전략 또는 교수 방법이 동일한 것이 아님은 자명하다. 수업 모형에 따라 수업 지도안을 작성한다고 하더라도, 모든 학생들이 동일한 학습 목표를 달성하기 위해서 실천에 옮겨지는 교수 전략과 한 교실에 앉아 있는 학생들은 서로 다른 지적 능력을 갖추고 있고 따라서 같은 학습 활동을 하더라도 학생들이 저마다 이해하는 추상의 정도는 모두 다를 수 있음을 인정하면서 수업을 할 때 교사들이 사용할 수 있는 수업 전략은 상이할 수 밖에 없을 듯 하다. 후자의 경우에 사용하는 교수 전략으로 의사소통을 강조한 수업을 들 수 있을 것이며, 의사소통이 활발하게 이루어지는 수업을 위한 성공적인 다양한 전략은 Chapin, O'Connor, Anderson (2013)에 제시되어 있고, 이들은 이것을 말하기 이동(talk moves)이라고 부른다. 곽주철, 류희수(2008)는 교수 방법에 대한 지식의 하위 지식으로 수학 교과서 재구성에 대한 지식을 포함시키고 있다. 우리나라 수학수업의 특징 중의 하나로 박교식(1996)은 교과서의 성서화 현상을 지적하고 있다. 제7차 수학과 교육과정이 공포되면서 교사들에게는 교과서를 하나의 교재로 활용하도록 되어 있다. 이를 잘 나타내는 것이 제7차 수학교육과정에 따른 교과서가 개발되고 이 교과서로 수업을 하는 교사들을 위한 교사용지도가 개발되었는데, 이 교사용 지도서(교육인적자원부, 2001)에 "~ 수학 교과서와 익힘책을 절대적으로 인정하지 말고, 각 학교나 학급의 실정에 따라 학생을 직접 가르치는 교사가 융통성을 가지고 활용하여야 한다.(p. 52)"고 진술하고 있다. 그럼에도 불구하고 여전히 다수의 교사들이 교과서에 의존하는 수업을 하고 있는 점을 감안하면, 이 지식을 교수 방법에 대한 지식의 하위 지식으로 설정하는 것은 바람직해 보인다. 그런데, 연구자들은 실제 4명의 교사와의 면담을 실시하면서 교과서 재구성에 대한 인식과 교과서의 문제점에 초점을 두고 있다. 교과서 재구성시, 변함없이 유지되고 있는 한 차시 수업 활동을 통해서 학생들이 성취해야 하는 학습 목표는 단일 지식을 제시하는 방식에서 벗어나 다양한 지식들이 복합적으로 반영되어 있는 수업 자료를 구성할 것인지, 계산 절차 중심의 수업 자료에서 개념 중심의 수업 자료로 재구성할 것인지 등과 같이 수업 자료를 재구성할 때 고려해야 할 요인들이 있을 수 있다.

3. 결어

수학교사가 수학수업을 잘 하기 위해서, 수학교사는 다양한 지식을 알고 있어야 한다. 그런데, 동일한 수학지식도 어떤 관점에서 보느냐에 따라서 매우 다르게 정의될 수 있듯이, 본 고에서는 이 PCK를 우리나라 교육과정의 인식론인 구성주의라는 관점에서 살펴보고자 노력하였다. 물론, 본 고의 목적이 이와 같은 관점에서 PCK를 새롭게 정립하기 위한 작업이 아니기에 이 범주까지는 논의를 전개해 가지 않았지만, 이 논의는 분명히 필요해 보인다. 왜냐하면, 우리나라에서 수학교사들이 수학수업을 한다는 것은 단순히 교과서에 제시되어 있는 것을 설명하는 것이 아니라 교육과정의 정신에 충실한 수업을 해야 하기 때문이다. 이 부분은 아무리 강조해도 지나치지 않을 듯하다. 다시 본 주제로 넘어와서, 그렇다면, PCK와 관련한 지식들을 논의할 때도 교육과정에서 강조하고 있는 인식론을 배제한 채 논의하는 것은 바람직스러워 보이지는 않아 보인다.

본 고의 중심 절들에서 살펴 본 몇 가지 측면들은 구성주의의 관점에서 바라볼 때는 전혀 다른 시각을 가질 수 있음을 제시하고 있다. 앞서도 언급하였듯이, 꼭 구성주의가 아니더라도, 우리가 인정할 수 있는 것은 한 교실에 앉아 있는 학습자들은 지식을 구성할 수 있는 지적 능력을 갖춘 인격체임에 틀림없고, 또 이들의 지적 능력은 서로 다를 뿐만 아니라 이들의 지적 능력의 발달 과정도 서로 다르다는 점이다. 또한, 급진적 구성주의의 경우, 지식의 객관성을 인정하지 않는다(김판수, 박수자, 심성보, 유병걸, 이형철, 임채성, 허승희, 1999). 이 관점에서 지식을 고려하면, 객관적, 절대불변의 보편적인 지식이란 없을 뿐이다. 서로 다른 능력을 갖춘 학습자들을 대상으로 수학수업을 할 때 교사는 분명히 학생들이 이해해 가는 과정에 대한 이해를 해야 할 것이다. 이 점을 고려하면, 수학교사는 전혀 다른 수업 자료를 구성할 수 있는 지식을 필요로 한다. 즉, 수업 자료에 하나의 성취기준이 반영된 수업 자료가 아니라 다양한 성취기준이 포함된 수업 자료를 구성하는데 필요한 경험과 지식이 필요하다. 이 점을 고려하면, 수학교사는 이질집단 내 동질집단을 구성하여 수업을 운영해야 하지 않을까 한다. 학습자들이 모두가 다른 능력을 갖고 있고, 이들이 같은 활동을 통해서 서로 다른 지식을 추상할 수 있음을 고려한다면, 학습자들은 저마다의 학습 능력에 따라서 자신의 지력을 최대한 발휘할 수 있는 수업이 되어야 하고, 수업의 결과도 서로 차이가 날 수 있음을 인정해야 할 것이다. 즉, 모든 학생들이 동일한 학습 목표를 성취할 것을 추구하는 수업에서와는 전적으로 다른 지식을 수학교사는 필요로 한다.

끝으로, 본 장의 서두에서 언급하였듯이, PCK와 관련된 많은 연구들이 있지만, 본 고에서 논의한 것과 같은 관점에서도 PCK와 관련한 많은 논의가 이루어지기를 기대해 본다.

참 고 문 헌

Reference

교육인적자원부 (2001). 교사용 지도서 수학 4-1. 서울: 대한교과서주식회사.

곽주철, 류희수 (2008). 평면도형에 대한 교사의 PCK와 수업 실제의 비교 분석. 학교수학, 10(3), 423-441.

김진호, 김상미 (2013). 구성주의 입장에서 보는 학습자 중심의 수학 교수·학습. 김진호, 장경윤, 한인기, 고호경(편저), 구성주의와 한국수학교육 (pp. 45-64). 서울: 경문사.

김진호, 이재기 (2011). 수학수업의 일부 국면에 나타나는 수업의 실제에 대한 일 논의. East Asia Mathematical Journal, 28(2), 233-249.

김판수, 박수자, 심성보, 유병길, 이형철, 임채성, 허승희 (1999). 급진적 구성주의: 앎과 학습의 길. 서울: 원미사.

박교식 (1996). 우리나라 초등학교의 수학 교수·학습에서 볼 수 있는 몇 가지 특징. 대한수학교육학회 논문집, 6(2), 99-113.

박선영, 강완 (2012). 평면도형의 넓이 지도에 대한 교사의 PCK 분석. 수학교육학연구, 22(4), 495-515.

방정숙, 김상화 (2007). 초등 교사의 수학과 교수법적 내용 지식 정립을 위한 교수·학습 자료 개발. 한국학교수학회논문집, 10(1), 129-148.

송근영, 방정숙 (2013). 수학과 교사 지식에 관한 국내 연구의 동향 분석. 한국학교수학회논문집, 16(1), 265-287.

안선영, 방정숙 (2006). 평면도형의 넓이에 대한 교사의 교수학적 내용 지식과 수업 실제 분석. 수학교육학연구, 16(1), 25-41.

이중권 (2003). 수학교육에서 질적 연구 방법. 수학교육, 42(2), 111-119.

최승현 (2007). 교육과정개정에 따른 수학과 내용교수지식(PCK) 연구 II - 중등 초임교사 수업 컨설팅을 중심으로. 한국교육과정평가원 연구보고 RRI 2005-3.

최승현, 황혜정 (2008a). 수학과 내용 교수 지식(PCK)의 의미 및 분석틀 개발에 관한 연구. 한국학교수학회논문집, 11(4), 569-593.

최승현, 황혜정 (2008b). 수학과 내용 교수 지식(PCK)의 범주화: 세 명 교사의 사례를 중심으로. 학교수학, 10(4), 489-514.

최승현, 황혜정 (2009a). 내용교수지식(PCK)에 기초한 수업컨설팅에 관한 연구: 수학 초임교사의 사례를 중심으로. 학교수학, 11(3), 369-387.

최승현, 황혜정 (2009b). 내용교수지식(PCK)에 기초한 수업컨설팅에 관한 연구. 한국학교수학회논문집, 12(1), 27-45.

황혜진 (근간). 수학교육 전문 연구자들의 연구 동향 분석: 10개 교육대학교를 중심으로.

Chapin, S, H., O'Connor, C., & Anderson, N. C. (2013). *Classroom discussion in math: A teacher's guide for using talk moves to support the Common Core and more, Grades K-6*. Sausalito, CA: Math Solutions.

Matthews, M. R. (1998). *Constructivism in science education: A philosophical examination*. Dordrecht: Kluwer Academic Publishers.

Nodding, N. (1990). *Constructivist views of mathematics*. Reston, VA: NCTM.

Patton, M. Q. (2015). *Qualitative research and evaluation methods* (4th ed.). Thousand Oaks, CA: SAGE Publications, Inc.

Stigler . W. & Hiebert, J. (1999). *The teaching gap*. New York, NY: The Free Press.

제 12 장

결론: 교사 지식 연구의 의미와 향후 연구의 방향

박만구(서울교육대학교)

1. 서론

수학수업의 질은 수학을 지도하는 교사의 질을 넘지 못한다. 그런데 교사의 질은 교사들이 가지고 있는 교과에 대한 지식, 학생에 대한 지식, 심리학적인 지식 등과 교사가 교실에서 수업을 진행하면서 이런 요소들을 활용하여 학생들과 어떻게 상호작용을 효과적으로 잘 할 수 있느냐에 좌우된다고 할 수 있다. 질 높은 수업을 하려면 교사는 수업에서 융복합적으로 사용할 수 있는 다양한 지식(예를 들면, PCK(pedagogical content knowledge), SCK(specialized content knowledge), MKT(mathematical knowledge for teaching), KCT(knowledge of content and teaching), SMK(subject matter knowledge), MKiT(mathematical knowledge in teaching), KDU(key developmental understanding))을 적절히 적용할 수 있는 능력이 있어야 한다.

수학교육에서 교사 지식에 대한 연구는 그 역사가 오래 되었지만 많은 수학교육자들이 교사 교육에 관심을 가지기 시작하면서 최근의 본격적인 연구는 Shulman(1986)

이나 Ball, Lubienski와 Mewborn(2001) 등에 의하여 시작되었다고 할 수 있다. 우리나라에서도 수학교육 연구의 주된 방향이 각 개인의 학습에 대한 것에서 교실에서 교사와 학생, 학생과 학생 간의 상호 작용이나 교사 교육에 초점을 두는 쪽으로 변화하고 있다. 이런 변화의 조류에 맞추어 수학교육에서 교사 지식 연구에 대하여 심층적으로 살펴보는 것은 의미가 있다고 할 수 있다.

우리나라에서는 최근에 2015 개정 수학과 교육과정(교육부, 2015)을 개정하였고, 이에 따라 새로운 수학 교과서를 개발 중에 있다. 그런데 똑같은 교과서를 사용하더라도 교실에서 교수·학습의 장면은 교사의 능력에 따라서 매우 다르게 나타날 수 있다. 따라서 교사의 수학수업에 대한 능력을 결정하는 요소들은 무엇이며, 각 요소들이 어떻게 관련되어 있는지에 대하여 깊이 있게 알아볼 필요가 있다. 이런 중요성에 비추어 이번 연보에서 교사 지식을 주제로 한 연구들에 대하여 집중적으로 논의를 한 것은 교사 지식에 대한 후속 연구를 위해서 필요한 일이라 할 수 있다.

이 장에서는 각 장에서 저자들이 교사의 수학지식과 수업 지식에 대하여 다양한 관점에서 논의한 내용에 대하여 정리해 보고, 교사 지식에 대한 연구의 의미와 향후 교사 지식의 연구 방향에 대하여 제안하였다.

2. 국내 연구자들의 교사 지식에 대한 관점

본 연보에서는 교사의 수학지식에 대한 연구를 크게 3개 파트의 12장으로 구성하고 있다. 파트 1에서는 수학교사의 지식이라는 주제로, 1장: 수학교사 지식 연구를 위한 논의, 2장: 수학교사의 지식과 수학수업의 질, 그리고 3장: 수학교사의 학생 평가 지식 신장 방안으로 구성하고 있다. 파트 2에서는 수학교사의 MKT를 중심으로, 4장: 수학교사의 교수를 위한 수학적 지식, 5장: 내용과 교수에 대한 교사 지식-예비초등교사들의 소수 곱셈 교수법 논의 사례, 6장: 초등학교 교사의 전문화된 수학 내용 지식

(specialized content knowledge)에 대한 이해, 7장: 중등예비교사의 복소수에 대한 전문화된 수학 내용 지식, 그리고 8장: 교과 내용과 학생에 대한 지식으로 구성하고 있다. 파트 3은 교사 지식에 대한 다양한 접근을 중심으로, 9장: 교사 지식 연구의 새로운 관점-교사 지식의 사중주(Knowledge Quartet), 10장: 통합적·변형적 관점의 교사 지식에 대한 연구, 11장: 학습자 중심 수학수업에 필요한 수학교사의 지식-교수법적 지식에 대하여 논의하였고, 마지막으로 12장은 결론으로 교사 지식 연구에 대한 요약과 교사 지식연구의 의미와 향후 연구의 방향에 대하여 제안하였다. 각 장의 내용을 정리하면 다음과 같다.

1장에서 권나영 교수는 "수학교사 지식 연구를 위한 논의"를 주제로 수학교사의 지식에 대한 연구에 대하여 10개의 질문을 하고, 이에 대하여 답변하는 방식으로 기술하였다. 이 장에서 권나영 교수는 수학교사의 지식에 대한 연구에 대하여 과학적인 연구가 중요하고 또한 가능함을 제안하였다. 권나영 교수는 미국 국가연구위원회(National Research Council, 2002)의 과학적 연구의 원칙들을 인용하면서, 과학적인 연구가 되려면 실증적으로 연구 가능한 연구 문제, 적절한 연구 선택과 연구 방법, 일관성있는 논리 제시, 재생산과 일반화, 그리고 결과물 공개와 검증 등을 포함해야 한다고 보았다. 권나영 교수는 교사 관련 연구가 교실에서의 실행을 전제로 한다는 점을 고려해 볼 때, 교사 지식에 대한 연구가 과학적인 연구가 되도록 할 필요가 있다고 주장하였다. 이를 위한 10가지 논의 사항에 대하여 아래와 같이 제안하고, 각 제안 사항을 중심으로 교사 지식을 설명하였다.

- 수학교사에게 필요한 지식을 왜 연구해야 하는가?
- 수학교사의 지식을 비교하는 연구가 필요한가?
- 수학교사의 지식이란 무엇이며 신념과 어떻게 구분할 수 있는가?
- 우리나라 수학교사에게 필요한 지식이란 무엇인가?
- 수학교사의 지식을 평가한다는 것은 어떤 의미인가?
- 수학교사에게 필요한 지식을 확인할 수 있는 적절한 연구 방법은 무엇인가?
- 우리나라의 수학교사의 지식은 외국 수학교사의 지식과 비교 가능한가?
- 수학교사의 지식을 측정하는 것 외의 다른 연구 방법은 무엇인가?
- 수학교사의 지식 연구는 학생 또는 학교와 어떻게 연관이 되는가?

• 수학교사의 지식 연구는 수학교사 교육과 어떤 관련이 있는가?

권나영 교수는 교사 지식과 관련하여 위에서 제시한 문제들의 연구를 위하여 과학적인 방법을 통하여 실제 교사 교육에 적절하게 활용하도록 해야 한다고 주장하였다. 그리고 이미 연구한 관련 연구들은 무엇인지, 어떤 연구 방법을 사용해야 하는지, 그리고 연구 결과를 어떻게 활용할 수 있는지에 대하여 연구의 설계 단계에서부터 고려할 필요가 있다고 보았다.

권나영 교수는 우리나라의 상황에 비추어 교사 지식에 대한 과학적인 연구가 필요하다고 보고, 10개 항목에 대하여 과학적인 연구를 위한 논의를 적절하게 제안해 주었다. 그런데 서두에서 교사 지식의 중요성이 현장에서의 수업과 밀접한 관련이 있음을 제시하고 있으므로, 이들 간의 관련성에 대한 논의를 함께 해 주었다면 좋을 것이다. 교사의 지식에 대한 연구가 궁극적으로는 학생들과의 교수·학습의 질을 높이기 위한 것이라면 교사의 수학지식과 실제 교수·학습의 장면에서 교사의 수업 실행과의 연관성을 살펴보는 논의도 포함할 필요가 있을 것이다.

2장에서 김성경 박사와 이봉주 교수는 "수학교사의 지식과 수학수업의 질"이라는 주제로 선행 연구들의 결과를 분석하여 수학교사의 지식과 수학수업의 질에 대하여 논의하였다. 이 장에서 이들은 국내외 관련 선행 연구들을 분석하고, 수학교사의 지식과 수학수업의 질을 측정하기 위한 도구의 예로 미국과 독일에서의 연구와 우리나라 초·중등 교사의 지식과 관련하여 실제 수학수업 분석을 수행한 선행연구 결과를 정리하였다. 그리고 수학교사 지식과 수학수업의 질과의 관련성에 대하여 분석하였다.

이 저자들은 교사의 지식과 수업의 관련성을 분석한 여러 국내·외 선행연구에서 교사는 자신의 PCK 또는 MKT를 대체적으로 잘 발현시키고 있는 것으로 보았다. 미국과 독일에서 이루어진 두 프로젝트에서는 모두 교사의 수학지식, 수학수업의 질, 학생의 수학성취도 등의 관련성을 확인하고자 하였다. 이 연구에서 교사의 지식은 질 높은 수학수업과 학생의 수학성취도에 영향을 미친다고 주장하였다. 그리고 이들은 미국의 LMT 프로젝트(learning mathematics for teaching project)에서 개발한 수학수업의 질을 측정할 수 있는 도구인 MQI(mathematical quality of instruction)의 차원과 하위요인을 활용하여 협동적인 수업 분석에 대하여 설명하였다. 그리고 교사가 자신의 수업을 반성할 수 있는 기준으로 활용하여 보다 질 높은 수학수업을 위한 연구의 필요성을 제안하였다. 이 장에서 수학수업의 질을 측정할 수 있는 도구를 소개한 것은 의미 있어 보인다. 수학수업의 현상들을 양적인 잣대로 측정하는 것은 한계가 있지만, 그럼에도 불구하고 다양한 접근은 가능할 것이고 국내에서도 이런 측면의 연구가 필요하다.

3장에서 고상숙 교수는 "수학교사의 학생 평가 전문성 신장 방안"이라는 주제로 수학교사의 학생 평가를 위한 전문성을 어떻게 신장시킬 것인가에 대하여 논의하였다. 고상숙 교수는 2015 개정 수학과 교육과정에서 수학과 핵심 역량에 대한 요소들을 포함하여 이를 함양하도록 하고 있는데, 교수·학습 과정에서 이를 고려하는 것 뿐만 아니라 핵심 역량에 대한 평가가 더욱 강조될 것으로 전망했다. 이 장에서는 수학 교과의 평가에 있어 전통적인 평가 방식에서 벗어나 다양한 평가 방법이 필요하고, 이를 위해서는 교사에게 평가 자율성과 동시에 책임감도 부여해야 한다고 보았다. 그리고 수학교육에서 학생의 성장을 적절하게 돕기 위하여 교사의 학생 평가 전문성을 갖추어야 한다고 주장하였다.

이 장에서 고상숙 교수는 학교 현장에서 학생 평가의 중요성과 교사의 학생 성장을 효율적으로 돕기 위한 평가 전문성의 중요성을 인식하고 그 평가 전문성을 신장할 수 있는 방안을 모색하였다. 이를 위해 교과교육에서 정의하는 학생 평가 전문성의 의미, 교사 지식 내에 평가의 위치, 그리고 교사 지식과 학생평가 전문성에 대하여 살펴보았다. 또한 교사 지식 중 수학교사 교수지식(MKT)과 평가에 대한 지식의 관계를 알아보고, 이를 도식화하여 평가에 대한 지식의 비중과 그 역할을 제시하였다. 그리고 현장에서 이런 평가를 실시하면서 교사의 평가에 대한 전문성을 신장시켜 나갈 것을 제안하였다. 수학교사 지식이나 교사 전문성에서 학생들의 수학 평가를 포함하지 않을 수 없다. 평가 중에서도 학생의 현 수준을 단순히 진단하는 것도 중요하지만, 고상숙 교수가 제안한 것처럼 평가를 통하여 학생의 지적인 성장을 돕기 위한 연구를 지속할 필요가 있다. 이런 평가가 현장에서 정착하기 위해서는 교사들이 이런 평가에 대하여 충분히 이해하도록 할 필요가 있으므로 이와 관련한 교육 방안도 필요하다.

4장에서 한혜숙 교수와 주홍연 교사는 "수학교사의 교수를 위한 수학적 지식"이라는 주제로 교사가 수학 지도를 하는데 필요한 지식에 대하여 논의하였다. 이 장에서는 주로 MKT(mathematical knowledge for teaching) 연구에 관한 국내 연구를 PCK(pedagogical content knowledge)와 더불어 조사하였다. 그들은 국내의 PCK의 연구는 중등교사보다 초등교사를 대상으로 수행한 연구가 많았고, 수업 분석에 대한 것이 주류를 이루고 있다고 분석하였다. 그리고 그 동안의 연구들이 교사의 PCK 강화, PCK 요소의 범주화 및 분석틀 개발 연구, 그리고 PCK에 관한 선행연구들에 대하여 분석한 연구들이 주류를 이루고 있다고 기술하였다.

이에 반하여 이들은 MKT에 관한 국내 연구는 2000년 후반부터 본격적으로 시작되었지만, PCK 연구에 비하여 양적과 질적으로 미흡하다고 보았다. 그리고 국내에서 수행한 MKT에 관한 연구는 주로 특정 수학적 개념에 대하여 교사들의 MKT를 분석한 연구라고 분석하였다. 그것도 MKT의 하위요소 중 일부분만을 대상으로 한 연구가 대부분이었다고 기술하였다. 그리고 아직까지 국내에는 MKT를 측정하기 위한 표준화된 검사 도구가 없는 실정으로 교사들의 MKT에 대하여 종합적으로 측정하여 맞춤식으로 처방하기는 쉽지 않다고 주장하였다. 따라서 수학교사들을 위한 MKT를 정확하게 측정할 수 있는 표준화된 검사 도구의 개발이 되지 않은 상황에서 대부분의 선행연구에서 교사의 MKT를 종합적으로 파악하기는 쉽지 않았을 것으로 보았다. 이에 향후에는 수학교사들의 MKT를 보다 정확하게 측정할 수 있는 표준화된 검사 도구의 개발로 교사들의 MKT의 하위 요소들의 능력 함양을 위한 방안에 대한 연구가 필요하다고 주장하였다. 이들의 주장대로 국내에서도 우리나라 수학교사 지식에 대하여 MKT의 요소에 대한 개별적인 연구를 포함하여 보다 종합적이고 과학적으로 표준화된 측정 도구의 개발이 필요하다. 앞으로 이런 도구의 개발을 위한 기초적인 연구들을 장기적으로 진행할 필요가 있다.

5장에서 이지은 교수는 “내용과 교수에 대한 교사 지식: 예비초등교사들의 소수 곱셈 교수법 논의 사례”라는 주제로 예비초등교사들의 소수 곱셈의 사례를 가지고 교사의 수학 내용 지식과 교수에 대한 지식에 대하여 논의하였다. 이 장에서는 교수를 위한 수학지식(mathematical knowledge for teaching[MKT])의 한 하위 영역인 내용과 교수에 대한 지식(knowledge of content and teaching[KCT])을 중심으로 초등예비교사들이 소수의 곱셈 문제에서 수행한 과제를 중심으로 논의하였다. 이지은 교수는 그 동안 MKT 또는 KCT에 대한 연구의 대부분이 교사의 결여된 지식을 찾는 결손모델(deficit model)에 중점을 두었다고 분석하였다. 반면에 이지은 교수는 초등예비교사들이 소수의 곱셈이라는 수학 내용의 교수 과정에서 학생을 지도하기 위한 지식을 어떻게 생성하고 발전시켜 나갔는가에 대한 예시를 중심으로 설명하였다. 그리고 교사가 교수의 설계하고 진행하는 과정에서 스스로의 사전지식을 탐색하고, 의문을 제기하고, 교수 방법을 함께 모색해보는 과정이 교사들의 KCT 증진에 긍정적인 영향을 주게 된다고 주장하였다.

이지은 교수는 교사들은 너무나도 자명하다고 생각하는 계산 절차에 대해 호기심을 갖거나 의문을 갖는 데까지 걸리는 시간이 의외로 길다고 주장하였다. 대부분의 학생들이 소수의 곱셈에 대한 규칙을 맹목적으로 되풀이하는 순환이 끝내는 시점은 자신의 기존 지식이나 타인과의 상호 작용 과정에서 반례를 제시하거나 또는 의견 충돌이 일어난 때라고 분석하였다. 그리고 수업의 성공은 교사들의 내용과 교수에 대한 지식(KCT)뿐만 아니라 교사 지식의 다른 하위 영역이나 수업 실천의 원리들과도 서로 밀접하게 관련이 있다고 주장하였다. 그리고 교사 지식은 단순한 암기나 맹목적인 기술 습득으로는 실제 수업에 이를 의미 있게 접목하기 어렵다고 보았다. 그리고 교사 지식은 겉으로 들어나기 쉽지 않은 특징이 있으므로, 교수에 대한 지식을 표면으로 이끌어내어 스스로 반성하고 보다 바람직한 방향의 지식을 내면화할 수 있도록 할 필요가 있다고 보았다. 이 교수의 교사 지식과 관련하여 결여보다는 교수 과정에서의 생성에 초점을 둔 관점은 의미가 있어 보인다. 교수·학습의 과정은 고정적이지 않고 매우 역동적인 과정이므로, 이 과정에서 교사가 어떻게 유연하게 자신이 이미 가지고 있는 지식을 편집하고 적용해 가느냐 하는 것이 중요하기 때문이다. 우리나라에서 이런 접근의 연구도 지속적으로 해 갈 필요가 있다.

6장에서 김리나 박사는 “초등학교 교사의 전문화된 수학 내용 지식(specialized content knowledge)에 대한 이해”라는 주제로 초등학교 교사의 특정 수학 내용과 관련된 교사의 지식에 대하여 논의하였다. 이 장에서는 수학 교수를 위한 수학적 지식(MKT) 중에서 전문화된 수학 내용 지식(specialized content knowledge)과 관련하여 국내외의 연구들에 대하여 알아보았다. 이 연구에서는 Ball과 그녀의 동료들이 초등학교 교사들의 MKT를 측정하기 위해 개발한 도구를 활용하여 한국 초등학교 교사의 전문화된 수학 내용 지식에 대하여 측정한 결과도 알아보았다. 이 장에서 김리나 박사는 한국 초등수학교육 연구 분야에 있어 전문화된 수학 내용 지식의 이해 정도의 파악과 실제 교사들의 전문화된 수학지식 내용 지식의 실체를 이해하는데 연구자들에게 시사점을 제시하고 있다.

김리나 박사는 교사 지식의 지식과 관련하여 다양한 측면을 이해하는 것은 교사의 질을 향상시킬 수 있는 방법으로 보고(Kim & Albert, 2015), 초등학교 교사의 전문화된 수학 내용 지식을 포함하여 보다 광범위하게 교사의 지식 전반에 대한 이해의 폭을 넓힐 수 있는 후속 연구를 제안하였다. 이 장에서는 초등교사와 서울 지역의 교사를 대상으로 하여 수와 연산 영역에 대한 교사의 지식에 대한 자료만을 대상으로 하고 있다. 그런데 저자도 제안하였듯이 차후 연구에서 중등교사들을 포함하여 보다 다양한 지역과 여러 경력의 교사들을 대상으로 한 보다 광범위한 실증적인 연구를 지속할 필요가 있을 것이다.

7장에서 이동환 교수는 "중등예비교사의 복소수에 대한 전문화된 수학 내용 지식"이라는 주제로 중등교사들이 고등학교 수학 시간에 복소수에 대하여 지도하면서 복소수에 대한 교사의 전문화된 수학 내용 지식을 어떻게 활용하는지 알아보았다. 이 교수는 전문화된 수학 내용 지식(specialized contents knowledge[SCK])(Ball, Hill, & Bass, 2003; Ball, Thames, & Phelps, 2008)에 대하여 학문으로서의 수학보다는 가르치는 활동(teaching practice) 자체를 분석하여 수학교사에게 필요한 지식을 확인하려는 시도라는 측면으로 보고 분석하였다.

이동환 교수는 수학교사가 실제 교실에서 학생들에게 수학을 지도하기 위해서는 교사의 다양한 능력이 필요하다고 보았다. 예를 들면, 교사는 과제를 선택하고 수정하며, 시험을 출제하고, 토론을 중재하며, 교구를 사용하고, 질문을 제기하고, 학생의 답을 평가하는 등의 활동을 수행해야 하는데 이 장면에서 상황에 맞게 적절한 지식과 순발력이 필요하다고 보았다. 이 장에서는 특별히 고등학교 학생들에게 복소수를 지도하는 상황에서 예비교사의 SCK를 확인하는 과제를 설계하여 이에 대한 예비교사의 응답을 분석하였다. 그리고 이런 응답을 토대로 수학교사 교육에 주는 시사점을 제시하였다.

이 장에서는 특별히 고등학교 교육과정에 포함되지 않는 개념인 $\sqrt{i}$가 복소수인가 아니면 새로운 수인가에 대해 판단할 수 있고, 그 근거를 수학적으로 정당화하는 지식을 수학교사의 복소수에 대한 SCK로 규정하였다. 이동환 교수는 예비교사의 대수학 및 복소해석학 지식과 SCK 사이에 밀접한 관계가 있고, 교사는 그 이면에 있는 복소수의 대수적 완비성을 이해할 필요가 있다고 주장하였다. 이 장에서는 교사교육 과정에서 SCK를 지도하는 효과적인 방법은 수학교사에게 익숙한 상황에 대하여 새로운 관점에서 볼 수 있는 기회를 제공하는 것으로 보았다. 그리고 익숙한 지식에 대해 낯선 질문을 던지는 과정에서 수학교사에게 필요한 것이 SCK로 보았다. 이동환 교수의 제안과 더불어 앞으로의 연구에서는 예비교사 단계에서 SCK를 어떻게 적절하게 습득하도록 할 것인가에 대한 연구를 지속해 갈 필요가 있다.

8장에서 조성민 박사와 황혜정 교수는 "교과 내용과 학생에 대한 지식"이라는 주제로 교사의 특정 수학 내용과 관련하여 학습자에 대한 지식에 대하여 논의하였다. 이 장에서는 Shulman(1986)이 제안했던 PC를 Ball et al.(2008)이 수학교육과 관련하여 수학 내용 지식(mathematical knowledge for teaching)을 내용 지식(subject matter knowledge[SMKm])과 교수학적 내용 지식(pedagogical content knowledge, [PCKm])으로 구분하였다. 그리고 특정 수학 내용과 관련된 학습자에 대한 지식(knowledge of content and students), 특정 수학 내용과 관련된 교수에 대한 지식(knowledge of content and teaching), 그리고 교육과정에 대한 지식(knowledge of content and curriculum)을 교수학적 내용 지식(PCKm)의 하위 영역으로 설정하였다. 이 장에서는 수학 내용 지식에 대한 선행 연구들을 정리하여 특정 수학 내용과 관련된 학습자에 대한 지식의 의미를 좀 더 명료하게 하고, 교사의 지식을 측정하고 분석한 연구와 특정 수학 내용과 관련된 학습자에 대한 지식에 대하여 논의하였다. 이들은 교사의 교과 내용 지식을 분석하는 연구와 함께 특정 수학 내용과 관련하여 학습자에 대한 지식을 중심으로 하는 연구도 더 활발하게 할 필요가 있다고 주장하였다. 이들의 주장과 함께 앞으로 특정 수학 내용이 교실 안에서 어떻게 실제 수업을 실행하는데 역할을 하게 되는지 등에 대한 논의를 해 갈 필요가 있다.

9장에서 정유경 박사와 방정숙 교수는 "교사 지식 연구의 새로운 관점: 교사 지식의 사중주"라는 주제로 수학을 가르치는데 발현되는 교사 지식 연구의 새로운 관점을 중심으로 교사 지식의 사중주(Knowledge Quartet[KQ])에 대하여 소개하였다. 이들은 이 장에서 정적인 교사 지식에 대한 개념만으로는 실제 수학수업에서 사용되는 지식을 설명하는데 한계가 있다고 보고, 수학을 가르치는 데 발현되는 교사 지식(mathematical knowledge in teaching[MKiT])을 중심으로 교사 지식을 논의하였다. 저자들은 MKiT를 본질적으로 서로 다른 교사 지식의 요소들이 상호작용하면서 수학수업의 맥락에 맞추어 새롭게 구성해 가는 유기체로 보았다. 따라서 이런 관점에서 교사 지식을 본다면, MKiT를 효과적으로 분석하기 위해서는 수학수업 상황을 중심으로 분석을 해야 하고 그 특성에 적합한 분석틀이 필요하다고 보았다. 이 장에서는 MKiT의 분석틀로 여러 나라에서 사용되고 있는 '교사 지식의 사중주(knowledge quartet[KQ])'를 소개하였다. 이들은 이 장에서 실천적 지식으로써의 교사 지식 연구를 간단히 살펴보고 KQ의 4가지 차원과 코드에 대해 설명하면서, 우리나라 수학 수업에 실제 KQ를 적용한 연구를 바탕으로 교사 지식 연구에 관한 시사점을 제시하였다.

제언으로, KQ의 다양한 활용 방식에 관한 연구와 수학수업에서 발현되는 교사 지식에 관한 다양한 연구의 필요성과 교사 지식의 본질과 그에 따른 분석 방식에 대한 연구가 보다 활발하게 이루어질 필요가 있다고 주장하였다. 이들은 지금까지 우리나라에서 이루어진 교사 지식에 관한 선행 연구의 대부분은 수학을 지도하는데 교사가 가지고 있는 머릿속의 지식을 대상으로 한 것으로, 실제 수학수업의 장면에서 서로 다른 교사 지식 항목들의 복합적인 상호작용을 분석하는 데는 한계가 있다고 지적하였다. 그리고 교사 지식은 복합적이고 다채로운 특성을 가졌기 때문에 하나의 관점만으로는 교사 지식의 본질을 설명하기 어렵고 다양한 관점에서 접근할 필요가 있다고 주장하였다. 후속 연구로 교사 지식의 본질을 탐색하는 연구와 이에 근거하여 교사 지식을 효과적으로 분석하기 위한 방법론적 연구도 지속적으로 이루어질 필요가 있다고 보았다. 이들이 주장한 '수학을 가르치는 데 발현되는 교사 지식'의 관점은 앞에서 이지은 교수가 주장한 '생성 모델'과 맥을 같이 한다고 할 수 있다. 수업을 학생과 교사 간의 상호 작용에 의하여 지식을 생성해 가는 살아 있는 유기체적인 관점에서 보는 것은 교사들로 하여금 교실 안에서 항상 깨어 학생들과 역동적으로 관계하도록 한다는 점에서 이점이 있다고 할 수 있다.

10장에서 이수진, 신재홍 교수는 "통합적·변형적 관점의 교사 지식에 대한 연구"라는 주제로 Gess-Newsome(1999)의 통합모델과 변형모델에 대하여 알아보고, 이 관점에서 MKT 연구의 방향에 대하여 설명하였다. 이들은 통합적 관점에서 MKT를 연구한 Hill et al.(2008)의 교수 활동의 수학적 질(MQI)을 판단할 수 있는 6가지 요소에 대하여 MKT와 MQI와의 상관관계를 설명하였다. 이들은 발달에 핵심적인 이해(key developmental understanding [KDU])(Simon, 2006)에 대하여 Simon(2006)과 Silverman, Thompson(1996)의 연구에서 수행했던 초등학교 4학년의 분수 수업과 초등예비교사들의 곱셈의 수학적 이해를 발달시키고자 직사각형의 넓이를 활용하는 장면에 대한 구체적인 사례를 차례로 인용하여 KDU를 설명하였다.

그러나 이들은 수학교육에서 통합적 관점에서의 교사 지식에 대한 연구는 교사들의 지식 구조와 이것이 발현되는 교실 현장에서 다양한 현상들에 대하여 설명하는 데는 좋은 도구의 역할을 해 왔으나, 교사의 지식을 어떤 방향으로 어떻게 발전시킬 것인가에 대한 합의점을 제공하는 데는 성공적이지 못했다고 판단하였다. 그의 대안으로 저자들은 변형적 관점에서 교사 지식 연구를 제안하였다. 이 관점은 통합적 연구에 비하여 초기 단계이고 연구가 축적되지는 않았지만 교사의 지식 형성을 한 인지 주체의 지식 형성 과정으로 기존 지식을 기반으로 한 반성 활동을 통하여 더 높은 수준의 지식을 재구성해 간다는 구성적인 활동으로 볼 필요가 있다고 주장하였다. 그리고 이들은 교사의 교수 실행 과정에서 가장 중요하게 고려해야 할 학생의 학습에 핵심적인 역할을 하는 KDU를 그 출발점으로 삼았다는 점에서, 그리고 변형적 관점에서의 교사 지식의 연구를 발전 가능성이 풍부한 것으로 보았다는 점에서 의미가 있다고 할 수 있다.

11장에서 김진호 교수는 "학습자 중심 수학수업에 필요한 수학교사의 지식: 교수법적 지식"라는 주제로 수학교실에서 학습자 중심의 수학수업을 진행하는데 필요한 지식 중 교수법적인 지식에 대하여 설명하였다. 이 장에서는 초등학교 교사를 포함한 수학교사들이 자신들의 수업에 대하여 자신 있게 공개하지 못하는 이유를 수학수업을 잘하는데 필요한 지식에 대하여 배운 적이 없고, 교사 대상의 연수에서도 실제 수학수업에 대한 내용보다는 주로 교육과정의 일반적인 내용을 대상으로 하였기 때문으로 보았다. 김 교수는 교사에게 필요한 PCK에 대하여 교사에게 필요한 지식을 학습자 중심 수업이란 관점에서 비판적으로 고찰하였다.

이 장에서 김진호 교수는 다양한 능력의 학습자들을 대상으로 수학수업을 진행할 때, 교사는 학생들이 학습 내용에 대하여 이해해 가는 과정에 대하여 잘 알아야 한다고 주장하였다(김진호, 김상미, 2013 참고). 이 장에서는 수업을 구성주의적인 관점에서 보고, 교사는 각 학생들의 수준과 요구에 적절한 수업을 할 필요가 있음을 설명하였다. 그는 구성주의적인 관점에서 교사의 지식과 수학수업을 대상으로 하는 보다 많은 연구를 할 필요가 있음을 제안하였다. 이 장에서 김 교수가 제안한 측면은 특히 국내에서 많이 이루어지고 있지 않은 관점으로, 앞으로 학생의 학습과정에 대한 세밀한 관찰을 토대로 한 연구를 활발히 해 갈 필요가 있다. 그리고 학생의 학습 과정에 대한 관찰을 토대로 교사가 이를 어떻게 해석하고 처방하는지에 대한 연구도 함께 해 갈 필요가 있다.

12장에서 박만구 교수는 “결론: 교사 지식 연구의 의미와 향후 연구의 방향”이라는 주제로 교사 지식에 대하여 지금까지 각 장에서 논의한 내용을 정리하고, 교사 지식 연구에 대한 의미와 향후 연구의 방향에 대하여 제안하였다. 박만구 교수는 본 연보에서의 교사 지식에 대한 연구를 기반으로 우리나라에서 보다 다양한 관점에서 교사 지식과 수업에 대한 연구가 필요하다고 제안하였다. 그리고 국내의 연구뿐만 아니라 다양한 문화 속에서 이루어지는 수업의 공유와 이를 토대로 교사 교육에 대한 연구를 수행하고 이를 공유할 필요가 있다고 제안하였다.

그리고 여러 나라의 사례를 횡적과 종단적인 연구를 해 나갈 필요가 있다고 보았다. 또한, 이런 연구는 궁극적으로는 수업의 상황에서 교사의 수업 실행 능력의 질을 높이기 위한 것으로, 학교 현장에 기반을 둔 실행 연구를 할 필요가 있다. 그리고 교사 교육이나 교사 연수 프로그램은 이런 연구들을 기반으로 하여 개발하고 개선해 갈 것을 주장하였다. 수학교육에서 교사 지식을 주제로 한 이 연보는 학생과 교사의 수학수업에서의 보다 질 높은 ‘상호 배움’을 효과적으로 돕기 위한 기초적인 연구로서의 가치가 있다고 보았다. 후속 연구로 교사 지식 및 수업과 관련하여 보다 다양한 관점에서의 심층적이고 장기적인 연구를 계속해 갈 것을 주장하였다. 수학교사 지식에 대한 연구는 김진호 교수의 제안을 포함하여 미시적이고 거시적인 관점의 다양한 측면의 고려와 함께 효과적인 교사 교육을 위한 종합적인 프로그램의 개발을 해 나가야 할 것이다.

3. 수학교육에서 교사 지식에 대한 연구의 의미

수학교육에서 교사 지식은 수학수업의 질을 결정하는 중요한 요소라고 할 수 있다. 그리고 최근 들어서 교사 교육 관련 연구들이 증가하고 있음을 볼 때(방정숙, 선우진,

2014), 우리나라에서도 교사 지식에 대한 심도 있는 논의하고 정리할 필요가 있다.

교사 지식에 대한 연구는 수업의 질 향상을 위하여 필요하다. 학생과 교사들은 교실 안에서 수업을 하면서 많은 시간을 보내게 된다. 따라서 어느 교과를 막론하고 교실 안에서 이루어지는 수업은 미지의 것에 대한 호기심과 배움의 희열과 뿌듯함을 충분히 경험하도록 할 필요가 있다. 그리고 교사는 지도하는 학생들이 이런 경험을 최대한 누릴 수 있도록 교과 지식, 학생에 대한 지식, 그리고 교수에 대한 지식을 갖추기 위해 끊임없이 노력하고 교사는 자신의 수업에 대하여 반성하면서 개선해 갈 필요가 있다.

교사 지식에 대한 연구는 교사 양성 대학의 교육과정 개발에 기초적인 자료로 활용할 수 있다는 데 의의가 있다고 할 수 있다. 예비교사나 교사 지식에 대한 연구는 예비교사나 교사들이 어떤 지식이 부족한지 그리고 질 높은 수업을 하는데 어떤 어려움을 가지고 있는지를 파악할 수 있도록 한다. 따라서 이를 근거로 예비교사를 양성하는 대학의 교육과정에 대한 정보를 제공해 줄 수 있다. 특히, 예비교사들의 수업 실습에서 이런 지식을 어떻게 활용할지를 확인하여 수업을 개선해 가도록 할 필요가 있다. 아울러 교사 양성 대학에서 예비교사들을 지도하는 교수들에게도 교사 교육 연구의 대표적인 정보를 공유를 하고 자신들의 강의에도 응용할 수 있도록 할 필요가 있다. 이를 위해서 교육부 등에서는 학교 평가에서 이를 반영하여 교수나 교사들이 자신들의 수업 개선에 보다 많은 관심을 가지고 노력해 갈 수 있도록 행정적이고 재정적인 지원을 할 필요가 있다.

교사 지식에 대한 연구는 현직 교사들로 하여금 어떤 교과 지식이나 교수 지식이 필요한지를 파악하고 효과적으로 교사 연수 프로그램을 개발하도록 한다. 수업의 질 향상이나 학생들과의 친밀하고 효과적인 상호작용을 위해서는 예비교사의 교육만큼이나 현직교사에 대한 연수나 재교육도 중요하다. 교사들의 지식과 수행 능력의 고양을 위한 교육 프로그램은 형식적인 행사로 끝나지 않도록 하기 위하여 보다 세밀한 설계와 실행이 필요가 있다. 승진이나 성과급에 반영하는 것과 같은 외적인 요인과 함께 수업의 질 개선을 통하여 교사로서의 보람과 자기 성장의 기쁨을 맛볼 수 있도록 하는 내적인 동기유발도 고려할 필요가 있다.

교사 지식에 대한 연구를 포함하여 교실 안에서 수업을 실행할 때 나타나는 교사의 수업 능력을 포함하는 총체적인 연구가 필요하다. 아직도 교사 지식의 연구가 교사가 가지고 있는 지식의 상태를 점검하는 연구가 대부분이다. 또는 어느 특정한 수학 개념에 대하여 가지고 있는 교사의 수학지식과 관련된 연구들이 주류를 이루고 있다. 이런 연구와 더불어 학생들의 성취도를 위한 대규모 국제 연구인 TIMSS나 PISA의 연구처럼 여러 나라의 교사들을 대상으로 한 국제 비교 연구들도 필요하다. 이런 의미에서 APEC 지역을 대상으로 한 Lesson Study 연구(human resources development working group, 2015)는 의미가 있다고 할 수 있다. 수업의 질 향상을 위해서는 국내적으로는 교사연구회 및 학회 그리고 대학을 포괄하는 네트워킹을 만들어 총체적으로 수업 개선 방안을 마련할 필요가 있다. 그리고 각국에서 연구한 이런 정보는 국가 간 정기적인 연구와 세미나를 통하여 공유하면서 각국의 교사 교육을 위하여 적절히 활용하도록 할 필요가 있다. 이런 행사는 간접적으로 교사들로 하여금 자신들의 수업을 되돌아보도록 하게 한다는 점에서도 의미가 있다.

4. 교사 지식에 대한 향후 연구의 방향

수업은 삶이다. 수업의 질을 결정하는 가장 큰 요인 중의 하나는 교사의 수업에 대한 이해와 수업 실행 능력이다. 교사 지식은 교사가 학생들과 교실에서 하는 수학수업의 질에 결정적인 영향을 준다는 사실과 교사들이 이를 효과적으로 습득하거나 교실에서 활용하는 것이 쉽지 않다는 점을 고려해 볼 때, 교사 지식에 대한 심층적이고 지속적인 연구를 할 필요가 있다.

최근에 Campbell et al.(2014)이 *Journal for Research in Mathematics Education*에서 교사의 수학지식, 교수적인 지식, 교사의 인식, 그리고 학생의 성취도의 관계성에 대하여 연구를 하였다. 이들은 교사의 수학지식이 학생들의 수학 성취도에 영향을 주게 된다고 주장하였다. 이와 함께 교사의 인식이 교사의 전문성 향상과도 관계가 깊다고 밝히고 있다. 이런 연구와 같이 우리나라에서도 다양한 측면에서 교사 지식을 보고, 교사 교육을 바라보도록 하는 연구가 필요하다.

교사 지식과 수업의 효과성에 대한 연구는 앞에서도 주장하였듯이 종합적으로 접근할 필요가 있다. 즉, 여러 나라의 사례를 횡적(예를 들면, Stigler & Hiebert, 1999)으로 그리고 오랜 기간 동안의 종단적인 연구(예를 들면, Yasemin, 2015; Yasemin, Lubienski, 2013)도 병행할 필요가 있다. 그리고 유치원에서부터 대학의 교육에 이르기까지 다양한 학년 수준에서도 연구를 할 필요가 있다. 또한, 교사의 지식과 학생의 수학 성취도 및 수학에 대한 태도, 그리고 교사의 신념과 인식과 학생의 수학 성취도 및 수학에 대한 정의적 특성과의 관련성에 대한 연구도 필요하다. 또한, 교사 교육 대학의 교육과정에 대한 문헌 연구를 포함하여, 성별, 경력별, 학생의 수준별, 교사의 수업 실행에 미치는 영향 등에 대해서도 장기간의 심층적 연구가 필요하다. 그리고 이런 연구의 결과는 교사 양성 대학의 교육과정과 교사의 질 관리를 위한 체계적인 정책에 적극 반영할 필요가 있다.

교사 지식에 대한 연구는 궁극적으로는 수업의 상황에서 교사의 수업 실행 능력의 질을 높이기 위한 것이므로, 학교 현장에 기반을 둔 실행 연구가 활발하게 이루어지도록 할 필요가 있다. 동시에 교사들이 자신이나 타인의 수업을 통하여 자신의 수학지식이나 교수 지식에 대하여 반성적으로 보도록 하는 기회를 많이 제공할 필요가 있다. 더불어 교사들이 질 높은 수업을 하겠다는 의지를 가지고 수업 개선을 위한 방법을 찾아 갈 수 있도록 보다 적극적인 행·재정적인 지원도 필요할 것이다.

이번 연보를 통하여 지금까지 교사 지식에 대한 연구를 정리하고 분석하는 것은 의미 있는 일이다. 앞으로 이 연보에서 제시한 연구들을 포함하여 보다 다양한 분야에 대한 수학지식뿐만 아니라 교사의 교수학적 지식 그리고 심리학적인 지식 등을 포함한 다양한 분야에 걸친 연구를 진행할 필요가 있다. 더불어 수업 공개 및 수업 연구를 통하여 교사들의 수업에 대한 관심을 불러일으키고, 자신의 수업에 관심을 가지고 질 높은 수업을 위한 더 많은 노력을 하도록 할 필요가 있다. 이를 위하여 APEC 지역을 대상으로 진행하는 수업 연구(Lesson Study)와 같은 실행 연구에도 보다 적극적으로 참여하여 국내외 교사 교육 및 교사 지식에 대한 정보를 공유할 필요가 있다.

끝으로, 수학교육에서 교사 지식에 대한 이번 연보의 발행은 수학교육에서 교사 지식에 대한 보다 다양한 접근을 폭넓게 반영하지 못했다는 아쉬움에도 불구하고, 수학교육에서 교사 지식에 대한 다양한 연구들에 대하여 심층적인 논의를 했다는 점에서 의미가 있다고 할 수 있다. 학생과 교사의 수학수업에서의 보다 질 높은 '상호 배움'

을 효과적으로 도와주기 위하여 다양한 수준과 배경에 대한 횡단적인 연구와 장기간의 종단적 연구가 필요하다. 앞으로 후속 연구에서는 교사 지식과 수업의 연계성에 대한 이론적인 연구와 함께 수학교육자 및 교사들의 현장에 기반한 보다 다양한 관점에서의 심층적이고 장기적인 연구와 논의를 계속해 갈 필요가 있다. 그리고 교사 교육기관이나 연수 프로그램도 다양한 '연구를 기반(research based)'으로 하여 개발하고, 교사들의 피드백을 통하여 끊임없이 개선해 갈 필요가 있다.

참|고|문|헌

Reference

교육부 (2015). 수학과 교육과정. 서울: 교육부.

김진호, 김상미 (2013). 구성주의 입장에서 보는 학습자 중심의 수학 교수·학습. 김진호, 장경윤, 한인기, 고호경(편저), 구성주의와 한국수학교육 (pp. 45-64). 서울: 경문사.

방정숙, 선우진 (2014). 수학교사교육에 관한 국내 연구의 동향 분석. 학교수학, 16(2), 335-353.

Ball. D. L., & Bass, H. (2003). Toward a practice-based theory of mathematical knowledge for teaching. In B. Davis & E. Simmt(Eds.), *Proceedings of the 2002 Annual Meeting of the Canadian Mathematics Education Study Group*(pp.3-14), Edmonton. AB: CMESG/GCEDM.

Ball. D. L., Hoover, T. M., & Phelps. G. (2008). Content knowledge for teaching: What makes it special? *Journal of Teacher Education, 59*(5), 389-407.

Ball, D. L., Lubienski, S. T., & Mewborn, D. S. (2001). Research on teaching mathematics: The unsolved problem of teachers' mathematical knowledge. In V. Richardson (Ed.), *Handbook of research on teaching* (4th ed.) pp. 433-456). New York: Macmillan.

Campbell, P. F., Rust, A. H., Nishio, M., DePiper, J. N., Smith, T. M., Frank, T. J., Clark, L. M., Griffin, M. J., Conant, D. L., & Choi, Y. (2014). The relationship between teachers' mathematical content and pedagogical knowledge, teachers' perceptions, and student achievement. *Journal for Research in Mathematics Education, 45*(4), 419-459.

Gess-Newsome, J. (1999). Introduction and orientation to examining pedagogical content knowledge. In J. Gess-Newsome & N. G. Lederman (Eds.),

Examining pedagogical content knowledge(pp. 3-20). Dordrecht. The Netherlands: Kluwer.

Hill, M., Blunk, M., Charalambous, C., Lewis, J., Phelps, G., Sleep, L. & Ball, D. (2008). Mathematical knowledge for teaching and the mathematical quality of instruction: An exploratory study. *Cognition and Instruction, 26*(4), 430-511.

Human Resources Development Working Group (2015). *Classroom innovations through lesson study.* Retrieved on October 1, 2015 from http://hrd.apec.org/index.php/Classroom_Innovations_through_ Lesson_Study

National Research Council (2002). *Scientific research In education.* Washington, DC: National Academy Press.

Shulman, L. S. (1986). Paradigms and research programs in the study of teaching: A contemporary perspective. In M. C. Wittrock (Ed.), *Handbook of research on teaching* (3rd ed.) (pp. 3-36). New York: Macmillan Publishing Company.

Silverman, J. & Thompson, P. W. (2008). Toward a framework for the development of mathematical knowledge for teaching. *Journal for Research in Mathematics Education, 11*(6), 499-511.

Simon, M. (2006). Key developing understandings in mathematics: A direction for investigating and establishing learning goals. *Mathematical Thinking and Learning, 8*(4), 359-371.

Stigler, W. & Hiebert, J. (1999). *The teaching gap.* New York, NY: The Free Press.

Thompson, A. G. & Thompson, P. W. (1996). Talking about rates conceptually, Part II: Mathematical knowledge for teaching. *Journal for Research in Mathematics Education, 27*(1), 2-24.

Yasemin, C-G. (2015). The effects of changes in mathematical knowledge on teaching: A longitudinal study of teachers' knowledge and instruction. *Journal for Research in Mathematics Education, 46*(3), 787-821.

Yasemin, C-G. & Lubienski, S. T. (2013). Measuring mathematical knowledge: A longitudinal study using measures. *Journal of Mathematics Teacher Education, 16*(3), 211-236.

■ **집필진** (가나다순)

고상숙 단국대학교
권나영 인하대학교
김리나 서울목운초등학교
김성경 한국교육과정평가원
김진호 대구교육대학교
박만구 서울교육대학교
방정숙 한국교원대학교
신재홍 한국교원대학교
이동환 부산교육대학교
이봉주 경북대학교
이수진 한국교원대학교
이지은 Oakland University
정유경 당동초등학교
조성민 한국교육과정평가원
주홍연 용동중학교
한혜숙 단국대학교
황혜정 조선대학교

한국수학교육학회 2015년 연보

수학교사 지식

편 집 김진호 · 권나영
집 필 고상숙 · 권나영 · 김리나 · 김성경 · 김진호 · 박만구
방정숙 · 신재홍 · 이동환 · 이봉주 · 이수진 · 이지은
정유경 · 조성민 · 주홍연 · 한혜숙 · 황혜정
펴낸이 조경희
펴낸곳 경문사
펴낸날 2015년 12월 15일 1판 1쇄
등 록 1979년 11월 9일 제313-1979-23호
주 소 121-818, 서울특별시 마포구 와우산로 174
전 화 (02)332-2004 팩스 (02)336-5193
이메일 kyungmoon@kyungmoon.com

값 21,000원

ISBN 978-89-6105-963-3

★ 경문사 홈페이지에 오시면 즐거운 일이 생깁니다.
http://www.kyungmoon.com

한국과학기술출판협회 회원사